中国社会科学院陆家嘴研究基地
Lujiazui Institute of Chinese Academy of Social Sciences

基地报告

REPORT OF LUJIAZUI INSTITUTE,CASS

总编■李　扬　主编■殷剑峰　副主编■何海峰

第7卷

徐义国　张运才

类金融新业态：融资性担保行业发展研究

蔡　真　等

"十三五"时期上海国际金融中心建设评价指标体系研究

何海峰　等

权责发生制政府综合财务报告制度：国际借鉴与上海实践

李　猛

厘清地方债务十大关系

王伯英　王增武

财富管理业的宏观框架与微观机理
——2014年中国财富管理市场发展报告

社会科学文献出版社
SOCIAL SCIENCES ACADEMIC PRESS (CHINA)

中国社会科学院陆家嘴研究基地
主要成员

目 录
CONTENTS

类金融新业态：融资性担保行业发展研究

徐义国　张运才

一 关于融资性担保的文献综述

中小企业融资难问题的根源在于企业与金融机构的信息不对称。由于银行与客户之间存在信息不对称，银行不能通过调整贷款利率来平衡信贷市场的供求，在利率提高到恢复信贷市场出清的水平之前，逆向选择和道德风险使银行的期望收益随贷款利率上升而下降，这样信贷配给就产生了。可见，在信息不对称的条件下，解决中小企业融资难问题，实质上就是解决信息不对称问题。信用担保机构与中小企业之间千丝万缕的紧密联系，使其较银行对中小企业具有许多信息方面的优势，同时，信用担保机构利用专业人才和专门技术，通过明显的规模效应节约了信息收集成本，可以认为它与中小企业之间的信息是基本对称的。这样，信用担保机构就自然成为中小企业与银行之间的信用桥梁，在使双方信贷交易得以继续进行的同时，分散了银行的贷款风险，扩大了银行的信贷规模和收益。融资性担保机构成功运营的前提是其具有信息的比较优势，否则，就成为高风险、低收益的行业，需要政府的介入来弥补损失或采取其他激励机制以增加收益。

曹凤岐（2001）认为，建立完善的中小企业信用担保体系是缓解中小企业融资难问题的重要手段：第一，发挥政府的特殊作用；第二，建立担保机构风险补偿机制；第三，建立担保基金和再担保基金制度；第四，建立中小企业资信评级制度。

中国人民银行潍坊市中心支行课题组（2003）提出，要以政策性、互助性担保为主体发展融资性担保体系，并围绕合理分配外部性来协调担保公司与出资人的利益。

苏旺胜（2003）提出，将互助担保（具有信息充分优势，能做出有效决策）、商业性担保公司（具有专业化服务优势）和专业基金管理公司或其他中介机构有效组合起来，并认为这是信用担保制度未来的发展方向之一。

陈柳钦（2004）认为，我国中小企业信用担保体系存在结构、功能和经营的三重制度缺陷，实现中小企业信用担保体系可持续发展的关键在于实现中小企业信用担保体系及其上下游环节两个层面的制度创新。他提出，中小企业信用担保体系自身要加强制度创新；鼓励中小企业互助担保组织的建立和发展；努力促进商业性担保机构的发展；政府担保机构要坚持"政策化资金、法人化管理、市场化运作"的基本原则；建立担保机构的资金补偿机制；积极探索、建立和完善风险分散机制。在中小企业信用担保体系上下游环节，要发展和完善信用担保体系，加快中小商业银行发展。

付俊文、赵红（2004）认为，在中小企业无任何抵押品的情况下，虽然担保机构解决了信息不对称问题，但并未解决由此产生的道德风险和逆向选择问题，甚至可能加剧相关风险，形成担保悖论。他们指出，只有在企业提供足额的担保品时，信用担保机构的存在才有现实意义。

林平、袁中宏（2005）指出，解决中小企业融资难问题，仅靠商业担保机构是不行的，必须建立多层次的政策性信用担保体系：第一，发展政策性担保机构；第二，建立风险补偿机制，包括再担保与再保险体系；第三，建立财政弥补机制；第四，推动金融机构、融资性担保机构与中小企业建立长期、稳定的合作关系。

郝蕾、郭曦（2005）通过模型证明，互助担保是解决企业担保的有效形式，在对互助担保组织内部企业担保时，互助担保要优于政府担保，且不会引起利益的重新分配。

陈晓红、谢晓光（2005）提出，担保机构对企业的调查监控成本、反担保控制能力及银行对担保机构的监控成本是决定担保放大倍数的关键因素，而互助担保机构在提高担保放大倍数方面具有一定优势。互助担保基金通过委托专业担保机构运作，或由银行直接介入互助担保机构的运行，可以最大地发挥信用担保的经济杠杆作用。

杨胜刚、胡海波（2006）指出，中小微企业提供的反担保品价值大于担保贷款本息时，信用担保机构在与商业银行的合作博弈中选择较高的担保比例，有利于减少信息不对称导致的逆向选择与道德风险问题。他们提出：要建立和完善担保机构与商业银行的风险分担机制；完善反担保机制；建立担保机构与被担保企业的资信评级制度；建立长期客户档案，发展关系型担保。

顾海峰（2007）认为，信用担保机构在缓解信息不对称时，面临着高风险问题，成为信息不对称下风险的最后"埋单者"。他指出，中小企业信用担保的风险识别、风险预警、科学运营、风险内部分散、风险内部转移、风险内部补偿等分目标及相应的实施途径，是中小企业信用担保风险内部控制机制的重要组成部分。

晏露蓉、赖永文等（2007）认为，传统担保模式风险收益不匹配是中小企业"担保难"和担保机构"难担保"并存的关键原因，这使得单纯以收保费为主的传统担保模式无法突破自身经营的瓶颈，要实现创新，一方面要在担保费之外寻找其他收入来源，另一方面要通过机制设计降低担保风险。他们提出了以下三种新的融资性担保模式。第一，为能够吸引风险资本介入的中小企业设计担保模式——引入金融衍生工具。第二，为难以吸引风险资本介入的中小企业设计担保模式——引入上下游企业（如融资企业存货较多，则引入物流企业做第四方或直接以物流企业做担保方；如融资企业应收账款较多，则引入债务方做第四方或担保方；如融资企业与上下游企业有较强的协同效应，则引入实力较强的上下游企业做第四方或担保方）。第三，综合产业集群效应和外源引导作用，为不能引入风险资本的中小企业设计融资性担保模式。

彭江波（2008）提出，以互助联保为基础构建中小企业信用担保体系，认为互助联保是当前中小企业融资性担保体系中具有较好适用性的发展模式，行业协会和专业合作社的组织化管理是其稳定运作的重要前提。互助联保是一种介于政府与市场之间的互助合作性质的信用担保形式，最初在生产专业化程度和企业（农户）密集程度高，或上下游产业联系密切的地区形成，成员多为创业中后期和成长前期的中小企业。互助担保组织具有如下功能：组织三方（政府或行业协会、中小微企业、银行）内生；信息不对称问题内部化；利益激励相容；交易成本低廉。

顾海峰、奚君羊（2008）从分析信用担保的金融期权特征入手，构建了基于金融期权视角的信用担保动态定价模型。

顾海峰（2009）提出，要建立以政府财政为主的外部风险补偿机制与担保机构的风险自留机制，以构建融资性担保机构的信用风险补偿机制。

邹高峰、熊熊（2009）证实了互助担保机构天然具有信息搜集成本、监督成本及交易成本的优势，能够有效弱化金融机构与中小微企业之间的信息不对称问题，故应以互助担保机构为基础重新构建中小企业信用担保体系。

顾海峰（2012）提出了构建我国中小企业融资性担保体系金融创新机制的思路：第一，建立以商业性融资性担保为主、政策性担保与互助性担保为辅的融资性担保体系；第二，建立基于公司治理路径的融资性担保风险防范与控制机制；第三，建立融资性担保机构与商业银行之间良好的风险分担与协作机制；第四，建立完备高效的融资性担保监管机制。

二 融资性担保行业的政策演进和监管框架

1995 年，《中华人民共和国担保法》颁布。其中规定：在借贷、买卖、货物运输、加工承揽等经济活动中可以设定担保；担保的类型有保证、抵押、质押、留置和定金；第三人在为债务人向债权人提供担保时，可以要求债务人提供反担保。

1999 年 6 月，国家经济贸易委员会（以下简称"国家经贸委"）发布了《关于建立中小企业信用担保体系试点的指导意见》（以下简称《指导意见》），开始尝试建立政府出资为中小企业融资提供服务的信用担保体系。《指导意见》指出，中小企业信用担保机构不是金融机构，不从事金融业务，试点阶段担保规模要小，担保内容主要是短期流动性资金贷款。信用担保机构资金来源以政府预算资助和资产划拨为主，担保费收入为辅。信用担保机构的法律形式可以是企业法人、事业法人、社团法人。在风险控制与责任分担方面，《指导意见》指出，担保放大倍数应在 10 倍以内，再担保放大倍数可大于担保放大倍数。在监管方面，《指导意见》规定省级经贸委会同当地财政、人民银行、工商行政管理及商业银行等部门组成"中小企业信用担保监督管理委员会"，负责辖区内担保、再担保业务和机构的监督管理。

2000 年，国家经贸委出台《关于鼓励和促进中小企业发展的若干政策意见》（以下简称《政策意见》），提出要切实扶持中小企业特别是高新技术类中小企业的发展。《政策意见》提到，要加快建立中小企业信用担保体系，选择若干具备条件的省、自治区、直辖市进行担保与再担保试点，探索组建国家中小企业信用再担保机构，为中小企业信用担保机构提供再担保服务；在加快中小企业信用担保机构发展的同时，要推动企业互助担保和商业性担保业务的发展；对于政府出资的信用担保机构，必须实行政企分开和市场化运作。

为确保《指导意见》和《政策意见》的实施，国家经贸委颁布了《关于建立全国中小企业信用担保体系有关问题的通知》，进一步明确相关事项，规定了列入全国中小企业信用担保体系的担保机构的条件、范围及监督管理。中小企业信用担保机构接受所在地人民政府中小企业主管部门政策监管和中国人民银行有关机构的业务监管，国家经贸委也要开展相应监管工作；担保机构不以赢利为目的，担保费率标准需经相关单位批准。

2001年，财政部出台《中小企业融资性担保机构风险管理暂行办法》（以下简称《办法》），以规范和加强中小企业融资性担保机构管理，防范和控制担保风险。《办法》中所指的融资性担保机构是政府出资的以中小企业为服务对象的融资性担保机构，鼓励担保机构采用公司形式。担保机构收取担保费时可根据担保项目的风险程度实行浮动费率，一般控制在同期银行贷款利率的50%以内。担保机构对单个企业提供的担保责任金额最高不得超过担保机构自身实收资本的10%；担保机构责任担保余额一般不超过自身实收资本的5倍，最高不得超过10倍。在经营业务方面，《办法》规定融资性担保机构的业务范围包括：为中小企业金融机构贷款、票据贴现、融资租赁等融资方式提供担保和再担保，经主管部门批准的其他担保业务和资金运用；不得从事存、贷款金融业务及财政信用业务。担保机构要同金融机构密切合作，对贷款实行比例担保。在风险管理方面，担保机构应按当年担保费的50%提取未到期责任准备金，按不超过当年年末担保责任余额1%的比例以及所得税后利润一定比例提取风险准备金，提取的风险准备金存于银行专户。其他货币资金，不低于80%的部分可用于银行存款以及买卖国债、金融债券及国家重点企业债券；不高于20%的部分经主管财政部门批准可用于买卖证券投资基金等。在监管方面，各级财政部门要配合其他部门对融资性担保机构进行监管。

从 2003 年起，《中华人民共和国中小企业促进法》（以下简称《促进法》）开始施行。《促进法》中规定了对中小企业的信用担保支持：县级以上人民政府和有关部门应当推进和组织建立中小企业信用担保体系，推动对中小企业的信用担保，为中小企业融资创造条件；国家鼓励各种担保机构为中小企业提供信用担保；国家鼓励中小企业开展多种形式的互助性融资性担保。

2003 年 7 月，财政部出台《财政部关于加强地方财政部门对中小企业信用担保机构财务管理和政策支持若干问题的通知》，规范了中小企业信用担保机构的财务管理与风险防范。各级财政部门对政府出资中小企业信用担保机构负有监管职责要加大对担保机构的支持力度，尤其是对担保机构出现的代偿损失核定适当的风险补偿资金，纳入当年的财政预算的具体办法是，规定担保机构运作规范，担保项目符合国家产业和企业政策，政府出资的中小企业信用担保机构发生的代偿损失，在年末担保责任余额 5% 以内、担保机构提取的风险准备金不足弥补的，主管财政部门审核后可给予一定补偿，有条件的地区可适当提高补偿比率。

2006 年，国家发改委、财政部、税务总局、银监会联合出台《关于加强中小企业信用担保体系建设的意见》。提出要建立健全担保机构的风险补偿机制，在国家用于促进中小企业发展的各项资金中，安排部分资金用于支持中小企业信用担保体系建设，鼓励有条件的地区建立中小企业信用担保基金和区域性再担保机构，以参股、委托运作、提供风险补偿等方式支持中小企业信用担保机构的建立与发展。还提出要完善担保机构税收优惠支持政策，推进担保机构与金融机构的互利合作，切实为担保机构开展业务创造有利条件。

随后，中国人民银行出台《中国人民银行关于中小企业信用担保体系建设相关金融服务工作的指导意见》，提出要推进中小企业信用担保机构与金融机构的互利合作，为中小企业发展创造良好的融资环境。按照规定可以向担保机构开放的企业信息，经人民银行确认，金融机构要向担保机构开放。有条件的地区，人民银行分支机构可探索组织信用评级机构对中小企业信用担保机构开展评级工作。

2009 年，为加强融资性担保行业监管，防范化解融资性担保行业风险，《国务院办公厅关于进一步明确融资性担保业务监管职责的通知》出台，决定成立融资性担保业务监管部际联席会议（简称"联席会议"），同时明确地方相应的监管职责。联席会议由银监会牵头，国家发改委、财政部、商务部、工业和信息化部（以下简称"工信部"）、人民银行、工商总局、法制办参加，负责制定促建融资性担保行业发展的相关措施，拟定监管制度。省、自治区、直辖市人民政府按照"谁审批设立、谁负责监管"的要求，负责本区融资性担保机构的审批、关闭和日常监管。

2010 年，《融资性担保公司管理暂行办法》（以下简称《暂行办法》）颁布，这是到目前为止关于融资性担保行业最为重要的一部法规。融资性担保是担保人和银行业金融机构等债权人约定，当被担保人不履行对债权人负有的融资性担保债务时，由担保人依法承担合同约定的担保责任的行为。融资性担保公司是依法成立，经营融资性担保业务的有限责任公司和股份有限公司。《暂行办法》规定了设立融资性担保公司应当具备的条件，并规定注册资本不得低于 500 万元人民币，且为实缴货币资本。经监管部门批准，融资性担保公司可以经营下列部分或全部融资性担保业务：贷款担保、票据承兑担保、贸易融资性担保、项目融资性担保、信用证担保及其他融资性担保业务。经监管部门批准，可以兼营下列部分或全部业务：诉讼保全担保；投标担保、预付款担保、工程履约担保、尾付款如约偿付担保等履约担保业务；与担保业务有关的融资咨询、财务顾问等中介服务；以自有资金进行投资；监管部门规定的其他业务。融资性担保公司符合条件后可为其他融资性担保公司提供再担保和办理债券发行担保等业务。融资性担保公司不得从事下列业务：吸收存款、发放贷款、受托发放贷款、受托投资；监管部门规定的不得从事的其他业务。在风险控制方面，融资性担保公司对单个被担保人提供的融资性担保责任余额不得超过净资产的 10%，对单个被担保人及其关联方提供的融资性担保责任余额不得超过净资产的 15%，对单个被担保人债券发行提供的担保责任余额不得超过净资产的 30%。融资性担保公司的融资性担保责任余额不得超过其净资产的 10 倍。融资性担保公司以自有资金进行投资，限于国债、金融债券及大型企业债务融资工具等信用等级较高的固定收益类金融产品，并可进行不存在利益冲突且总额不高于净资产 20% 的其他投资。融资性担保公司应当按照当年担保费收入的 50% 提取未到期责任准备金，并按不低于当年年末担保责任余额 1% 的比例提取担保赔偿准备金。担保赔偿准备金累计达到当年担保责任余额 10% 的，实行差额提取。

随后，联席会议先后通过《融资性担保公司公司治理指引》《融资性担保公司内部控制指引》《融资性担保公司董事、监事、高级管理人员任职资格管理暂行办法》《融资性担保机构重大风险事件报告制度》，进一步完善融资性担保机构的公司治理、内部控制，并加强对融资性担保行业的监管。

2010 年，为规范和加强中小企业信用担保资金管理，提高资金使用效率，财政部、工信部出台《中小企业信用担保资金管理暂行办法》（以下简称《办法》）。中小企业信用担保资金是由中央预算安排，专门用于支持中小企业信用担保机构和中小企业信用再担保机构增强业务能力、扩大中小企业担保业务、改善中小企业融资环境的资金。担保资金采用业务补助、保费补助、资本金投入等形式。《办法》还规定了担保资金的申请条件及监管等相关事项。

2011 年 2 月，为进一步促进银行业金融机构与融资性担保机构的合作，银监会出台《中国银监会关于促进银行业金融机构与融资性担保机构业务合作的通知》，要求银行业金融机构充分认识银担合作的意义；善于借助融资性担保机构的增信作用；注重对融资性担保机构资质的审查；建立适合融资性担保机构承保贷款特点的业务模式；合理确立担保贷款的利率；致力于与融资性担保机构的长期稳定合作；严格落实担保贷款管理制度；加强与融资性担保机构的信息沟通；及时掌握融资性担保行业动态；促进公平、公正的担保行业环境建设。

融资性担保行业基础薄弱，长期以来缺乏有效监管，存在机构规模小、资本不实、抵御风险能力不强等问题，一些担保机构还从事非法吸收存款、非法集资和高利贷活动，需要进一步加强监管，规范行业发展。在此背景下，2011 年，联席会议出台《关于促进融资性担保业规范发展的意见》，提出融资性担保行业要深入贯彻落实科学发展观，坚持规范与发展并重、市场主导和市场引导相结合，重点提高融资性担保机构为中小企业和"三农"服务的能力。融资性担保机构要按照流动性、安全性、收益性原则，坚持以融资性担保业务为核心业务，稳妥开展非融资性担保业务。在政策扶持方面，提出通过设立再担保等方式，综合运用资本注入、风险补偿和考核奖励等手段，建立完善风险补偿和分担机制。在监管方面，提出要完善联席会议与地方监管部门等相关机构的多方联动机制。

2013 年 9 月 17 日，中国融资性担保业协会成立。

三 融资性担保的业态特征和总体形势

《融资性担保公司管理暂行办法》规定，融资性担保是指担保人与银行业金融机构等债权人约定，当被担保人未履行对债权人负有的融资性债务时，由担保人依法承担合同约定的担保责任的行为。

（一）融资性担保的业态特征

近年来，国家不断出台支持中小企业发展的法律和政策，加快融资性担保公司建设取得重大进展。一是担保公司数量快速增长；二是担保公司在保的贷款业务量大幅增加。担保公司按所有制形式分为两类，一类是政府类担保公司，特征是由地方政府或者有政府背景的机构控股或者控制最大比例的股份，董事会和日常经营由政府主导，经营上以推动中小企业和区域经济发展为目的，具有非营利性质；另一类是商业类担保公司，特征是由企业或个人出资或者占主要股份，董事会和经营由企业或个人控制，追求利润最大化，具有商业性。融资性担保的业态特征主要有以下几点。

（1）金融性和中介性。按照《中国经济大百科全书》的解释，"金融"既包括货币资金和信用的融通，又包括货币资金和信用授受。制定《担保法》的目的是促进"资金融通和商品流通"，担保机构作为提供担保的专门机构，具备促进资金融通和货币流通的功能，体现了担保机构的金融性。银行在办理信贷业务时，由于银企之间信息不对称、客户抵押（或质押）物不足，为了防范风险往往希望通过第三方的介入，在筑起一道防火墙的同时为资金供需双方搭建桥梁，并起到增加贷款客户信用的作用。担保机构作为资金供求的中介，促进了货币资金的融通，体现了担保机构的中介性。

（2）信用与风险共生性。信用出现之后，由于交易的过程在时间和空间上出现了分离，债权人出于对自身债权实现的安全考虑，要求债务人提供担保，于是就出现了担保行为。担保是信用链条上的重要一环。担保机构是以信用为"资本"的经营机构，以自身的信用对债务人的信用进行保证，从而促进商品流通和资金融通。债权人与被担保人之间信用的发生（货币或商品流通）需要担保机构担保的介入。担保机构分担债权人经营风险的同时也增加了被担保人的信用，延长了信用链条，促成了交易的完成和信用的发展，实现了增信和财务杠杆的作用。在担保关系中，债权人为了分散风险，要求担保人在债务人不履行偿债义务时，代债务人偿还债务，即担保机构的担保特别是作为其主要业务的融资性担保，是以自己的信用对借款人的信用予以保证。因此，担保是对未来偶然发生事件所致损失的补救，是对未来可能存在的风险的规避和转移，是风险管理的有效手段。相对一般工商企业，担保机构以其更专业的风险管理技术和风险管理能力，对风险进行经营和管理，即通过信用调查分析风险，通过内部管理控制风险，通过代偿承担风险，通过追偿弥补风险。

（3）经营有偿性。担保机构提供担保，属于有偿服务，具有经营性和营利性的特点，其业务具有大量交易和反复持续的特性。

（4）社会性。担保机构高负债经营，其反复持续的大量交易使担保的债权人具有广泛的社会性，如贷款担保的债权人是银行，债券担保的债权人是机构或个人等证券投资者。担保机构一旦出现高额赔付，将影响银行等债权人的利益，触发资产缩水和担保价值的急速下降，进而危及整个区域的金融安全和社会稳定，引发社会问题。

（二）融资性担保的行业形势

2012 年，受经济增速放缓等因素影响，一些中小企业无法归还到期贷款，造成融资性担保机构代偿规模和代偿率增加，融资性担保贷款风险有所上升。截至 2012 年末，融资性担保代偿率为 1.3%，同比增加

0.9 个百分点。融资性担保损失率为 0.1%，增加 0.1 个百分点。2013 年上半年，银行业金融机构融资性担保贷款不良率为 2.2%，比年初增加 0.9 个百分点。从整体上看，损失率相对处于低位，融资性担保机构流动性资产总体上能够较好地满足流动性负债的要求，行业总体风险基本可控。

在平稳运行的同时，融资性担保行业在支持中小企业融资和地方经济发展方面正发挥越来越重要的作用。近年来，中小微企业融资难度加大，融资性担保机构积极发挥融资增信作用，为中小微企业提供的融资性担保业务保持了较快的增长。2013 年上半年，中小企业融资性担保贷款余额 12121 亿元，较年初增长了 6.2%。

不能忽视的是，数量过多已成为担保行业发展的一大障碍。"僧多粥少"自然就会影响公平竞争，影响整个行业的形象和发展。该行业"多、小、弱"的问题还比较突出，数量过多、规模偏小、过度竞争、发展不平衡。前几年，担保机构的数量以 30% 左右的速度增长，呈现非理性发展的态势。联席会议一再强调要注重质量和内涵的发展。机构数量过多且偏小，没有形成融资性担保行业发展的正能量，妨碍了融资性担保行业的健康可持续发展。

截至 2013 年 6 月末，融资性担保法人机构共 8349 家，比 2012 年末减少了 241 家。这种变化可以被理解为理性减少，行业发展趋势正逐步向好。机构数量的主动压缩是为了实现更好的发展，为了更好地把机构的规模和质量提上去。担保行业应该站在信用的制高点，其发展必须有适度的规模。有研究表明，一些国家的担保机构屈指可数，但业务做得不错。例如，印度尼西亚的担保贷款占整个银行业贷款比重的 5%，印度占 6%。我国 2011 年的数据显示，8000 多家担保机构担保贷款才占各项贷款的 4.4%。数量多并不等于担保质量高。鼓励和倡导大型担保机构的发展应当成为担保行业发展的主流趋势。

（三）融资性担保的行业风险和主要问题

融资性担保公司近年来快速发展，已经成为解决中小企业授信担保难题的重要主体。但由于初期管理部门不明确、缺乏准入审核和有效监管等，融资性担保公司行业存在较多问题，突出表现在担保公司数量过多，素质良莠不齐，存在非法经营、超范围经营、不规范经营现象，有些担保公司甚至发生非法集资案件，造成严重的不良社会影响。

1. 外部政策环境不够完备

（1）行业管理缺失

在担保公司快速发展的初期，行业管理没有跟上行业的发展速度。直到 2010 年 3 月，银监会、国家发改委等七部委才联合下发了《暂行办法》，以 2011 年 3 月为限，由各地对融资性担保行业进行整顿规范。

《暂行办法》并没有明确各省份的主管部门，只是要求由各省份确定管理机构、制定实施细则后上报联席会议。目前各省份的工作进度不一，管理部门也不同，确定的管理部门有各省份的工业和信息化厅（以下简称"工信厅"）、发改委、财政厅、银监局等各不相同；同时，各地的主管部门刚刚明确管理职能、制定制度框架和选任管理人员，还没有摸清担保行业的底子，没有真正地行使管理的职责。

同时，那些经过行业整顿后没有重新核发经营许可证的担保公司，多数仍在从事民间借贷的担保，甚至从事直接的民间理财和民间借贷业务，问题集中、亟待解决。

（2）政府资金补充及损失补偿机制不够健全且执行情况不一

按照相关规定，各级政府应该加大对担保行业的支持和引导，在融资性担保公司资本金出资、担保业务补助和担保代偿后的补偿机制等方面出台办法，建立专项基金，引导和支持融资性担保公司的健康发展。这方面，美国、日本等国家和我国台湾地区都有类似的机制和实践。

但实际上，各地政府对此要求的执行情况不一。有些地方政府认识到融资性担保公司在解决中小企业融资难方面的重要作用，加大政府财政投入力度，建立了以政府为主导的担保体系和财政补贴与补偿机制的相关制度，在建立健康的担保公司运行机制、体现公益性质和倡导诚信文化等方面起到了良好的引领作用。但是，多数地方政府的引领作用没有体现，没有建立起相应的补偿机制，没有明确财政资金来源，政府性质的融资性担保机构在市场中的占比低，融资性担保公司的公益性质体现不足。同时，由于缺少必要的政府财政补贴和损失补偿机制，融资性担保公司只能追求商业利益以求自保，甚至从事非法理财等业务。

（3）缺少专用征信平台和有效的信息披露机制

目前，融资性担保公司仅作为征信系统输入中担保企业信息录入，其相关信息只能被间接地查询，而且由于融资性担保公司在各家银行为很多客户提供担保，其保证信息是散落的。银行无法准确、全面地查询到某个融资性担保公司的有效信息，只能通过一些管理手段对本系统内各家融资性担保公司信息自发地进行统计，其他行的相关信息只能侧面了解和事后获得，存在管理不便和风险漏洞。

（4）行业准入门槛低，存在先天不足的问题

《暂行办法》规定，融资性担保公司准入的资本金底线为 500 万元，没有其他具有约束力的限制性规定。由于在企业注册验资环节较多地存在中介掮客（即提供短期的资金和银行存款证明，为企业注册资金验资证明提供专门服务的机构或个人），加上各地工商管理上均存在一些缺失，担保公司在设立时仅作为一般性质的公司由工商部门进行相应的核准并颁发证照，缺少严格和标准化的准入审查，造成融资性担保行业准入门槛过低，机构数量过多，机构质量良莠不齐，为担保行业的经营乱象埋下伏笔。

2. 担保行业自身经营中存在的问题

（1）业务保证金转嫁给客户造成担保额度受控机制失效

按照七部委《暂行办法》及各家商业银行的规定，融资性担保公司最高担保额度与其净资产存在一定的倍数关系，即融资性担保公司最大的担保额度应该控制在其净资产的一定倍数以内，其实质是限制融资性担保公司的担保总额度。具体的方式有两个，一是限制其在各家银行的担保总额度，二是通过业务保证金（其资金来源是资本金）机制限制其担保业务的无限制扩张。

但在实际中，绝大多数商业类融资性担保公司和部分政府类融资性担保公司将应该由其自己支付的业务保证金转嫁给贷款客户，从而使融资性担保公司担保额度受净资产限制的机制大打折扣，不能有效控制担保业务的总量。

（2）超范围经营和非法经营风险

七部委《暂行办法》对融资性担保公司的经营范围有严格的规定。但是，担保公司尤其是商业类担保公司，仍然存在从事超范围经营和非法经营的情况。一方面，没有拿到新的经营许可证的担保公司继续从事短期资金融通、流动资金借款、资金拆借、票据贴现、受托委托贷款、为关联企业担保或融资、对外投资等超范围经营和非法经营。另一方面，已经拿到经营许可证的融资性担保公司仍有部分以账外、隐形方式从事超范围经营和非法经营。

担保公司超范围经营的原因是多方面的，一是由于融资性担保行业承担着解决中小企业融资难的社会责任，本身是微利行业，尤其是政府类的担保公司。据测算，以注册资金为 1 亿元的融资性担保公司为例，维持基本的人力、税费和运营成本支出，按照相应的比例提取相关准备金，假如按照 1% 的赔偿比例计算，不考虑财政给予补贴的情况，在担保业务量达到资本金 3 倍的情况下方可出现盈利，在担保业务量达到资本金 5 倍的情况下，会产生约 100 万元的净利润，净资产收益率为 1%。在公司持续经营且不发生大面积不良贷款赔偿的情况下，准备金部分不必连续提取，该部分约可以贡献 600 万元的净利润，可以维持担保公司一定的利润水平。整体看，融资性担保行业利润水平明显低于全行业平均水平。二是由于政府引导不力促使担保公司从事赢利性强的业务，如超出融资性担保公司经营范围的投资、理财等业务。

（3）虚假出资为超范围经营埋下祸根

据业内人士透露，一部分融资性担保公司通过中介虚假出资成立，成立以后资金抽逃。为了维持经营需要，再进行有偿负债（包括高息民间借款）经营。由于这部分借来的资金成本较高，客观上迫使融资性担保公司从事投资、贷款等高利润业务以获取高额利润，并向客户转嫁业务保证金，涉嫌从事"两非"业务，严重影响金融秩序，成为潜在的社会不安定因素。

（4）准备金提取和管理不规范

主管部门对担保公司准备金提取有原则性的要求，同时，准备金差额提取办法和担保赔偿准备金的使用管理办法由监管部门另行制定。但是，目前的情况是多数融资性担保公司未按规定提取足额的准备金，个别提取了准备金的融资性担保公司，在其运用和管理上也不规范，甚至运用上存在问题。造成这种情况的原因，一是行业主管部门尚没有制定具体的准备金提取和使用的管理细则；二是对准备金管理监督不力或者缺乏监管。

（5）政府类担保公司机制不活、效率不高，主导市场作用不明显

按照国家制度设计的初衷，融资性担保公司主要体现国家稳定社会、扩大就业和支持中小企业的政策导向，政府应该起主导作用。但在实际中，多数省份政府对融资性担保公司的作用认识不到位、资金投入不足，政府类担保公司对担保市场的主导作用没能体现；部分省份政府类融资性担保公司存在机制不活、效率不高和非商业化运作问题，甚至由政府主要领导直接担任高管，按照政府职能部门运作，效率低下，不能够真正起到

缓解中小企业融资难问题的作用。

3. 商业银行对担保公司缺乏有效管理方法

（1）缺乏专门评级模型

目前，商业银行客户信用评级体系中普遍缺少专门针对融资性担保公司的评级模板，往往将融资性担保公司视同"租赁和商务服务业"中的"商务服务业"对待，不能体现融资性担保公司的特点。

（2）缺乏有效的项目评审手段

目前商业银行在审查融资性担保公司担保额度时，缺少征信信息、行业管理信息等有效支撑，缺少对融资性担保公司的评审、管理工作经验，在实际工作中更多采用工商企业的审查手段和要点，评审手段不多、针对性不强。

（3）存在"重保轻管"情况

与贷款存在"重贷轻管"一样，对融资性担保公司的事后管理同样比较薄弱。银行工作人员往往认为，只要已经准入并核定担保额度的融资性担保公司，它的风险就是相对可控的，加上事后管理存在较大难度，商业银行普遍对担保公司的事后管理重视不够、落实不到位。

（4）存在过分依赖和过分回避两种倾向

一部分商业银行对融资性担保公司依赖性过强，担保贷款在授信中占比过高。另一部分商业银行又担心融资性担保公司尤其是商业类担保公司的风险较高，准入担保机构少，担保贷款在整个授信中占比很低，甚至完全没有。

（四）加强融资性担保行业管理的初步建议

一是按照"谁审批设立、谁负责监管"原则，严格市场准入。提高行业准入门槛，对实际应缴的货币资本进行严格审核，防止虚拟投资、注资后抽逃资本，关注股东持续投资能力。严格执行市场退出等有关规定，密切关注违规经营、承保能力已经超限额的担保机构。支持正规经营的担保机构进一步提高担保能力、扩大担保规模。

二是切实加强内控机制建设。融资性担保机构要不断完善公司法人治理结构，加强风险管理。要有针对性地完善公司章程和各项管理制度，并确保执行力度；根据公司规模和业务需求合理地设置职能部门，并形成科学的相互制衡机制；加强担保机构队伍建设，招聘熟悉政策、懂业务、会管理、善经营的人员；建立完善的信息披露制度，对于被担保企业的财务、运营、风险管理情况与债权人实现信息共享。

三是健全担保机构的风险补偿机制。首先，建立担保机构资金及损失补偿机制。担保机构出资人应视业务发展需求和风险状况增加资本金投入。对于政策性担保机构，政府应逐步建立合理的资本金补充机制，提高其风险防范能力。积极创造条件，鼓励信誉好的民间投资机构对融资性担保机构进行投资。政府可以考虑牵头建立中小企业信用担保基金和区域性再担保机构，完善中小企业信用担保体系的增信、风险补偿机制。其次，担保机构必须严格执行现有风险管理有关政策标准，如杠杆率底线、各项准备金和保证金标准等。

四是倡导担保机构与金融机构开展互利共赢的合作。双方应按照"风险共担、利益共享"的原则建立业务合作关系，同时积极与当地的征信机构开展合作，实现银行、担保机构、企业的信息充分共享，降低运营成本。担保机构在与银行合作中坚持按比例承担风险的原则，根据双方的风险识别和控制能力合理确定担保资金放大倍数。担保机构应当不断拓展与银行业金融机构的合作领域，扩大业务覆盖面，充分发挥企业融资加速器的作用。

五是切实为担保机构开展业务创造有利条件。担保机构开展业务涉及银行、工商、税务、产权管理、社区等多部门、多环节。地方政府可以在资本注入、税收、利率、费率方面提供更大的政策倾斜，协助和支持担保机构为中小企业和地方经济发展做出更多的贡献。

四　融资性担保的业务实践与模式创新

（一）国外的信用担保实践

1. 日本

日本主要依靠信用保证协会对中小企业进行担保。信用保证协会是根据《信用保证协会法》设立的特殊法人，它是以中小企业为基本对象，实施公共信用保证的政策性金融机构，其宗旨是通过信用保证提高中小企业的融资能力，促进其健康发展。日本各都道府县按行政区划均设有信用保证协会，全国共设52个，均具有独立法人资格。日本信用保证协会以贯彻国家支持中小企业发展的产业政策为宗旨，不以赢利为目的。日本建立了一套比较科学完备的支撑系统，保障信用保证协会正常发挥作用。这个支撑系统可以概括为一项基础和三大支柱。

一项基础是指基本财产制度。日本信用保证协会的基本财产由政府出资、金融机构负担金和累计收支余额构成，并以此作为信用保证基金，其承保金额的法定最高限额为基本财产的60倍。国家立法就政府和金融机构对信用保证协会出资做了明确规定，各都道府县根据当地信用保证业务发展的实际需要，为信用保证协会补充资本，列入预算。金融机构根据信用保证协会提出的要求，参照各金融机构保证额和风险情况，出捐负担金，这些资金作为捐助金直接列入成本费用开支。金融机构负担金在信用保证协会的基本财产中占较大比重。

三大支柱由信用保证保险制度、融资基金制度和损失补偿补助金制度组成。①信用保证保险制度。为了保证信用保证协会的正常运作，1958年日本政府出资107亿日元成立中小企业信用保险公库（以下简称"保险公库"），对信用保证协会进行保险。法律规定，当信用保证协会对中小企业实行信用保证时，按一定条件自动取得保险公库信用保证保险。信用保证协会向保险公库缴纳相当于保证费收入40%的保险费，当保证债务发生代偿后，由保险公库向信用保证协会支付代偿额70%的保险金。如果代偿后债权最终收回，信用保证协会将其中的70%交还给保险公库。②融资基金制度。信用保证协会的经营资金，除基本财产外，还有从中央（保险公库）和地方政府筹措的借款。这些借款由信用保证协会存入相应的银行，并通过金融机构派生存款的放大功能，以7倍的乘数效应成为银行放款的资金来源，这项资金来源大体相当于保证余额的1/3。实行融资基金制度进一步提高了信用保证协会的收支平衡能力。③损失补偿补助金制度。是指信用保证协会代偿后取得求偿权而不能回收的损失，最终由政府预算拨款弥补。

2. 美国

美国有三套中小企业信用担保体系：美国中小企业局直接管理的全国中小企业信用担保体系；地方政府操作的区域专业担保体系；社区担保体系。其中，全国中小企业信用担保体系发挥的作用最大。美国中小企业局对中小企业贷款承担担保责任，当申请贷款并获得批准的中小企业贷款逾期不能归还时，它保证支付不低于90%的未偿部分，其担保总额不高于75万美元且不超过贷款的90%。

依托于美国发达的证券市场与资产证券化创新，美国的信用担保公司得到了较快的发展。如美国资本市场担保公司，自1978年成立以来，已经成为位居世界首位的资产证券化信用增级商。

3. 英国

英国工贸部与20家银行和金融机构合作，实施"中小企业贷款担保计划"，向因资信不足而不能按例行标准获得贷款的中小企业提供贷款担保。

借款人向工贸部提交保费，年费率为 1.5% 。其中，保费总额在 1.5 万英镑以上的，保费按季提前直接从贷款中扣除；保费总额在 1.5 万英镑以下的，保费一次性支付。若贷款展期，还需要缴纳展期保费。

国外的担保行业普遍机构数量较少，通常以政策性为主。相比而言，目前我国担保机构数量较多、资本金偏少。国外和国内对融资性担保行业的研究取向和政策导向均有显著差异，基于此项研究的实践意义和现实价值，对国内问题和情况的梳理和分析是本报告的基本任务和主要指向。

（二）国内的融资性担保实践

从 1993 年 10 月信用担保机构试点至今，20 余年的时间里，我国担保业从无到有、从小到大，逐步形成了以非营利性的政策性担保机构、营利性的商业性担保机构和互助性担保机构等三种方式并存的局面。政府引导、民营资本积极参与的多层次融资性担保体系初步形成，融资性担保业已成为地方金融体系中新兴的、不可或缺的重要组成部分，在推动国家和地方经济发展、促进中小企业成长、增加政府税收、增加就业、关注弱势群体、扶持"三农"等多方面发挥着重要作用。

晏露蓉、赖永文等（2007）指出传统融资性担保模式存在风险收益不匹配的问题，使得以收保费为主的担保模式难以突破自身瓶颈，要从根本上解决中小企业融资难问题，必须拓展信用担保的功能；要开发新的融资性担保模式，必须重构担保业务的风险收益结构。他们提出了两种创新的基本思路：一是在担保费收入之外寻求其他收入来源；二是通过有效的制度设计，降低担保风险。

各地融资性担保机构也对担保模式进行了一些创新实践。比较典型的有以下几个案例。

1. 浙江"桥隧模式"——商业性担保机构业务创新

"桥隧模式"在银行、融资性担保公司和中小企业之间引入第四方，包括创业风险投资与上下游企业。第四方与企业订立有条件的期权收购合约，即以某种方式承诺，当企业现金流发生未如预期的变化以致无法偿还银行贷款时，第四方将以预先约定的优惠股价参股该企业，为企业带来股权融资并偿还银行贷款。第四方的介入，实际上是为银行和中小企业担保贷款业务构建起"第二道风控防线"，有效分担了担保机构承担的担保风险。

浙江中新力合担保有限公司是率先推出"桥隧模式"的融资性担保公司。通过引入第四方，"桥隧模式"实现了担保业务和创投业务的结合，大幅降低了担保公司承担的或有风险，颠覆了传统担保模式。整个过程中，中小企业只需要支付正常的担保费用并释放少部分期权，便能获得银行的低成本融资。

"桥隧模式"主要适用于远期价值尚未充分发掘的中小企业。对银行而言，"桥隧模式"降低了银行的贷款风险；对中小企业而言，只要支付正常的担保费用并有条件地释放部分期权，便能获得低成本的银行贷款；对创业风险投资而言，"桥隧模式"为其提供了进入高价值潜力和高增长企业的可能性；对融资性担保机构而言，能够在降低担保风险的同时扩大担保业务，从而增加利润。

2. 福建"福安模式"及山东"李庄模式"——互助性担保机构业务创新

"行业性专业担保模式"是在福建福安等地区率先实践的一种创新担保模式，其主要思路是依托行业协会、同业公会等组织成立为区域同行业企业融资服务的行业性专业担保公司，行业内企业将一定的资金以入股或缴纳信用保证金的方式投入担保公司，担保公司在企业提供一定数量资产作为反担保的前提下，按企业投入资金数额放大一定倍数（通常为5倍以下）为其提供融资性担保。

"行业性专业担保模式"的最大特色在于发挥了行业协会、同业公会对融资企业的信息优势，利用反担保资产易于在行业内部实现最大价值变现的特征，有效降低了传统行业中小企业融资性担保风险。

与行业性专业担保模式类似的是"李庄模式"。山东省滨州市惠民县李庄镇多家民营中小企业通过长期与该镇农村信用社"互动磨合"，在保证资金安全前提下，自助、自发地创立使用"民企联保"的担保融资方式，担保覆盖范围与效应实现了快速良性扩张。

2002 年 12 月，基于相互认识了解和长期业务合作关系，李庄镇沙珠邢村 6 家绳网企业与信用社达成信贷合作共识，签订了联保协议并获得贷款。经过多家企业与农村信用社两年间的不断磨合，至 2004 年，李庄镇"自助担保"以"民企联保小组"的形式在该镇及周边乡镇得到较为普遍的推广，并进入快速扩张及相对成熟化阶段。

3. 上海经验：政策化资金、法人化管理、市场化运作——政府担保机构创新

政府担保机构要坚持"政策化资金、法人化管理、市场化运作"的原则。为保证上述原则的正确实施，部分地区的政府担保机构将担保基金委托给专业机构来管理和运作。上海市的财政共同基金就是一个典型。市、区两级财政共同出资组建担保基金，然后由市财政局委托中国经济技术投资担保有限公司上海分公司管理和运作。区县政府有担保项目的推荐权和否决权，同时负责提供被担保公司的资信证明。市财政局主要负责制定担保基金的管理和运作规则，以及与受托机构签订委托合同，原则上不参与担保项目的决策过程。受托机构具有担保项目的最终决定权，其担保项目必须以政府的产业政策为导向且不以赢利为目的，支持中小企业发展。

4. 浙江"萧山模式"——混合型担保模式创新

浙江省杭州市萧山区新街镇建立"会员制、封闭性、社区化、小额

度、非营利"的担保公司，成功地将政府信用和银行信用、市场行为联结在一起，在中小企业融资性担保方面走出了一条新路。所谓"会员制和封闭性"即新街镇政府牵针引线，组织本社区信用好、有发展后劲的中小企业主及个体工商户成立互助式担保公司。担保公司的客户也是担保公司的股东。中小企业要获得融资，就必须"入会"，出资 5 万 ~ 20 万元不等，成为担保公司的股东。根据股东出资的情况，企业在向萧山农村合作银行申请贷款时，担保公司将提供最高相当于 5 倍出资额的担保。但是，企业并不是有资本就能成为股东加入担保公司，加入的基本条件为"企业发展有后劲、在新街镇名声好、企业主不嫖不赌"。所谓"社区化、小额度、非营利"即担保公司与萧山农村合作银行都是本地土生土长的，工作与生活都在社区内，基本可以实现信息对称。担保公司可以详细查看融资企业在银行的资金明细账户，任何企业的贷款额度都是与自己的出资额度、企业规模相匹配的。同时，担保公司还适当采取"反担保、信用档案和退出机制"，银行不必担心风险。

五 融资性担保企业及地区调研

（一）企业调研 1：上海创业接力融资性担保有限公司

1. 基本情况

上海创业接力融资性担保有限公司（以下简称"创业接力"）成立于 2011 年 4 月，注册资本金 2.36 亿元人民币，股东包括上海创业接力科技金融集团有限公司、上海市科技投资公司、中新力合股份有限公司和创业加速器投资有限公司，是上海市融资性担保行业规范发展以来首家获批的融资性担保机构。

2. 担保业务开展情况和服务企业数量

自 2011 年 7 月份正式开展业务以来，"创业接力"已与 18 家银行建立了合作关系，获得授信总额超过 30 亿元，为科技型中小企业集聚了雄厚的优质信贷资源。"创业接力"累计已对全市 1000 多家企业进行了立项调查，上会企业 600 家，并为 450 余家科技型中小企业提供了近 20 亿元融资贷款担保，在保企业的户均担保额约 430 万元，其中单户在保额在 300 万元以下的企业户数超过 66%。"创业接力"以科技型中小企业为主要客户，涉及的产业包括电子信息、先进制造业、现代服务业、节能环保、新材料、生物医药、新能源等。

3. 业务模式及创新产品

在业务创新方面，"创业接力"改变传统风险设计，积极对接政府、科技园区、银行、投资公司等相关资源，设计和开发了一系列结构化创新信贷模式和产品，为科技型中小企业拓宽了融资渠道。

（1）专注产品，担保业务批量集中

①科贷通（科技型中小企业履约贷款）。是由上海市科学技术委员

会联合多家银行和"创业接力"共同推出的科技型中小企业信用贷款，服务于注册在上海市的科技型中小企业，项目已合作至第五期。"科贷通"项目特点为贷款成本低、可享受政府保费补贴、反担保方式简单方便。

②园区贷。该产品是"创业接力"与杨浦科技创业中心、康桥工业园区、莘闵园区等数十家科技园区开展多方合作，针对园区内企业提供的批量化信用贷款担保产品，其特点是由园区推荐企业，执行统一的银行利率和担保费率。

③国开行统贷统还。是由国家开发银行上海市分行、上海创业接力科技金融集团有限公司和"创业接力"合作开展的"创业接力中小微企业集合统贷"，服务对象是基本面良好、具有成长潜力的中小企业。产品特点是成本较低、批量操作、审批效率高、反担保方式灵活、银行见保即贷。

④投贷通。通过和知名投资公司开展合作，对投资公司投资两年以内、发展良好的被投资企业匹配投资额10%～30%的纯信用贷款。产品特点是审批效率高，反担保方式灵活，基本为纯信用贷款。

⑤集合信托。是由上海市浦东新区金融局牵头，交通银行给予企业托底授信，交银国信发放信托贷款，并由"创业接力"提供全过程担保的集合信托贷款业务，采取政府、商业银行、信托公司、担保公司四方共同合作的模式。特点是批量操作、成本较低、贷款期限长。

（2）弱化抵押，反担保措施灵活多样

"创业接力"在为科技型中小企业提供担保时，并不看重其抵押物，而更注重其未来的还款能力。通过对科技型中小微企业赢利能力的分析和其未来现金流的预测来评判公司偿债能力，决定是否提供担保并确定担保的额度，同时根据企业所处行业和发展阶段，设计有针对性的反担保措施，如个人连带责任保证、股权质押、知识产权质押、应收账款质押，账户质押、设备或存货抵押等。目前，"创业接力"的信用类反担保比例占 80% 以上，未来这一比例将会继续扩大。

（3）创新模式，金融资源有效集约

"创业接力"结合自身资源，在现有担保业务基础上结合远期投资收益，探索收益覆盖风险及可持续发展的"投贷联动"创新模式。产品特点可以归纳为"担保增信、投资增值、分享成长，对冲风险"。

经过三年多的探索和发展，"创业接力"已与 40 家企业签订了"投贷联动"合作协议，实际参与股权投资 2 家，推荐投资机构实施股权投资 5 家。被投资企业接受投资后业绩大幅增长，企业估值明显增加。

未来，"创业接力"将持续围绕"以创新思路带动经营的策略"，把创新的发展思想提高到发展方式的战略高度，在经营理念上颠覆传统担保机构的经营模式，在经营风险的同时经营价值，使资源得到更有效的配置，为小企业提供最适合且更为有效合理的融资性担保方案，完善担保业务的配套服务，进一步拓宽中小企业融资渠道。

（二）企业调研 2：中合中小企业融资性担保股份有限公司

1. 基本情况

中合中小企业融资性担保股份有限公司（简称"中合担保"）于 2012 年 7 月 19 日在国家工商行政管理总局注册设立。公司注册资本为 51.26 亿元人民币，是中外合资的融资性担保机构。该公司是国务院利用外资设立担保公司的试点项目。2010 年，《国务院关于进一步做好利用外资工作的若干意见》提出要"加快推进利用外资设立中小企业担保公司试点工作"。国家发改委按照国务院文件的要求，推动设立了"中合担保"。"中合担保"的设立也是落实国务院《关于进一步支持小型微型企业健康发展的意见》，有效缓解中小企业融资难，发展多层次中小企业金融服务的重要举措。该公司由中方和外方共 7 家股东共同发起设立。中方股东包括中国进出口银行、海航资本控股有限公司、宝钢集团有限公司、海宁宏达股权投资管理有限公司、内蒙古鑫泰投资有限责任公司；外方股东包括美国摩根大通集团和西门子（中国）有限公司。

2. 经营理念

"中合担保"以"怀仁、守信、明智"为核心价值观，秉持"允执其中，合作共赢"的经营理念，充分发挥自身优势，不断创新业务模式，为金融产品提供增信服务，向为中小微企业服务的金融机构提供风险分担服务，在服务客户、回报股东和回馈社会的过程中求得自身的发展，致力于成为具有市场竞争力和行业影响力的创新型融资性担保机构。目前，"中合担保"已与 15 家银行建立战略合作关系，授信额度超过 600 亿元人民币，并与多家证券公司、信托公司、财务公司、评级公司建立了业务和战略合作关系。

3. 业务模式及创新产品

"中合担保"金融产品增信业务涉及公司债券、企业债券、中小企业集合债券、银行贷款、信托产品、融资租赁、履约担保等多种类型。"中合担保"建立了"中合担保 - 金融机构"利益共享、风险共担的批量化比例责任担保模式，为银行、小额贷款公司、担保公司等与中小微企业合作的金融机构提供风险分担，解决中小微企业"融资难"问题，促进金融机构扩大业务规模。

基于强大的资本实力和股东背景，以及清晰的发展战略，"中合担保"成为国内首家获得国际评级公司投资级主体信用等级和国内评级公司 AAA 级主体信用等级的融资性担保公司：2014 年，标准普尔和穆迪两家国际评级公司授予"中合担保"BBB - 和 Baa3 投资级主体信用评级；自 2012 年成立起，"中合担保"逐一获得联合资信评估有限公司、东方金诚国际信用评估有限公司、大公国际资信评估有限公司、鹏元资信评估有限公司、中诚信国际信用评级有限责任公司、上海新世纪资信评估投资服务有限公司的 AAA 级主体信用等级。

"中合担保"以支持中小微企业融资为运营宗旨，自成立以来，积极研究如何突破传统模式，创新支持中小微企业发展。"中合担保"借鉴国际和国内成熟的信用担保经验，根据其设立之初的《商业计划书》所确定的"以批发方式开展中小企业融资业务"的原则，提出了"优选伙伴、整群承保、客户共享、风险共担"的批量化担保业务思路。

"中合担保"的批量化担保业务基于六项基本原则，分别是：整群分保、大数法则；低额、短期、组合风险分散原则；同质、无差别分入，防止主体逆选择原则；小比例分保、风险共担原则；收费覆盖损失、风险收益平衡原则；赔偿封顶、止损原则。"中合担保"通过审查交易主体的业务总体质量、历史运营稳定性和内部流程及操作的规范性，在坚持基本交易原则的基础上，达到分散风险的目的，通过为商业银行、担保公司、小额贷款公司等服务于中小微企业的金融机构提供风险分担，达到间接支持中小企业融资的目的。

（三）地区调研 1：河南省融资性担保行业

1. 基本情况

根据河南省工信厅的统计数据，2012 年以前河南省共有各类担保机构 1383 家，注册资本总额为 572.22 亿元，户均 0.41 亿元。目前已发证的 337 家担保机构中，国有担保机构 177 家，民营担保机构 160 家。注册资本在 1 亿元以上的担保机构 159 家，占 47.18%，其中 10 亿元以上的 3 家。河南省中小企业担保集团股份有限公司注册资本 22.947 亿元，是全省规模最大的担保机构。

截至 2013 年 9 月，全省已发放经营许可证 337 家，注册资本总额为 337.9 亿元。其中，注册资本在 1 亿元以上的担保机构 159 家，注册资本总额为 240.32 亿元；10 亿元以上的 3 家。2011 年以来已获得经营许可证的担保公司数如表 1 所示。

表 1　河南省各类融资性担保机构经营许可证发放情况

序号	单位	现有户数
1	省　　属	9
2	郑　州　市	82
3	开　封　市	10
4	洛　阳　市	35
5	平顶山市	13
6	安　阳　市	9
7	鹤　壁　市	15
8	新　乡　市	11
9	焦　作　市	9
10	濮　阳　市	9
11	许　昌　市	10
12	漯　河　市	15
13	三门峡市	9
14	南　阳　市	14
15	商　丘　市	23
16	信　阳　市	17
17	周　口　市	18
18	驻马店市	14
19	济　源　市	1
20	巩　义　市	1
21	兰　考　市	1
22	汝　州　市	1
23	滑　　县	2
24	长　垣　市	1
25	邓　州　市	1
26	永　城　市	1
27	固　始　县	3
28	鹿　邑　县	1
29	新　蔡　县	2
	全　　省	337

截至 2013 年 11 月，全省当年累计新增担保业务 30441 笔，新增受保企业 23900 户，新增担保额比 2012 年同期增加 74%；整体业务量较 2012 年同期有了较大的提高，融资性担保机构的作用正在逐步显现。国有担保公司新增担保业务约 590 亿元，占全部新增业务的 63.38%，民营担保机构新增业务占比约为 36.62%。国有担保公司整体业务发展明显好于民营公司。

2. 主要问题

（1）担保行业潜在风险依旧存在

从河南省担保机构发展现状看，注册资本在 5000 万元（含）以下的担保机构与银行合作难度大，多数担保机构仍处于起步或调整期，赢利渠道狭窄，加之受保企业不景气，代偿风险骤增，致使很多担保机构可持续发展前景不明朗。有些担保机构从业人员缺乏专业知识和从业经验，对担保对象和担保项目判断不准，人为操作风险较大。有些担保机构热衷于从事民间融资业务，甚至非法揽储和非法放贷。

（2）担保机构主营业务不突出

据统计，河南省担保机构户均注册资本 8500 万元，融资性担保业务放大系数仅为 1.79 倍，低于全国平均数 2.11 倍。还有一些担保机构一年以来没有开展一单业务，不少融资性担保机构难以靠担保业务实现赢利，业务"异化"的后果就是主辅业倒置。担保公司偏离主营业务，热衷于高风险、高赢利的投资项目或证券投资，增加了经营的不确定性。同时，这些高风险、高收益的公司与担保公司合作，以较高的担保费率获得大量的资金，担保公司的担保资金流向高风险项目，而没有真正为中小企业服务。

（3）监管队伍建设亟待加强

长期以来，河南省融资性担保行业缺乏符合业务发展需要的高级管理人员和风险控制队伍，制约了担保公司业务的规范发展。经调查发现，部分地方监管部门在一定程度上存在重发展、轻监管的现象，风险意识和日常监管不到位。与融资性担保机构数量和业务规模相比，监管人手配备普遍不足。目前，各市监管人员平均不超过5人，基层监管人员虽有增加，但其中兼职人员较多，业务能力较弱。

（4）退出力度亟待加大

目前，河南省仍有一大批冠有"担保"名称的机构主要从事民间借贷，甚至开展非法集资、非法吸存等活动，给融资性担保行业带来了巨大的声誉风险。个别地级市的退出工作不力，担保公司数量一直居高不下，兼并重组进展缓慢。

3. 改进和完善

河南省融资性担保公司监管体系建设处于起步阶段，存在许多漏洞和不足，今后应迅速建立政府、行业、公司等多层次的监管体系，规范融资性担保行为。

（1）探索建立合理有效的准入机制

河南省的担保行业准入限制主要针对国有担保公司，民营公司的准入工作暂未开展。目前，大部分地级市要求启动民营资本准入工作的呼声较大，应该允许具备条件的民营资本进入融资性担保行业，做到有进有出、优胜劣汰。

（2）完善担保公司的退出机制

①对受到举报的融资性担保公司，一经查实违法行为的，按程序予以清退。

②对担保业务低于3000万元或未开展业务的融资性担保公司进行通告，2014年底仍不达标的，按程序予以清退。

③逐步提高担保公司法人股东的出资比例（原比例为累计不低于20%），对于限制期内仍未整改的，按程序予以清退。

④推进兼并重组工作，引导和鼓励"弱、小、散、差"的担保机构

整合优质资源，壮大整体能力。

（3）扶持行业发展

一是扩大银担合作。搭建合作平台，降低合作门槛，对合作成效明显的担保机构和银行业金融机构实行奖励。二是落实优惠政策。对符合条件的担保机构积极争取国家补助和免征营业税，协调省财政加大奖补力度。三是借鉴外省经验，进一步加强融资性担保体系建设，切实解决小微企业融资难、融资贵问题。

（4）健全和完善信用担保风险补偿机制

①建立财政代偿补偿机制。从国外的情况看，中小担保机构的代偿损失的外部补偿以政府为主。北京已经开始了建立风险补偿机制的尝试，对市属政府出资的担保机构成立代偿补偿基金。河南省目前没有建立补偿机制，建议对政府出资的担保机构成立代偿补偿基金，自身的准备金不足以代偿时，可以用代偿补偿基金偿还。

②落实税收和其他优惠政策，借鉴国外和国内经济发达地区的经验，建议通过免征担保机构营业税的方式对中小担保机构实行税收优惠，对于担保机构发生的代偿损失允许在企业所得税税前扣除，以扶持担保机构迅速发展壮大。

③建立再担保补偿机制。自 2008 年 2 月东北中小企业信用再担保有限公司成立以来，北京、上海、广州、深圳等一线城市及山东、安徽等中小企业信用再担保机构纷纷成立。再担保机构与担保机构按照"共建共赢、利责平衡、风险共担、有效补偿"的原则，开展增信再担保、分险再担保、综合再担保和共同担保等业务，效果显著。建议河南省建立省级再担保机构，实现直接担保和再担保联动。

（5）加强信息化建设，建立全过程信用风险管理制度

建议借鉴深圳市中小企业信用担保中心开发的担保管理信息系统，支持从咨询、申请、初审、签约、放款、跟踪、终止、逾期、代偿、结案等

全过程的业务处理，为信用担保的项目管理、项目跟踪、风险控制等提供强大的支持。同时，建立担保业务信息报送系统，要求担保机构通过管理系统每月报告一次业务信息，包括财务收支情况、资金托管情况、资产变化情况等，通过比对分析对担保业务、经营管理和风险控制进行持续监测。

（四）地区调研 2：温州融资性担保行业

2011 年，温州老板"跑路"引发了温州金融危机。此次温州金融危机的发端是经济发展问题的一个集中体现，担保公司成为众人公认的罪魁祸首。据统计，2012 年温州市共有融资性担保公司 37 家，其中民营商业性的 36 家，国有政策性的 1 家；注册资金合计 21.5 亿元，担保余额合计 68 亿元，担保笔数合计 20648 笔，代偿总额 8856 万元。温州金融危机对融资性担保行业的冲击非常大，尤其是后危机时期实体经济的发展受困，部分公司甚至处于歇业或半歇业的状况。温州金融危机发生的一个加速性因素是银行贷款的互保链。企业之间的互保链犹如一副多米诺骨牌，当发生金融危机时便会产生连锁反应。融资性担保公司的良性发展能解开企业互保链困局，起到有效的疏导作用。温州融资性担保公司在缓解中小企业融资难、促进中小企业发展并带动地方经济发展方面发挥着不可替代的作用。

1. 温州融资性担保公司发展的困境

（1）整体规模偏小，担保实力弱

规模小而分散使得绝大部分融资性担保公司综合实力弱、业务品种单一。融资性担保机构业务构成缺乏弹性的选择空间，易造成较高的行业集中度或客户集中度，影响经营的稳健性。经济周期下行和产业结构重大变化极易引发融资性担保公司的代偿风险，系统性风险非常大。以温州市鹿城区融资性担保机构为例，其中注册资金为 1 亿元的只有 3 家，5000 万元及以下的有 7 家（见表 2）。

表 2　温州市鹿城区融资性担保公司注册情况

单位：万元

机构名称	成立时间	注册资本	国有资本
温州国泰投资担保有限公司	2006 年 12 月 1 日	5000	0
温州市鹿城三农融资担保有限公司	2010 年 4 月 1 日	2000	2000
温州市太平洋担保有限公司	2006 年 3 月 2 日	3500	0
温州市中投信用担保有限公司	2006 年 12 月 2 日	10000	0
温州市宏诚信用担保有限公司	2007 年 1 月 2 日	5000	0
温州嘉信融资担保有限公司	2005 年 7 月 1 日	8000	0
温州市中小企业融资担保有限公司	2001 年 8 月 2 日	10000	0
浙江金盛担保有限公司	2005 年 12 月 1 日	5000	0
温州市金茂信用担保有限公司	2007 年 1 月 1 日	3020	0
温州市总商会中小企业融资担保有限公司	2007 年 4 月 1 日	10000	0
温州保利信用担保有限公司	2007 年 9 月 2 日	3000	0
温州宏信担保投资有限公司	2009 年 6 月 1 日	3000	0
温州市忠心融资担保有限公司	2006 年 1 月 1 日	2000	0
浙江金东担保有限公司	2006 年 1 月 1 日	3000	0
温州市联银融资担保有限公司	2009 年 11 月 2 日	5000	0

注：数据引自《温州市鹿城区融资性担保公司业务统计月报（2012）》，温州市鹿城区经济和信息化局。

（2）反担保能力差，缺乏有效的风险补偿机制

反担保资产的变现力弱、可执行性不强或执行成本高，造成融资性担保公司反担保风险分散能力差。一是顺位抵押不畅。全国大部分城市都实行不动产的二次顺位抵押，但在温州，即使抵押权与房管部门没有任何利益冲突，二次顺位抵押也大都无法实现，二次抵押的不顺畅，导致担保风险分散机制受阻，不利于担保行业的发展。二是缺乏再担保。温州没有再担保公司，绝大部分融资性担保公司属民营商业性质，一方面容易造成银行的歧视性政策，另一方面融资性担保公司少了一道分散风险的保障，加大了系统性风险。

（3）银行与担保公司合作地位不对等，风险连动机制缺失

温州绝大部分融资性担保公司在与银行的合作中进行全额担保，双方缺乏风险分担或利益共享。这种由银行主导，担保公司全额承担风险的合作，不利于风险的合理分散，也弱化了银行对企业的考察和评估功能，容易造成银行不负责任地审核。个别银行很可能把不良资产转移给担保公司，或把偿债能力有问题的企业推荐给担保公司，甚至把不良企业欺骗性地推荐给担保公司。因此，全额担保造成风险分散机制失衡，加大担保公司的代偿风险，扩大了系统性风险。

（4）管理机制不完善，风险管控能力不强

一是管理机制不完善。一些担保公司的业务经营没有严格的制度规范，业务审查缺乏集体讨论机制；向借款人承保的决定权不属于评审委员会，而属于董事长或总经理等个别经营者。由于管理机制不完善，在担保过程中不可避免地出现决策者违规操作，如人情担保、关系担保，最终担保机构蒙受损失。这不仅削弱了担保公司的资金实力，而且影响其履约能力，给担保公司带来极大的经营风险。二是风险管控能力不强。融资性担保是资本密集且风险极高的行业，融资性担保经营的是信用，管理的是风险，承担的是责任，其核心是风险控制。担保公司需要具备长期行业经验的人才，尤其是在法律、财务、金融、企业管理等方面都有经验的专业团队进行风险管控。目前，温州融资性担保公司大多数从业人员是从事过金融工作或企业管理工作的人员，这样的人才构成满足不了行业发展的需要，不能进行科学有效的风险甄别与分析评估，因而担保公司的风险识别和控制能力弱。部分融资性担保公司只依赖银行的调查结果，没有形成独立的调查和决策机制，缺乏有效的双重风险防控能力。

（5）赢利水平低，存在不合规经营情况

资本具有逐利性，异化发展还是合规发展的问题一直困惑着融资性担保行业。温州个别融资性担保公司存在抽逃资金的问题，究其原因是主营

业务收益率低下。根据担保行业普遍经验，担保公司的放大倍数至少要大于 5 倍才有赢利的空间。温州融资性担保行业的平均担保放大倍数为 3.3 倍（见表 3），担保收费标准在 2% ~3% 之间，如果按 2.5% 的收费标准计算，假定不扣除任何成本费用，其利润率是 8.25%，这对于资本增值的要求来说是非常低的。当融资性担保公司没有达到股东预期赢利水平时，便非常容易偏离主业开展经营。

表 3 温州融资性担保公司的担保放大倍数

时间	融资性担保公司 （家）	注册资本 （亿元）	担保余额 （亿元）	担保放大倍数 （倍）
2011 年 6 月	46	28.8	99.2	3.4
2011 年 12 月	50	30.0	98.2	3.3
2012 年 6 月	37	21.5	68.0	3.2

注：数据引自《温州市融资性担保公司业务统计月报（2011~2012）》，温州市鹿城区经济和信息化局。

（6）缺乏行业整体发展规划设计和操作性强的监管机制

虽然温州市政府已经出台了一些有关融资性担保公司的行业政策，初步建立了行业规范发展和审慎监管制度框架，但融资性担保行业仍缺乏总体的规划布局、明细的监管政策和监管测试体系。如何管控担保业务快速增长所带来的潜在信用风险、部分机构业务过度集中所隐含的信用风险及部分机构成为新的融资平台的风险，如何监控行业的营业规范性、风险管控能力及资信实力，这是融资性担保公司急需解决的问题。

（7）行业发展环境中的其他不良因素

一是不能共享征信系统。温州融资性担保公司不能共享人民银行的征信系统，这不利于担保公司有效识别风险，导致其信用识别成本增加、时间延长，影响担保行业的发展。二是资质认可受阻造成担保业务无法正常开展。如诉讼担保，即使担保公司的注册资本符合诉讼担保的要求，也得不到法院的资质认可。

2. 温州融资性担保行业的创新突破

（1）政府实施有效监督和指导

①建立再担保公司，完善补偿机制。温州市政府每年都有一大笔财政资金支持符合补助条件的融资性担保公司。温州市政府应该转变支持方式，成立再担保公司，从原来直接的补贴转变为间接的扶持。再担保公司的成立，不仅可消除银行对民营担保公司的歧视，而且可降低融资性担保公司的风险。

②促进银行与担保公司的合作，推行互信互惠、风险共担的合作机制。一是加强金融部门与担保公司之间的工作联系和业务交流。建议政府部门定期牵头召开担保机构与银行的联席会议，共同商讨并解决业务发展中遇到的问题，同时促进融资性担保公司纳入征信系统管理。二是引导建立银行与担保公司之间风险共担的合作机制。可通过财政与银行的存贷业务关系，鼓励银行在与担保公司合作中承担一定比例的风险，即使比例很小，也会改善现有的风险机制。

③建立科学的考核体系，制定明确的监管指标，形成定期的行业风险评估报告机制。融资性担保公司的担保对象是中小企业，中小企业的信息可折射出温州整个经济发展的状况，为实现监管资源的有效匹配，政府需要密切关注并加强行业监管。目前，政府管理都停留在表面，虽然定期收集汇总本区域融资性担保行业的情况，但并没有对行业的风险进行实质性的预测和监控。因此，需要加强信息披露机制的建设，尤其需要完善融资性担保行业监管体系，包括完善担保资金监管机制。

④引进和留住人才。政府应从长远的战略角度出发，坚持人才引进战略，实施人才政策，吸引人才并留住人才。

（2）融资性担保公司完善自身风险管控体系，增进有效补偿机制

①建立科学的内部风险管理体系。从战略层出发，建立一套科学的规

章制度并认真贯彻落实；建立限额审批、审保分离、内部稽核和报告制度，包括贷前调查、贷中审查和贷后检查；健全管理责任制和风险准备金制等内部控制体系，在求稳的基础上求发展。

②完善风险控制体系，建立有效补偿机制。一是加快专业人才队伍建设。担保行业涉及面广、风险大，需要法律、财会、金融等方面的专业风险管理人才。没有专业的团队支撑，融资性担保公司发展将不可持续。二是提高在与银行合作中的谈判力。在与银行的合作中，担保公司处于弱势并承担全额风险，可通过必要的兼并重组，形成规模经济和规模实力，提高其谈判地位，争取更多的有利条件。三是创新保风险控制和补偿方式。中小企业的特点决定了担保公司难以获得足额、变现能力强的反担保资源，因而担保公司要控制风险，必须具备对中小企业反担保资源进行创新组合的能力。担保公司应突破传统的担保业务模式，开拓新的业务源，即通过对各种反担保资源的组合，控制企业的第一还款来源或产生相对可靠的第二还款来源，如采用应收账款质押反担保等。

（3）充分发挥行业协会的作用，加强行业自律管理

①赋予行业协会一定的监督管理权。温州融资性担保公司协会作为专业性组织为担保行业的发展做出了应有的贡献。但由于行业协会是民间自律性组织，其管理和引导往往不能被融资性担保公司完全接受，管理效果大打折扣。如果赋予该协会一定的监督管理权限，如设立融资性担保公司必须由担保协会出具意见等，就能充分发挥其管理、引导的作用，取得较好的社会效果。

②实施担保业务备案制度。赋予行业自律性组织一定的管理权，按融资性担保公司业务发生的担保资金数额划定备案的界限，凡是数额较大的业务均应向担保行业协会备案，既可以防止恶意申请人向不同的担保公司恶意重复申请担保业务，也可促进担保公司自律，形成一个长期有效的担保公司风险预警机制，为融资性担保行业的健康发展创造条件。

六 融资性担保行业的风险预警与制度化改进

2012 年初中担、华鼎、创富危机事件的爆发，使得我国融资性担保机构的风险控制再次成为人们关注的焦点。我国担保行业经过 13 年的发展，担保机构数量和规模不断扩大，各种违法违规现象如虚假出资、抽逃资本金、高危运作客户保证金、高息揽存和发放高利贷等时有发生。由于监管不力、缺乏早期的风险预警，担保行业风险事件频发，对担保行业造成巨大冲击，严重影响了担保行业声誉，甚至引发局部地区社会动荡。因此建立担保机构风险预警体系，加强对风险的早期预警，以便监管部门及时采取预防措施，避免重大危机事件发生就显得非常重要。

（一）风险预警的一般手段和常用方法

国内外关于风险预警的研究主要集中在经济预警和商业银行风险预警等方面，对担保机构风险预警涉及不多。我国早期对担保机构风险预警的研究主要借鉴金融机构经验，以定性研究方法为主，而现在则更多地采用定量研究方法。在定量研究中，风险预警体系的构建经过指标筛选、权重及阈值确定和模型构建三个步骤。在预警指标的选择上，一般参考 CAMELS 评级体系，通过风险因素分析选取相应指标。如陈虹和金鑫（2009）预警指标选取的是担保项目组合、担保业务运营质量、担保运营成本、担保机构经营稳健度等，但由于仅考虑担保机构自身因素，有一定的局限性。曹宏杰（2010）从宏观环境、受保企业、担保公司三个方面构建指标体系，虽然指标体系比较完善，但需要大量的受保企业和担保机构的数据作为支撑。任彦峰（2012）考虑宏观经济环境因素，构建了三级指标体系。在权重的确定上，有德尔菲法、熵值法、模糊聚类分析法和层次分析法（简称 AHP 法）。阈值的确定一般采用参照国际通用标准、

历史数据分析和专家评分等方法①。风险预警模型较多，国内常采用灰色
预警模型、模糊综合评判法。陈虹和金鑫（2009）采用灰色预警模型，
通过原始数据累加生成新的数据，建立微分方程进行预测。该模型适合预
测对象呈指数增长的情况，对于担保机构风险预警的适用性值得商榷。曹
宏杰（2010）采用风险加权计算综合风险指标值，再按划分好的预警区
间对指标值进行判别。任彦峰（2012）采用模糊综合评判法，衡量指标
与风险之间的关系选取线性函数，这可能与实际情况不符，导致较大的误
差。

从以上研究成果来看，对担保机构风险预警体系的研究主要存在以下
两个方面的不足：一方面，在对预警指标权重赋值时，主要采用层次分析
法，这种方法虽然简便，但主观性太强，计算结果容易受人为因素的干
扰；另一方面，在运用模糊综合评判法建立预警体系时，采用线性隶属度
函数计算隶属度，这种方法只适合各指标的评价值与实际值呈线性关系的
情况，而实际上指标评价值与实际值并不成线性关系。因此，本文在现有
研究基础上，结合担保行业的特点构建预警指标体系和阈值区间，采用层
次分析法和熵值法相结合的方式对指标权重赋值，定性指标采用层次分析
法，定量指标采用熵值法，这样可以减少主观因素造成的结果误差。在模
型的构建上选用模糊综合评判法，但采用的是非线性隶属度函数确定各指
标隶属度。

担保机构风险预警体系的建立具有以下功能和作用。对担保机构来
说，风险预警指标数值的大小说明担保机构所处的风险等级，便于担保机
构了解各类风险的分布状况和严重程度，这将促使担保机构不断加强风险
管理，增强风控意识。对监管部门来说，有利于改善目前监管不力的状

---

① 赵爱玲等：《我国融资性担保机构风险预警体系研究》，《宏观经济研究》2014 年第 2
期。

况。监管部门对担保机构风险预警指标、经营管理活动和综合风险趋势进行动态监测和分析，及时发现风险隐患，并向担保机构发出预警信号，提前采取适当的监管措施提供客观和充分的决策依据，防范和化解担保机构风险。

（二）担保机构面临的主要风险及来源

要构建敏感、有效的担保机构风险预警指标体系，就必须分析担保机构面临的风险及其来源。担保机构面临的风险可以分为市场风险、法律风险、政策风险、担保机构自身缺陷导致的风险、信用风险等，这些风险主要来源于宏观经济形势变化、担保机构自身管理水平、受保企业经营状况及其信用水平。

（1）市场风险。市场风险是指由于基础经济变量（利率、汇率、股票价格和商品价格等）变化给受保企业和担保机构带来的风险，其中最主要的是利率风险和汇率风险。担保机构收入的主要来源是担保费和投资收益，当利率提高时，一方面受保企业筹资成本增加，利润减少，未来还款能力下降，担保机构代偿可能性增大；另一方面，金融资产价值下降，金融资产作为质押品的价值缩水，其作为反担保资源的作用有限。同时，担保机构投资的国债、金融债券等金融产品的价格下降，投资收益降低，担保机构资金遭受损失。我国担保机构目前不从事国外担保业务，汇率变化主要影响受保企业进而对担保机构产生影响。例如，人民币升值使一些出口中小企业利润减少甚至无利可图，加大了担保机构的代偿风险。

（2）法律风险。我国担保行业法律法规缺乏、法治观念淡薄是导致担保机构法律风险的重要原因。虽然国家已经颁布了《融资性担保公司管理暂行办法》《中小企业信用担保资金管理暂行办法》等相关法规，各省市也颁布了担保行业管理办法，但这些法规作为部门规章和地方法规，立法层次低，执行效力和作用受到限制，这也是担保行业违法违规现象频发的重要原因。法治观念淡薄主要表现为担保机构、受保企业和个人在经营活动中遵纪守法、依法经营的观念不强，甚至从事违法违规活动。

（3）政策风险。国家经济政策（如货币政策、财政政策、行业政策、地区发展政策等）发生变化，影响企业经营效益，给担保机构带来风险。如节能减排政策的实施，使高耗能企业陷入生存困境；中央银行实行紧缩的货币政策后，商业银行一般会缩小对中小企业的贷款规模，迫使中小企业不得不选择高利率的民间借贷。当借款企业无力偿还高利贷时，老板"跑路"、企业倒闭时有发生，担保机构代偿增加甚至破产。

（4）担保机构自身缺陷导致的风险。担保机构自身管理的不完善也在一定程度上加大了担保机构风险。由于我国担保机构资本金普遍较低，缺乏补偿机制，一旦出现较大额度的代偿，担保机构的持续经营就会出现问题。一些担保机构缺乏完善的法人治理结构、健全的内控机制和规范的业务操作规程，导致操作风险发生。

（5）信用风险。信用风险是指获得信用担保支持的债务人不能按合同要求按时偿还贷款，担保机构代为清偿债务而造成资金损失的风险，这是担保机构面临的主要风险。影响信用风险的因素主要是受保企业的履约意愿和履约能力。一些受保企业缺乏诚实守信意识，有能力履约而不履行合约导致担保机构代偿；另一些受保企业不是主观上故意违约，而是无力履行约定，如第三方违约、外部环境变化（如金融危机爆发）、产品市场行情变化等原因导致企业亏损甚至破产，此时担保机构必须替企业偿还贷款。

（三）担保机构风险预警指标体系的基本架构

基于对担保机构面临的风险及其来源的分析，本文在已有研究的基础上，结合担保行业实际，从两个方面选取35个子指标构建担保机构风险预警指标体系。

1. 宏观经济体系指标

宏观经济体系指标主要包括经济发展状况、金融机构发展状况和国家政策扶持状况等指标，这些指标都对担保机构产生重要影响。第一，经济发展状况是担保机构生存和发展的外部环境，其高低影响担保机构、受保企业、合作银行的发展，是担保机构市场风险的来源之一。反映经济发展状况的指标包括 GDP 增长率、通货膨胀率、制造业采购经理人指数等。第二，金融是现代经济发展的核心，金融机构在资源集聚和配置方面发挥着极其重要的作用。担保机构作为银行和中小企业之间的桥梁，为中小企业提供信用担保，金融机构的发展状况、信贷规模大小直接影响担保机构的经营状况，也是担保机构市场风险的来源之一。金融机构发展状况可用不良贷款率、净资产收益率和贷款余额占 GDP 比重三个指标反映。第三，国家政策扶持状况主要反映担保机构所面临的法律风险和政策风险。健全的法律法规和政府的大力支持是担保行业健康发展的重要保证，该指标高低对担保机构产生重要影响。具体包括对中小企业的支持程度、对担保行业支持程度以及对银行相关业务规范程度三个指标。

2. 担保机构体系指标

担保机构体系指标主要反映担保机构面临的自身风险与信用风险，具体包括担保机构基本素质、风险控制和经营效益等指标。第一，企业素质指标，反映担保机构生存和发展的内在因素，主要包括公司的治理结构、人力资源素质和资本规模等指标。第二，风险控制能力指标，反映担保机构防范和控制自身风险的各项制度与措施，主要包括风险分担比率、风险集中度和风险管理水平等指标。第三，经营效益指标，反映担保机构的经营成果与效率，主要包括代偿能力、赢利能力、经营效率和财务结构等指标。

（四）融资性担保体系的制度性缺陷

治理中小企业融资性担保体系内在脆弱性的科学手段就是对中小企业融资性担保体系的发展机制进行重塑，有效治理中小企业融资性担保体系所存在的制度性缺陷，从而在理论上深化与拓展中小企业融资性担保理论，在实践中构建完备高效的中小企业融资性担保体系。

1. 融资性担保体系的协同障碍

当前的研究认为我国的融资性担保是以政策性担保为主，商业性和互助性担保为辅，即所谓的"一体两翼"①。根据调查，政策性担保与商业性担保难以共存，且每个城市不尽相同。如杭州的融资性担保行业主要由商业性担保机构组成，商业性担保机构占杭州担保机构的 80% 以上；而在萧山，商业性担保机构难觅踪影，所有的担保机构均为互助性担保机构；嘉兴则是另一番景象，70% 以上的担保机构由政府独资，同时存在少量的互助性担保机构，商业性担保机构寥寥无几。为何政策性担保与商业性担保难以共存？究其原因，政策性担保对商业性担保存在挤出效应，在政策性担保机构较多的城市，商业性担保机构几乎无法生存，因为政策性担保的非营利性使其可以采取非常低的担保费率，商业性担保要么跟着赔钱赚吆喝，要么就会门庭冷落。

互助性担保实际上也是由政府主导建立的，而非由会员企业自发组建而成。政府主动引导建立互助性担保机构，减少了政府对政策性担保的投资，企业也信任政府的管理，愿意以政府为主成立互助性担保。萧山的互助性担保机构最初均是由政府投资建立，逐步吸收会员企业入资后，政府慢慢减少资金投入，但担保机构仍然由政府管理，通常由各村镇主管工业

---

① 顾海峰：《制度性金融创新与我国中小企业融资性担保体系发展研究》，《南方金融》2012 年第 3 期。

的副镇长当"一把手"。互助性担保机构发展需要适宜的外部环境，要求会员企业之间相互了解，因此仅限于在企业众多的村镇发展。因为互助性担保同政策性担保一样具有非营利性，所以在互助性担保较多的地区，商业性担保同样难以生存。

2. 融资性担保体系的风控隐患

有调查显示，互助性担保机构的代偿最少，商业性担保机构稍高，政策性担保机构的代偿最高。究其原因，互助性担保机构一般由村镇优质企业参与形成，企业之间非常了解，新加入的会员企业必须经所有会员企业和担保机构的负责人同意，任何一个会员企业和担保机构的负责人都有一票否决权。同意新企业加入的依据是企业经营状况和企业主的个人情况，如企业主有赌博、吸毒等不良行为，就无法加入互助性担保机构。在萧山区，全区20家互助性担保机构没有一家发生代偿，萧山区政府的领导认为对入会企业的严格把关是其主要原因。互助性担保的体制虽然保证了其对担保风险的控制能力强于其他两类担保机构，但也限制了其业务的扩大。能够加入互助性担保的都是已经崭露头角的优秀企业，而其他具有潜力但尚未形成规模的企业则无法参与。因此，互助性担保机构的服务对象过于局限，无法取代商业性担保和政策性担保的作用。

作为高风险行业，担保机构发生代偿在所难免，政策性担保机构和商业性担保机构的区别也决定了两者的风险控制水平必然有差别。从调查数据来看，政策性担保机构的代偿笔数、代偿金额和代偿率都高于商业性担保机构。这是因为前者的从业人员大部分为兼职人员，无论专业知识还是工作态度，都不能与专业担保人才相提并论。同时，政策性担保机构的经营好坏与从业人员的待遇并不挂钩，这与商业性担保机构业绩与待遇成正比的情况截然不同。

在风险防范措施上，目前担保机构基本仍然采用较原始的保证金和资产反担保，而对控制风险的一些关键性指标，如行业集中度和客户集中度，没有明确的限制。在客户集中度过高的情况下，只要一笔业务发生代偿，就足以给担保机构带来致命的打击。

3. 融资性担保体系的规模困境

大多数政策性担保机构和所有的互助性担保机构只与当地城市商业银行合作，原因是这两类担保机构由政府管理，政府希望协作银行承担相应的责任比例。例如，萧山区政府要求协作银行对担保贷款利率优惠20%，这些条件其他商业银行通常难以接受。首先，各大商业银行对担保贷款这样小规模的业务不屑一顾，其次，各大商业银行在城市的分支机构根本无权决定责任比例和优惠利率，因此政策性担保机构和互助性担保机构基本上都与城市商业银行或者农村商业（合作）银行等当地中小银行进行合作。中小企业融资本身也是城市商业银行的主营业务，而且合作双方的政府背景让城市商业银行可以满足担保机构在责任分担比例和利率优惠上提出的条件。从分担比例的情况来看，政策性和互助性担保机构承担的比例一般在70%~80%之间。商业性担保机构由于缺乏政府背景而且机构规模较小，很难让银行同意承担相应责任，均承担100%的责任。

从调查了解到的情况来看，银行更愿意与规模较大的担保机构进行合作。其原因主要有两点：一是担保机构规模越大，抗风险能力越强，能提供的担保范围就越广，规模较小的担保机构一般只能提供小额度的担保；二是规模较大的担保机构基本上都是担保行业的佼佼者，其经营管理能力高于其他小规模的担保机构。

（五）我国融资性担保体系的制度化改进趋向

1. 建立和优化以商业性担保为主、政策性与互助性担保为辅的运营机制

从长远发展来看，中小企业担保体系应该以商业性担保机构为主体。

当然，在经济下行期政府应相机而动提供必要的支持。商业性担保机构并非仅指完全由民间出资的担保机构，政府也可以投入一部分资金作为引导，但机构的运营管理必须按照商业化的模式来运作。完全由政府出资的政策性担保机构有诸多难以避免的缺陷：首先，地方财政财力有限，使得政策性担保机构规模较小，而不能以赢利为目的使其无法通过自身积累壮大规模；第二，政策性担保机构缺乏专业的担保人才，其对人才的吸引力低于商业性担保机构；第三，如果不以营利为目的，就难以制定政策性担保机构的考核机制，如果以扶持的企业数量作为考核指标，可能出现盲目担保的情况，如果以代偿率作为考核指标，就会出现类似"惜贷"的情况；第四，由于没有明确的考核指标，因此对政策性担保机构很难进行激励和约束，控制着大量资金的担保机构难免出现"寻租行为"，寻求担保的企业很可能通过行贿的方式获得担保；第五，由地方政府出资组建的担保机构，难以避免受政府干预，国有商业银行产生大量呆坏账的前车之鉴让人警醒。以商业性担保为主体可避免上述的诸多问题，前提是给予商业性担保机构的政策性担保业务合理的补偿。

2. 建立基于公司治理路径的风险防范与控制机制

建立基于公司治理路径的融资性担保风险防范与控制机制，其思路就是通过建立科学的公司管理制度，防范融资性担保业务操作过程中工作人员可能出现的逆向选择和道德风险，保证融资性担保机构内部按照规定的工作流程和经营目标对各个部门、人员及其业务活动进行组织、协调和制约，以减少和控制潜在的风险。它主要包括以下内容：一是总经理在授权范围内对融资性担保项目审批、担保金额代偿与追偿负全部责任；二是建立审、保、偿分离制度，增强担保业务操作的客观性和公正性，提高操作的透明度，使各级管理人员既相互制约，又职责明确；三是在总量控制的前提下，依据申保企业资信状况及担保贷款的风险度、数量和性质确定单笔担保金额的审批权限；四是对特殊担保项目实行集体审批制度；五是实行内部稽核制度；六是建立担保业务报告制度；七是建立离职审计制度。

3. 建立融资性担保机构与商业银行的风险分担与业务协作机制

商业银行在中小企业融资性担保体系中的作用是举足轻重的，面对中小企业对信贷资金的期盼以及政府对中小企业融资性担保业务的大力推动，加强商业银行与融资性担保机构之间的协作关系，已成为当前迫切需要解决的问题。本报告认为应从下面三个方面构建合理的银保风险分担与协作机制。

（1）融资性担保机构要与协作银行明确保证责任形式、担保资金的放大倍数、担保范围、责任分担比例、资信评估、违约责任、代偿条件等内容。应确定适当的担保比例，在担保机构与贷款银行之间合理分担风险，担保机构应避免全额担保。对目前商业银行不愿意承担任何风险的做法，人民银行应该制定相应的政策进行引导。担保机构和协作银行可以在合作中积极进行业务创新。

（2）信用风险的适度分散会使协作银行和担保机构承担的义务达到一定程度的均衡，两者都可以在实现自身利益最大化的前提下，有效地控制和防范信用风险。协作银行可以在审核中小企业的贷款申请时，根据自己的经验以及客户企业以往的信用判断该企业是否符合贷款担保条件，并将该企业的情况以及自己的意见如实反映给担保机构。协作银行和担保机构协调配合，共同加强对担保活动的监督，防范和控制信用风险。

（3）商业银行与担保机构应建立战略伙伴关系。商业银行与担保机构都具有扶持中小企业的社会责任。随着地方性、股份制商业银行数量的增加和业务的扩张，银行业的竞争愈演愈烈，商业银行为扩大市场规模、提高竞争力，应积极地选择机制好、效益好、守信用、竞争力强和有广阔发展前景的中小企业作为客户，形成能有效规避风险的多样化的客户结构和客户群体，这对于商业银行提高经营效益、防范信用风险是十分有益的。担保机构对商业银行的作用和价值将越来越大。与担保机构建立平等的、利益均衡的合作关系，有助于商业银行调整信贷结构、盘活信贷资产、寻求新的利润增长点。

（4）构建完备高效的融资性担保行业监管机制。缺乏独立的法律法规和明确的监管部门是担保行业混乱的原因，准入门槛和监管法规的缺失使一些投机性的民间资本盲目进入，使整个担保业的信誉降低。出台一部完善的全国性的担保法规已迫在眉睫。只有法律主体地位确立并有严格而有效的市场规则，我国担保业才能走上健康发展的道路。担保公司具有准金融性质，兼具高风险特征，对其监管应具专业性，须由相关的金融监管部门实行全面监管。建议由人民银行征信管理局或银监会对担保机构实施统一监管，理由如下。一是融资性担保机构的运作方式和风险控制机制与金融机构相似，人民银行对金融机构的监管已有多年的经验积累，由其监管有利于加强对融资性担保机构的监管和风险防范。二是通过人民银行的信贷政策引导，有利于加强融资性担保机构与银行的协作。三是人民银行已建立信贷登记咨询系统，可将担保机构的经营情况纳入该系统实施统一管理。这样，一方面担保机构可通过该系统便捷地查询担保对象的信用记录，降低经营成本；另一方面担保机构的协作银行可通过该系统查询担保机构的担保余额和担保放大倍数，改善信息不对称状况。

参考文献

曹凤岐：《建立和健全中小企业信用担保体系》，《金融研究》2001年第5期。

陈柳钦：《制度创新——发展和完善中小企业信用担保体系》，《北京工业大学学报（社会科学版）》2004年第6期。

陈晓红、谢晓光：《提高我国信用担保经济杠杆效用的研究》，《软科学》2005年第4期。

付俊文、赵红：《信息不对称条件下的中小企业信用担保数理分析》，《财经研究》2004年第7期。

顾海峰：《我国中小企业融资性担保信用风险的补偿路径研究》，《税务与经济》2009 年第 4 期。

顾海峰：《制度性金融创新与我国中小企业融资性担保体系发展研究》，《理论研究》2012 年第 3 期。

顾海峰：《中小企业信用担保风险形成的内在机制研究》，《财经理论与实践》2007 年第 5 期。

顾海峰、奚君羊：《金融交易中信用担保的动态定价机制：理论与应用——基于金融期权视角的首次探讨》，《南方经济》2008 年第 8 期。

郝蕾、郭曦：《卖方垄断市场中不同担保模式对企业融资的影响》，《经济研究》2005 年第 9 期。

林平、袁中宏：《信用担保机构研究》，《金融研究》2005 年第 2 期。

彭江波：《以互助联保为基础构建中小企业信用担保体系》，《金融研究》2008 年第 2 期。

苏旺胜：《信用担保制度提高信贷市场绩效的理论与方案》，《清华大学学报》2003 年第 1 期。

晏露蓉、赖永文等：《创建合理高效的中小企业融资性担保体系研究》，《金融研究》2007 年第 10 期。

杨刚才：《融资性担保业现状、面临的挑战及稳健发展的思考》，《西南金融》2011 年第 11 期。

杨胜刚、胡海波：《不对称信息下的中小企业信用担保问题研究》，《金融研究》2006 年第 1 期。

中国人民银行潍坊市中心支行课题组：《中小企业信用担保公司可持续发展的模式选择》，《金融研究》2003 年第 11 期。

邹高峰、熊熊：《试论以互助担保为基础的中小企业信用担保体系之重建》，《现代财经》2009 年第 6 期。

"十三五"时期上海国际金融中心建设评价指标体系研究

蔡　真等

一 导言

(一) 项目研究背景

拥有国际金融中心是经济强国的重要标志。建设国际金融中心是一国资本走向全球、本币作为国际货币回流本国的内在要求。回顾历史,世界经济强国几乎没有一个不拥有自己的国际金融中心,伦敦是老牌资本主义国家英国的国际金融中心,纽约是当前唯一超级大国美国的国际金融中心。中国目前已经是世界第二大经济体,拥有自己的国际金融中心,是范围宽大的"中国梦"的题中之义。

《国务院关于推进上海加快发展现代服务业和先进制造业建设国际金融中心和国防航运中心的意见》(国发〔2009〕19号文件)提出到"2020年,基本建成与我国经济实力以及人民币国际地位相适应的国际金融中心"。2015年是"十三五"开局之年,距2020年仅短短5年时间,实现这一目标意义重大,如何实现值得思考。

(二) 研究内容及结构安排

国发〔2009〕19号文件提出的国际金融中心的目标是一个相对宽泛和导向性的概念,要实现这一目标,就必须弄清这一目标的衡量标准是什么。目前,关于国际金融中心没有公认的衡量标准,且大都由第三方进行评价。因此,本报告首先分析国际金融中心第三方评价的方法和共性,并评估其科学性,其次研究当前上海与评价较高的城市的差距,最后指出如何达成目标。

本课题的具体结构如下。

导言。主要介绍本报告研究的背景、意义和主要内容。

著名国际金融中心评价体系研究。主要探讨其指标体系、样本对象等问题，并对评价结果进行分析。

上海与当前国际金融中心在市场建设方面的差距。通过分析我们发现第三方评价都关注金融市场的规模，这是一个可以客观度量的指标，便于我们对上海与当前一流中心的差距进行分析。本部分研究涉及的范围包括股票市场、债券市场以及四大衍生品市场。

上海国际金融中心"十三五"指标规划。分别采用追赶法和金融深化份额法进行预测规划。

上海国际金融中心建设——做了什么，还要做什么。分析当前上海国际金融中心建设做了什么工作，根据现有差距和规划结果提出还要做些什么。

二　著名国际金融中心评价体系研究

国际金融中心的资本市场具有一定的广度和深度，是银行、保险等各类金融机构的总部所在地，也是金融人才的聚集地。金融中心城市拥有发达的基础设施、便利的生活环境和商业环境，这些环境因素对金融中心的建设和人才聚集起到了促进作用。国际金融中心城市需要通过一套客观科学的评价体系予以认定。本部分重点考察新华·道琼斯 IFCD（International Financial Centers Development）评价指数（简称"IFCD 指数"）以及 GFCI（Global Financial Center Index）指数，通过对指标体系以及评价方法的研究，为上海的"十三五"金融中心规划找到依据。

（一）IFCD 指数

IFCD 指数由新华社联合芝加哥商业交易所集团（拥有原道琼斯指数，现为标普·道琼斯指数）共同推出。它遵循科学、公正的评价原则，将发展和成长性作为指数研发的重要维度，采取了客观指标体系和主观问卷调查信息相结合的指数编制方式。由于其更加关注国际金融中心的成长性，对构建国际金融格局评价体系、促进全球金融要素合理流动具有重要参考价值。自 2010 年首次推出以来，该指标体系共推出五期评价结果，得到了广泛好评，日益被全球政界、商界、学界认同，为全球投资者客观了解地区金融市场成长性、产业支撑情况、政策制度环境提供了重要的参考依据。

1. IFCD 指数的指标体系及评价方法

（1）评价模型架构

随着全球科技创新繁荣发展，互联网等新技术以多种方式改变了经济金融运行规律，给传统金融中心城市也带来新的挑战。以往国际金融中心城市间竞相争抢金融资源的发展模式，正在被更加可持续的融合竞争法则所影响，一种创新性的"金融中心生态系统"理念正在主导未来金融世界的发展。IFCD 指数以"金融中心生态系统"理念为指导，构建了"圈核支点生态评价模型"，即国际金融中心是以服务实体经济、实现产业支撑的"成长发展"为核心，以"金融市场""服务水平""产业支撑"为支点，以"国家环境"为圈层环境的生态循环系统（见图 1）。

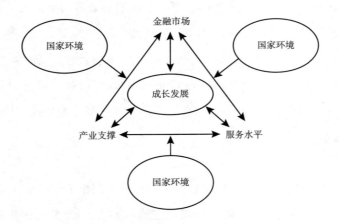

图 1 IFCD 指数"圈核支点生态评价模型"

（2）评价指标

IFCD 指数构建了"圈核支点生态评价模型"，其一级指标包括金融市场、成长发展、产业支撑、服务水平和国家环境①五个方面，在 2014 年模型中"成长发展"指标是核心，而在往年的评价模型中，"产业支撑"指标是核心。

IFCD 指数二级指标基本保持了稳定性。2014 年，"金融市场"包括资本市场、外汇市场、银保市场三个方面，2014 年以前银保市场则是分列的。"成长发展"包括市场成长、经济成长和创新成长三个方面，其

---

① 2011 年和 2010 年该评价指标为综合环境，并非国家环境。

中，2013 年的创新成长是由创新潜能储备替代的，2012 年之前创新成长分成创新潜能储备和城市创新产出两个方面。"产业支撑"包括产业关联、产业人才和产业景气三个方面，其中，产业支撑的二级指标变化较大，2013 年为商业环境和智力资本，2012 年以前为商业环境、城市基础条件和基础设施建设。"服务水平"包括基础设施、社会管理和工作生活三个方面，2013 年的评价指标与此一致，2012 年以前为政府服务、智力资本和城市环境。"国家环境"包括经济环境、政治环境和社会环境三个方面，2013 年以前的评价指标不包括社会环境，而包括开放程度和自然环境（见表 1）。

表 1　2014 年 IFCD 指数的评价指标

一级指标	二级指标	三级指标	指标特性
金融市场	资本市场	股票交易额	客观指标
		债券交易额	客观指标
		商品期货交易量	客观指标
		证券市场国际化程度	客观指标
	外汇市场	远期外汇交易额占世界的比例	客观指标
		外汇储备	客观指标
		汇率波动	客观指标
	银保市场	大型银行总部数量	客观指标
		保费总额	客观指标
		保险服务	调查问卷
成长发展	市场成长	新上市债券增长率	客观指标
		上市公司数量增长率	客观指标
		股票交易额增长率	客观指标
	经济成长	GDP 五年平均增长率	客观指标
		国内购买力近三年增速	客观指标
		税收和社会保障金额增长率	客观指标
	创新成长	科技创新	调查问卷
		近五年政府研发支出年均增长率	客观指标
		近五年每百万人中研发人员数量增长率	客观指标

续表

一级指标	二级指标	三级指标	指标特性
产业支撑	产业关联	外贸进出口总额	客观指标
		全球金融服务供应商实力	第三方评价数据（中国社会科学院）
		跨国公司指数	第三方评价数据（中国社会科学院）
	产业人才	人才聚集	调查问卷
		高等教育投入	客观指标
		受教育水平	客观指标
	产业景气	制造业景气	调查问卷
		服务业景气	调查问卷
		高技术产业景气	调查问卷
服务水平	基础设施	货物吞吐量	第三方评价数据（中国社会科学院）
		机场客运量	客观指标
		信息设施建设	客观指标
		服务业就业比例	第三方评价数据（中国社会科学院）
	社会管理	监管质量	第三方评价数据（世界银行）
		政府数字化管理程度	第三方评价数据（联合国电子政务调查）
		失业率	客观指标
	工作生活	生活成本	第三方评价数据（瑞银集团）
		适宜人居程度	第三方评价数据（美世人力资源，Mercer HR）
		工作环境	调查问卷
国家环境	经济环境	营商便利指数	第三方评价数据（世界银行）
		物价指数	客观指标
		经济自由度	第三方评价数据（菲沙研究所，Fraser Institute）
	政治环境	政治稳定度	第三方评价数据（世界银行）
		廉洁指数	第三方评价数据（透明国际，Transparency International）
	社会环境	社会国际化程度	第三方评价数据（KOF 全球化指数）
		信息化普及程度	第三方评价数据（世界经济论坛）
		幸福指数	第三方评价数据（英国新经济基金）

总体而言，IFCD 指数的评价指标逐年精简，二级指标归类发生了一些变化，2014 年主要新增了"产业景气"二级指标。三级指标 2014 年共

有 46 个，其中，客观指标为 24 个，占比 52.2%；第三方评价数据 15 个，占比 32.6%。第三方评价数据中，4 个来自国内评价机构中国社会科学院城市与竞争力研究中心，大约占第三方评价数据的 1/4；7 个来自新华社调查问卷，占比 15.2%。从指标来源来看，客观指标相对较少，第三方评价数据中来自国际机构的相对较少。

（3）指标权重

IFCD 指数评价体系在两个维度进行赋权，一个维度是对调查问卷和客观指标赋权，这两方面指标各占 50% 的权重，这意味着主观评价占有很大分量；另一个维度是对不同类别指标赋权，五个一级指标的权重分别为 21%、21%、19%、20% 和 20%，二级指标和三级指标内部都采用等权重的方式赋权，即如果有 n 个指标，那么每个指标的权重是 $1/n$（见图 2）。

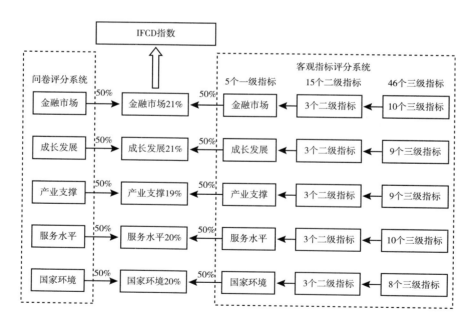

图 2　IFCD 指数的指标权重

注：IFCD 指数五个维度权重之和不等于 "1"，为舍入误差造成。

2. IFCD 指数的调查问卷简介

IFCD 指数的调查问卷大体包含三个方面的内容：一是被调查者的基本信息，二是国际金融中心的主观评价，三是对五个金砖国家是否有城市成为国际金融中心的信息调查。其中，设置有关被调查者基本信息的内容，是为了防止抽样有偏产生不良影响，例如，若被调查者集中于银行业，那么对金融中心的评价结果可能更多反映了这座城市银行业的情况。IFCD 指数的被调查者基本信息包括以下内容：第一，被调查者所在城市；第二，被调查者职位和所在行业；第三，被调查者所属机构的总部所在地及机构规模。

IFCD 指数对国际金融中心的评价主要包括三个方面。第一，在 45 个金融中心中选择最了解的 5～9 个城市。第二，对五个一级指标的主观评价，包括五个题目，但五个题目与一级指标并非完全对应，如"成长发展"只调查金融市场、"产业支撑"只调查基础产业。第三，对评价指标体系的三级指标进行调查，包括七个问题，每个问题相对简单，如针对创新潜力的提问是："这些城市中，哪些城市科技创新潜力表现优秀？"针对制造业的提问是："这些城市中，哪些城市制造业活动表现优秀？"

3. IFCD 指数的评价结果

依照 IFCD 指数评价体系，上海在国际金融中心中的排名一直位列前十，并且呈逐年上升的趋势，至 2014 年上海已和香港并列第五名。目前，全球最重要的国际金融中心是位于北美的纽约，其后是位于欧洲的伦敦；亚太地区的排名存在激烈的竞争，东京、新加坡和香港座次轮替，上海则是迎头追赶（见表 2）。

观察 IFCD 指数的五个分项一级指标，可以分析上海与其他国际金融中心相比在哪些方面相对落后，哪些方面相对优秀：从各指标的相对情况来看，上海的金融市场和产业支撑两项指标的排名与其总体排名大体一致；

表 2 上海在 IFCD 指数中的历年排名情况

2014 年		2013 年		2012 年		2011 年		2010 年	
城市	名次	城市	名次	城市	名次	城市	名次	城市	名次
纽　约	1	纽　约	1	纽　约	1	纽　约	1	纽　约	1
伦　敦	2	伦　敦	2	伦　敦	2	伦　敦	2	伦　敦	2
东　京	3	香　港	3	东　京	3	东　京	3	东　京	3
新 加 坡	4	东　京	4	香　港	4	香　港	4	香　港	4
香　港	5	新 加 坡	5	新 加 坡	5	新 加 坡	5	巴　黎	5
上　海	5	上　海	6	上　海	6	上　海	6	新 加 坡	6
巴　黎	7	巴　黎	7	法 兰 克 福	7	巴　黎	7	法 兰 克 福	7
法 兰 克 福	8	法 兰 克 福	8	巴　黎	8	法 兰 克 福	8	上　海	8
北　京	9	芝 加 哥	9	苏 黎 世	9	悉　尼	9	华 盛 顿	9
芝 加 哥	10	悉　尼	10	芝 加 哥	10	阿姆斯特丹	10	悉　尼	10

导致总体排名落后的是服务水平和国家环境两个方面；只有成长发展一项遥遥领先，带动总排名提升。从绝对排位看，上海在金融市场和产业支撑方面主要落后于东京和中国香港；在服务水平和国家环境方面，除了落后于上述两座城市外还落后于新加坡（见表3）。虽然上海表现出强劲的成长发展水平，但在服务水平和国家环境方面落后，这是否会导致其成长发展指标的快速收敛，还有待进一步考察。

表 3 上海在 IFCD 指数中各分项指标的排名情况

年份	金融市场	成长发展	产业支撑	服务水平	国家环境
2014	6（东京、香港、新加坡）	1	5（东京、香港）	6（香港、东京、新加坡）	5（东京、新加坡）
2013	6（东京、香港、新加坡）	1	5（东京、香港）	14（东京、香港、新加坡）	13（香港、东京、新加坡）
2012	6（东京、香港）	1	4（东京）	12（东京、香港、新加坡）	16（香港、东京、新加坡）
2011	7（东京、香港）	1	6（东京、香港、新加坡）	7（东京、香港、新加坡）	19（东京、香港、新加坡）
2010	7（东京、香港）	1	7（东京、香港、新加坡）	19（东京、香港、新加坡、迪拜）	21（东京、香港、新加坡）

注：括号中为排名在上海之前的亚太城市。

（二）GFCI 指数

GFCI 指数由 Z/Yen 集团与伦敦金融城联合推出，也被称为伦敦金融城指数。GFCI 指数于 2007 年 3 月首次发布，此后每六个月更新一次，至 2014 年 9 月已连续发布 16 期。相对于 IFCD 指数，GFCI 发布时间更早、全球影响范围更大、全球关注度更高。

1. GFCI 指数的指标体系和评价方法

（1）GFCI 指数的评价流程

GFCI 指数通过"因素评估模型"计算国际金融中心的排名，该模型包括两大部分输入指标的集合。第一部分为工具因子，又被称为竞争力因子。GFCI 指数将竞争力因子大体分为五大类，2014 年 9 月（GFCI 指数第 16 期）分别为人力资本、商业环境、金融部门发展、基础设施以及声誉和其他因素，并基于客观数据或第三方评价数据寻找对应这五类因素的子指标。这些竞争力因子在保持一定延续性的基础上每半年更新一次。这些指标无须设定权重，由支持向量机（SVM）方法一次性进入模型计算。第二部分为来自国际金融中心的在线调查，调查内容主要是受访者在开展业务过程中对各个金融中心的评价。评价结果保持一定的延续性：最近的评价被赋予最高的权重，时间越早权重越低，24 个月以前的评价权重为 0。两部分数据通过支持向量机（SVM）直接得出评价结果，再经过一定的微调得出最终结果（见图 3）。

（2）GFCI 指数竞争力因子涉及的指标

GFCI 指数竞争力因子分为五大类，分别为商业环境、金融部门发展、基础设施、人力资本以及声誉和其他因素。这五类因子又被进一步细分，如金融部门发展包括交易量与交易速度（换手率）、资本可得性、产业集群的深度与广度、就业与经济产出（见图 4）。

GFCI 指数与 IFCD 指数既有共同点也有差异性，共同点表现在都强调

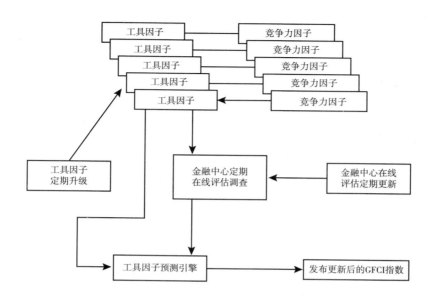

图3 GFCI指数的评价流程

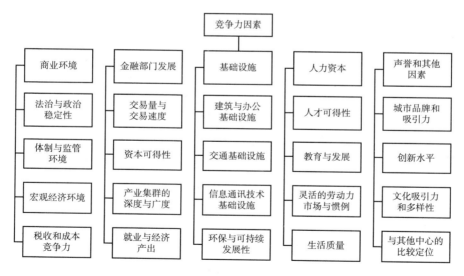

图4 GFCI指数的竞争力要素划分

了对金融部门（市场）的评估，差异性表现在对其他因素的组合和强调重点不同，例如，GFCI指数强调商业环境，而商业环境在IFCD指数中只是国家环境下经济环境的一个子项；GFCI 指数强调的人力资本和基础设施分别是 IFCD 指数中产业支撑和服务水平的子项；GFCI 指数不太强调产业支撑，仅将其作为金融部门发展的一个子项。然而，GFCI 指数采取了支持向量机（SVM）的评价方法，因此无论其分类学上如何规范或合乎逻辑，最后的评价结果与此无关。当然，GFCI 指数相当明智地尽可能涵盖足够多的指标，使评价反映城市的综合竞争实力。表 4 列出了 2014 年 9 月 GFCI 指数包含的工具因子，其指标数量高达 102 项，我们粗略地估计了一下，其中，完全客观指标有 26 项，其他全部为第三方评估数据。

表 4　GFCI 指数的工具因子

竞争力因子五要素	工具因子	数据来源
人力资本	社会科学、商学和法学研究生数量	世界银行
	总高等教育比率	世界银行
	签证限制指数	恒理环球顾问事务所有限公司
	人类发展指数	联合国开发计划署
	居民购买力	瑞士联合银行
	生活品质调查结果	美世咨询
	快乐指数	新经济基金会（NEF）
	高财富净值居民数量	城市银行和莱坊
	人身安全指数	美世咨询
	谋杀率	联合国毒品和犯罪办公室
	世界顶级旅游目的地	欧睿存档
	年平均降水天数	斯珀林（Sperling's Best Places）
	空间调整存活率指数	经济学人智库
	人力资本	经济学人智库
	全球人才指数	经济学人智库
	全市二氧化碳排放量	碳信息披露项目
	医疗保健	经济学人智库
	全球技术指数	海斯指数（Hays）
商业环境	商业环境	经济学人智库
	营商便利指数	世界银行
	操作风险评级	经济学人智库
	实际利率	世界银行

竞争力因子五要素	竞争力因子	数据来源
商业环境	预期城市经济增速	麦肯锡全球研究所
	全球服务外包目的地指数	科尔尼管理咨询公司
	清廉指数	透明国际
	工资比较指数	瑞士联合银行
	公司所得税率	普华永道
	员工有效税率	普华永道
	个人税率	经济合作与发展组织
	总税收收入(占 GDP 的百分比)	经济合作与发展组织
	双边税收信息交换协议	经济合作与发展组织
	世界经济自由指数	菲沙研究所
	银行业风险评估结果	标准普尔
	政府债务占 GDP 比率	中央情报局世界事实报告
	政治风险指数	独家分析公司
	全球和平指数	经济与和平研究所
	金融保密指数	税收正义网
	机构有效性指数	经济学人智库
	城市 GDP	布鲁金斯研究所
	绿地投资数额	毕马威会计事务所
	政府透明度	世界正义工程
	监管执法	世界正义工程
金融部门发展	资本进入指数	梅肯研究院
	证券化	伦敦国际金融服务局
	证券交易所市值	世界证券交易所联合会
	股票交易价值	世界证券交易所联合会
	股票交易量	世界证券交易所联合会
	广泛股票指数水平	世界证券交易所联合会
	债券交易价值	世界证券交易所联合会
	股票期权交易量	世界证券交易所联合会
	股票期货交易量	世界证券交易所联合会
	银行提供的国内信贷(占 GDP 的比值)	世界银行
	公司利用银行信贷与金融投资的百分比	世界银行
	共同基金的总资产净值	美国投资公司协会
	伊斯兰金融	伦敦国际金融服务局
	银行净外部头寸	国际清算银行
	中央银行外部头寸(占 GDP 的比值)	国际清算银行

竞争力因子五要素	竞争力因子	数据来源
金融部门发展	班轮运输连接性	世界银行
	商品期权名义流通量	世界证券交易所联合会
	商品期货名义流通量	世界证券交易所联合会
	全球连通性指数	敦豪速递公司
	城市 GDP 构成（商业/金融）	布鲁金斯学会
基础设施	办公楼租用成本	戴德梁行
	世界各地的办公空间	高纬环球
	全球房地产指数	英国房地产投资数据库
	全球房地产透明度指数	仲量联行
	数字经济排名	经济学人智库
	电信基础设施指数	联合国
	地面交通网络的质量	世界经济论坛
	道路质量	世界经济论坛
	铁路密度	中央情报局世界事实报告
	有形资本	经济学人智库
	连通性	经济学人智库
	IT 行业竞争力	商用软件联盟/经济学人智库
	能源可持续发展指数	世界能源委员会
	城市基础设施	经济学人智库
	城市扩张	经济学人智库
	地铁网络长度	全球地铁数据库（Metro Bits）
	环球信息技术	世界经济论坛
	网络指数	万维网基金会
声誉和其他因素	世界竞争力记分板	瑞士国际管理发展学院
	全球竞争力指数	世界经济论坛
	全球商业信心	均富会计师事务所
	外国直接投资流入	联合国贸易暨发展会议
	外国直接投资信心指数	科尔尼管理咨询公司
	城市 GDP 占全国 GDP 比例	世界银行和普华永道
	就业人均 GDP	世界银行
	全球创新指数	欧洲工商管理学院
	全球知识产权指数	泰乐信律师事务所
	零售价格指数	经济学人
	物价水平	瑞士联合银行

续表

竞争力因子五要素	竞争力因子	数据来源
声誉和其他因素	全球城市实力指数	城市战略研究所 & 莫里（Mori）纪念基金会
	全球城市指数	科尔尼管理咨询公司
	国际博览会和展览数量	世界经济论坛
	创新城市全球指数	创新城市计划
	城市的全球吸引力	经济学人智库
	全球城市竞争力	经济学人智库
	巨无霸指数	经济学人
	城市国际形象	毕马威
	国家投资中该城市所占比重	毕马威
	经济可持续发展性	波士顿咨询公司
	全球促进贸易报告	世界经济论坛

（3）关于支持向量机（SVM）的说明

GFCI 指数是利用 PropheZy 系统，对复杂的历史数据进行分类、建模，并对未来数据做出预测而得到的。该系统的理论基础是支持向量机（SVM），一种基于统计学习理论框架的通用机器学习方法。SVM 的核心思想是：将 n 维实空间中的点通过 $n-1$ 维的超平面分开。如对于企业是否信用违约（1 个平面上的样本），通过一系列财务指标（$n-1$ 个）将其区分开。使属于两个不同类的数据点间隔最大的那个面，亦称为最大间隔超平面。"支持向量"是指那些在间隔区边缘的训练样本点；"机"（machine，机器）实际上是一个算法，也即赋权的机制。上述 SVM 实际上是分类 SVM，对于排序问题应用的就是排序 SVM。

构造 GFCI 指数需要两种数据，工具因子和在线评测结果。在线评测结果会剔除受访者对其工作地的评价，以消除偏见，这将大大减少在线评测的样本数量。PropheZy 系统首先选取部分城市的工具因子和在线评测结果作为训练样本，利用 SVM 原理构造权重模型；其次，通过输入工具因子作为自变量估测在线评测结果；最后，结合估测的在线评测结果、实际的在线评测结果以及工具因子得到 GFCI 指数。在上述机制下，SVM 要区隔的样本信息主要来源于主观评价（在线测评的结果），工具因子扮演的角色仅仅是调整和校验因素，因此可以说 GFCI 指数是一个主观测评指数。

以下来自 GFCI 报告附录的信息可以佐证上述判断。

因子评价模型构建在在线调查系统的调查问卷基础上。受访者对其工作地的评价将会被剔除，以消除偏见。该模型通过一系列问题评测受访者对其不熟悉的金融中心的评价。具体问题如："如果某投资银行家给新加坡某评价，那么，基于新加坡和巴黎的竞争力因素，他会给巴黎什么样的评价呢？"（这实际上就是 SVM 计算得出的答案）

SVM 固有的评估机制，使得各工具因子对模型的贡献不具稳健和一致性。表 5 列出了与 GFCI 各期评分结果相关度最高的两个工具因子及相关度。可以看出，各期报告相关性排前两位的因子都在变化，且每年相关系数也不同。

表 5　GFCI 指数各期报告与评分结果高度相关的前两个工具因子

GFCI 指数报告期	相关性最高指标	系数	相关性第二高指标	系数
16	城市国际形象	0.395	银行业风险评估	0.391
15	全球城市实力指数	0.436	城市国际形象	0.396
14	全球城市竞争力	0.524	银行业风险评估	0.464
13	全球城市实力指数	0.509	世界竞争力计分板	0.491
12	全球城市竞争力	0.595	世界竞争力计分板	0.553
11	商业中心指数	0.599	世界竞争力计分板	0.562
10	商业中心指数	0.627	信用评级	0.507
9	商业中心指数	0.592	世界竞争力计分板	0.507

注：商业中心指数和信用评级并没有出现在 CFCI 指数第 16 期的竞争力因子之中。

对于 SVM 评价方法存在的缺陷，GFCI 指数给出了一个解决办法，即那些对竞争力因子变动敏感且在线测评方差较大的城市被归为不可预测类城市。在 GFCI 指数第 15 期（2014 年 3 月）评估报告中，深圳以 697 分位列 18，超过位列 20 的上海 2 分。然而，深圳对竞争力因子的变动是高度敏感的，而且受访者对深圳评价的分歧也高于上海（图 5 中上海更接近左下角的稳健区域）。因此可以说上海在 2014 年 3 月的 GFCI 指数评价中排位只是短暂下降，不足为惧。

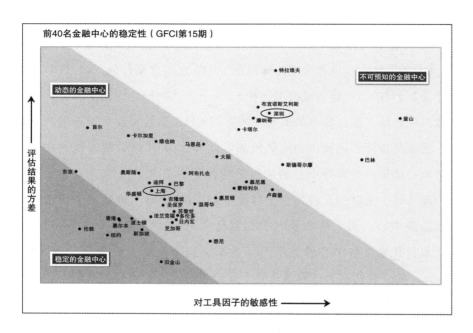

图 5 上海在 GFCI 指数第 15 期评价中更具稳健性

2. GFCI 指数的调查问卷简介

GFCI 指数评价体系的调查问卷大体包含三个方面的内容：一是受访者基本信息，二是受访者对国际金融中心的主观评价，三是受访者对影响国际金融中心竞争力因素的评价。

GFCI 指数的受访者基本信息大体与 IFCD 类似，同样包括三个方面的内容：第一，受访者所在城市；第二，受访者职位和所在行业；第三，受访者所属机构的总部所在地及机构规模。相对于 IFCD 指数，GFCI 指数较好地利用了受访者的基本信息：第一，如果受访者所在城市不在候选城市列表中，该城市若获得 5 个以上的提名，且预计在未来 2～3 年内其地位会显著提升（根据问卷调查结果），那么该城市就会进入候选城市，这就提供了样本的滚动评价机制；第二，根据受访者所在行业，GFCI 指数提供了针对不同行业的金融中心评价指数；第三，根据受访者所在机构规模，GFCI 指数还提供了针对不同规模机构中受访者对各金融中心看法的评价指数。

GFCI 指数对金融中心的主观评价相对于 IFCD 指数的方法更加直观简洁。GFCI 指数让受访者对候选城市在 1～10 之间直接打分，而 IFCD 指数是让受访者在 45 个候选城市中选择 5～9 个。从决策论的角度来讲，IFCD 指数仅仅显示了候选城市的出现频率，而 GFCI 指数实际上加入了权重影响，更容易拉开不同城市之间的距离。此外，GFCI 指数很好地利用了打分机制：如果一个金融中心的加权平均评分中 70% 以上来自其他金融中心，那么这个金融中心就是"全球性"（Global）的；如果 50% 以上来自其他金融中心，那么这个金融中心就是"跨国性"（Transnational）的；如果来自其他金融中心的低于 50%，那么这个金融中心就是"地区性"（Local）的。我们认为这种做法是十分恰当的，因为得分的高低不但反映了地区间业务往来的频繁程度，而且反映了这种业务往来的质量。

GFCI 指数评价体系中受访者对影响金融中心竞争力因素的评价，采取完全开放式的问答方式，这么做的目的是为工具因子的调整替换提供有效支撑。

3. GFCI 指数的评价结果

表 6 列出了自 2011 年 3 月以来上海在 GFCI 评价指数中的排名：2011 年（第 9～10 期）上海居第 5 位，2012 年（第 11～12 期）和 2013 年（第 13～14 期）排位下降较快，2014 年（第 15～16 期）又稳定在第 20 位。排位发生变化的原因有两方面。一方面，国际金融危机后，亚洲新兴市场国家依然保持较快的经济发展，自 2012 年以后发达国家经济开始呈恢复性增长。另一方面，由于 SVM 固有的评价机制，每年的重要评价因

子发生变动，2011 年的影响因子主要是商业中心指数，此时中国的外需还没有下降；2012 年和 2013 年，重要的影响因子转变为全球城市竞争力，上海明显落后；2014 年重要的影响因子又转变为城市国际形象（见表 5），上海也未能进入前十位。

表 6　上海在 GFCI 指数各期报告中的排名结果

GFCI 指数报告期	纽约排名	伦敦排名	上海排名	排在上海之前的亚洲城市（括号中为排名）
16	1	2	20	香港(3)，新加坡(4)，东京(6)，首尔(8)
15	1	2	20	香港(3)，新加坡(4)，东京(6)，首尔(7)，深圳(18)
14	2	1	16	香港(3)，新加坡(4)，东京(5)，首尔(10)
13	2	1	24	香港(3)，新加坡(4)，东京(6)，首尔(9)，大阪(22)
12	2	1	19	香港(3)，新加坡(4)，首尔(6)，东京(7)
11	2	1	8	香港(3)，新加坡(4)，东京(5)
10	2	1	5	香港(3)，新加坡(4)
9	2	1	5	香港(3)，新加坡(4)，东京(5，与上海并列)

金融中心排位第一和第二的城市在纽约和伦敦之间交替。排位超过上海的亚洲城市主要包括香港、新加坡和东京，首尔在近三年的排位中也超过上海，深圳虽在 2014 年 3 月（第 15 期）排位超过上海，但属于不可预测类。此外，由于 GFCI 指数报告只对排名前十位的城市在竞争力五要素方面进行分析，表 6 并未列明上海各分项的排名结果。

（三）国际金融中心评价方法论评述

1. 受访者样本情况

国际金融中心评价作为一项全球性的调查工作，受访者的样本是否相对均匀合理，这对最后的评价结果是否客观有很大影响。从样本总量来看，IFCD 指数这两年的样本总量上升较快，2014 年受访者达 6607 人；GFCI 指数受访样本基本保持在 1500～2000 人之间。然而，IFCD 指数要求每一个受访者选出 5~9 个熟悉的国际金融中心城市，GFCI 则要求对所有候选城市都在 1~10 分中进行打分，这意味着每一个受访者提供的 GFCI 指数给出的信息量远远高于 IFCD 指数，因此综合来看，GFCI 指数的样本数量并不显得少。

下面，我们分别从受访者的行业和地域分布情况进行考察。表 7 和表 8 分别是两个指数的行业分布情况。大体上行业被分为专业机构、中介服务机构、政府部门、科研机构和其他五类，GFCI 指数没有设科研机构分类。我们认为，科研机构的调研范围是相对模糊的。如果科研机构涵盖中国科学院、核能研究所这类的机构，则与调查内容完全不相关；如果包含中国社会科学院、上海社会科学院或者上海交通大学等高等金融学院，尽管受访者可能拥有专业知识，但对金融市场的切身感受并不强烈。政府部门在金融中心建设中的作用主要是制定政策、完善环境等，政府部门受访者意见仅仅是对金融中心环境的评价，而非金融中心本身。总的来讲，我们认为银行、证券、保险等专业机构，以及围绕其周边的会计、税务等中介服务机构应该构成为受访者主体。这部分受访者在 GFCI 指数中大约占 80%；在 IFCD 指数中约占 65%，如果剔除专业机构中包含的中央银行和监管部门，该比例可能下降至 50%。

表 7　IFCD 指数受访者行业分布情况

单位：%

IFCD 指数报告年份	样本总数	专业机构	中介服务机构	政府部门	科研机构	其他
2014	6607	35.7	30.0	23.9	10.4	0.0
2013	4856	36.6	30.0	23.4	10.0	0.0
2012	3016	38.3	29.8	22.6	9.3	0.0
2011	2073	48.9	24.3	15.2	7.7	3.9
2010	2386	36.7	18.3	6.2	4.1	34.7

注：专业机构除包括银行、证券和保险、资产管理机构外，还包括央行和监管机构。

表 8　GFCI 指数受访者行业分布情况

单位：%

GFCI 指数报告期	样本总数	专业机构	中介服务机构	政府部门	其他
16	2211	60.6	26.5	4.9	8.0
15	1931	58.9	24.4	5.2	11.4
14	1592	53.2	24.8	5.5	16.5
13	1581	51.0	18.7	5.6	24.7
12	1513	51.7	19.8	7.5	21.0
11	1778	56.1	17.2	5.1	21.7
10	1950	64.4	15.2	4.0	16.5
9	1970	75.8	17.4	5.5	1.3

注：政府部门包括监管机构。

表 9 和表 10 分别是 IFCD 指数和 GFCI 指数受访者地域分布的情况，大体上包括亚太、欧洲、北美、南美、中东非洲以及其他地区。GFCI 指数还单列了离岸金融中心，主要包括英属维尔京群岛、开曼群岛、巴哈马群岛、塞浦路斯等。IFCD 指数地域分布一直保持稳定，亚太、欧洲、美洲（包括北美、南美）基本三分天下，分布相对均匀。GFCI 指数样本分布存在动态变化：2011 年和 2012 年离岸金融中心占比较高，北美地区占比较低；2013 年和 2014 年北美地区占比整体上升，离岸金融中心占比下降。欧洲所占比例一直上升，这与项目执行机构所在地可能存在一定关联，但主要还是与项目的动态评价机制有关：受访者所在城市如果获得 5 个以上的提名，且预计在未来 2~3 年内其地位会显著提升，那么该城市才会进入候选城市。此外，GFCI 指数还会剔除评价者对本地区评价的影响。从样本角度来看，GFCI 指数相对更加客观，也更接近当下的情况。

2. 关于指标体系的评述

IFCD 指数和 GFCI 指数都包括丰富的指标体系，2014 年 IFCD 指数所含具体指标达 46 个，GFCI 第 16 期（2014 年 9 月）所含指标更多，为 126 个。总体而言，两者都将指标分为五大类，前者包括金融市场、成长

表 9　IFCD 指数受访者地域分布情况

单位：%

IFCD 指数报告年份	样本总数	亚太	欧洲	北美	拉美	中东非洲	其他
2014	6607	35.4	32.3	24.7	3.5	4.1	0
2013	4856	34.4	37.3	21.2	3.8	3.3	0
2012	3016	24.4	37	13.4	3.3	0.5	21.5
2011	2073	32.2	31.1	14.2	2.7	—	19.9
2010	2386	24.6	34.8	12.3	5.9	—	22.4

表 10　GFCI 指数受访者地域分布情况

单位：%

GFCI 指数报告期	样本总数	亚太	欧洲	北美	离岸	拉美	中东非洲	其他
16	2211	28.3	42.1	11.7	7.7	0.9	6.3	3.0
15	1931	27.4	43.0	10.5	9.8	0.9	6.4	2.1
14	1592	23.4	41.4	14.9	15.3	0.7	4.3	0.0
13	1513	22.1	36.4	17.3	20.0	0.6	3.6	0.0
12	1581	24.6	35.4	12.7	24.9	0.3	2.2	0.0
11	1778	34.0	29.6	11.0	23.6	0.3	1.5	0.0
10	1887	37.2	25.9	2.8	28.1	—	—	6.0
9	1970	42.5	26.9	1.9	24.5	—	—	4.1

发展、产业支撑、服务水平和国家环境，后者包括商业环境、金融部门发展、基础设施、人力资本以及声誉和其他因素。

两者的共同点是都包含金融市场（发展）指标，其他指标是影响金融发展的环境因素。我们认为包含环境因素的评估是合理的，因为它一定程度上预示着未来的发展趋势。具体来看，IFCD 指数可能存在对现实金融运行强调不够和环境因素关联不大两个问题：第一，IFCD 指数中 2011 年之后上海一直排在第 6 位（2014 年为并列第 5），但从分项指标来看，上海在服务水平和国家环境方面一直是落后的，其总排名靠前的最主要原因是成长发展指标排名领先，一直处于第 1 位（见表 3）。从成长发展的二级指标来看，其中最重要的两项是市场成长和经济成长。一般而言，后发城市和后发国家，其金融和经济的增长率往往较快；金融中心和发达国家，其金融和经济的体量已经很大，增长速度正处于收敛的过程中。前者的增长速度虽然明显高于后者，但从规模上根本不可能大于后者。对金融中心的评价很大程度上是考察市场的广度和深度，因此，IFCD 指数有用未来评估现在的嫌疑，不过正如 IFCD 的名称一样，它本身强调了发展（Development）。第二，IFCD 指数环境因素关联不大表现在多个方面。如产业景气，其中的制造业景气与金融中心评估关联不大，美国虽然已经出现制造业空心化现象，但其金融市场一直非常活跃，中国香港也是类似的例子。再如税收和社会保障金额增长率，与金融中心评价之间似乎很难有逻辑上的关联。我们无意于以个别案例存在的问题质疑整个指标体系的合理性，但在整体评估过程中确实有关联不大的感觉。

此外，两个评价体系都存在不知是负向指标还是正向指标的情况①。如 IFCD 指数中包含汇率波动，如果是汇率波动较小的软钉住制度，可能存在制度套利的可能；如果汇率波动较大，可能不利于 FDI 这类长期资金的进入。GFCI 指数包含城市平均降水天数这一指标，不知道金融中心的人们是更喜欢湿润的地方还是更喜欢干燥的地方，这确实是一个有意思、有待研究的问题。整体而言，GFCI 指数这方面的问题更多一些。

3. 关于方法论的评述

IFCD 指数采用层次分析法和打分板技术对金融中心进行评估，其优势是简单易行，劣势是但指标选择和权重确定可能存在人为操控的因素。第一，指标权重中一半来自于主观调查，且没有剔除受访者对本地区评价的影响。第二，46 个客观指标中有 7 个来自新华社调查问卷，占比 15.2%，这意味着所谓"客观"数据也可能受到人为因素影响。第三，指标选择存在与金融中心评估不够相关的现象，且这些被选择的指标有提

---

① 如果是中间值指标，两个评价体系都未做说明。

升后发城市排位的倾向。层次分析法除了涉及权重问题外，其指标标准化也存在人为干扰的可能，如对一个指标采取最小最大值方法，对另一个指标采取 Z 值方法，这就会对整个评估体系产生影响。因此，GFCI 指数采取基于调查问卷的因子评估方法。该方法主要基于受访者对候选城市的评分，同时剔除受访者对自身所在城市的评价，并根据得分来自区域外的比例确定其是全球性、跨国性还是地域性的金融中心。GFCI 指数评价具有较强的科学性，对受访者所处城市之外的评价反映了其所在城市与被评价城市的业务往来频繁程度，以及被评价城市的重要性、服务质量等多方面的信息。GFCI 指数因子评估中的客观指标是通过支 SVM 进入评估的，它所起到的作用主要是辅助性的，而且各客观指标的权重配比完全是由算法自动给出的，不受人为因素干扰（只要指标足够多）。从历年展示的因子相关性结果来看，GFCI 指数更像一个城市综合竞争力的比较，因为与评分结果高度相关的是诸如城市国际形象、全球城市实力指数这类指标。诚如 GFCI 报告所言，这种评估方法也存在缺陷："随着 GFCI 指数的发展，可能会出现一个庞大的'评估人（Raters）'的国际团体。"这句话的含义就是：只要雇佣足够多的在线受访者，让他们位于亚太之外的地区给上海评高分，上海的名次就会上升。

（四）结论性评述

通过分析两个知名的国际金融中心评价体系，我们大体了解了上海在国际金融中心评价中居于什么位置以及因何居于该位置。

从两个指数的评价结果来看，位于上海之前的亚太金融中心包括中国香港、东京、新加坡，首尔偶尔在其前列；上海要追赶的国际金融中心主要是纽约和伦敦。

从对评价结果的深入分析，我们大体可以看出上海落后于以上金融中心城市的原因：第一，金融市场发育本身的差距，上海在各类金融市场的评比中仍然落后于中国香港、东京和新加坡;第二,中介服务及其配套环境的落后,IFCD 指数反映出上海的金融服务水平和国家环境差距较大,GFCI 指数的评价结果与城市综合竞争力有关,其结果说明上海的差距体现在软环境方面;第三,国际化程度不够,在 GFCI 指数的评价中,上海只有少数几次被归类为全球性金融中心,这说明它与其他金融中心城市的业务往来和交流相对较少。

三 上海与当前国际金融中心在市场建设
方面的差距

IFCD 和 GFCI 评价体系的客观指标中都设置金融市场发育（或金融部门发展），这是国际金融中心评价中最核心、最客观的事实。由于本报告主要是分析金融中心建设的指标规划，相较于其他软环境指标，金融市场方面的指标更加清晰可测，金融监管规划部门通过政策手段是可以努力达成的。本部分重点研究上海与当今国际金融中心在市场建设方面存在的差距，进而为下文的目标规划打下基础。具体的研究内容包括股票市场、债券市场和衍生品市场三个方面。

（一）股票市场的差距

1. 股票市场总量的差距

股票市场的总量方面，我们主要比较股票市值和股票交易量这两个指标。表 11 展示了 2009 年以来主要国际金融中心的股票市值情况。2014年上海证券交易所（简称"上交所"）股票市值达到 39325.28 亿美元，超过新加坡、中国香港和伦敦，与东京 43779.94 亿美元相差不远，落后于纽约（263305.89 亿美元）。考虑到 2014 年上证指数涨幅较大，我们考察 2009 ~ 2013 年的情况。这五年间上海的股票市值一直高于新加坡，其中三年超过中国香港，一直没有超过伦敦，差距在 1000 亿美元左右，比东京少 5000 亿 ~ 20000 亿美元。总的来讲，从股票市值看，上海的国际金融中心地位大体是亚洲第二、全球第四。

表 12 从交易量角度反映国际金融中心之间的差距。2014 年上交所交易量达 60851.76 亿美元，超过新加坡、香港和东京，居亚洲第一位、全球第二位。同样考虑到 2014 年上证指数涨幅较大的情况，我们比较 2009 ~ 2013

表 11　上海与其他国际金融中心股票市值的对比

单位：亿美元

报告年份	纽约	伦敦	上海	香港	新加坡	东京
2014	263305.89	34603.38	39325.28	32330.31	7528.31	43779.94
2013	195293.85	38053.19	24969.90	31007.77	7444.13	45431.69
2012	186683.33	31889.62	25472.04	28319.46	7650.78	34788.32
2011	156407.07	28114.68	23574.23	22580.35	5982.73	33253.88
2010	172834.52	30124.79	27164.70	27113.16	6472.26	38277.74
2009	150772.86	27833.58	27047.78	23051.43	4812.47	33060.82

注：纽约数据包括纽约证券交易所（简称"纽交所"）和纳斯达克两个市场。
资料来源：世界证券交易所联合会。

年的情况。这五年间上海的股票交易量一直高于新加坡和香港。总的来看，从股票交易量看，上海的国际金融中心地位大体是亚洲第一、全球第二。

表 12　上海与其他国际金融中心股票交易量的对比

单位：亿美元

报告年份	纽约	上海	中国香港	新加坡	东京
2014	281049.38	60851.76	15208.96	2093.51	54438.87
2013	254526.61	37311.29	13233.73	2809.26	63049.28
2012	232269.26	25988.05	11060.68	2560.56	34630.95
2011	307505.96	36579.78	14446.10	2851.18	39718.92
2010	304547.98	44961.94	14964.33	2893.07	37879.52
2009	311291.96	50556.91	14164.50	2470.69	37040.09

注：纽约数据包括纽交所和纳斯达克两个市场；伦敦交易量数据截至 2006 年，故表中没有提供。
资料来源：世界证券交易所联合会。

我们用股票交易量/股票市值反映股票的周转速率（近似于周转率指标）。上海这一指标 2009～2014 年六年平均值为 152%，高于东京、香港和新加坡三个城市（三者分别为 116%、52% 和 40%），仅低于纽约的157%。考虑到上交所依然有很多未流通的大盘股，该指标实际值可能还高。股票的周转速率反映了市场活跃程度，如果大量的交易并未导致价格大幅波动，就说明市场具有较深的深度，也反映出投资者不是以价值投资为取向的，例如，以散户为主的中国股市"炒作"是主要投资风格，美国市场较多的对冲基金操作导致交易频繁。

2. 股票市场结构的差异

（1）发行主体的差异

上海的股票市值和股票交易量虽然已经居亚洲前两名、全球前五名，但它在国际金融中心评价中却往往处于第一梯队的末尾，甚至不在第一梯队中，其最重要的原因是上海的国际化程度很低。图6展示了几个主要国际金融中心国内外上市公司数量的对比情况：新加坡和伦敦的国外上市公司比重最大，分别为37.55%和32.17%；纽约和香港紧随其后，国外上市公司占比分别为16.75%和5.19%；东京这一数值较低，3470家上市公司中外上市公司只有12家；上海则一家国外上市公司都没有，从发行主体的角度看上海不是一个开放的股票市场。

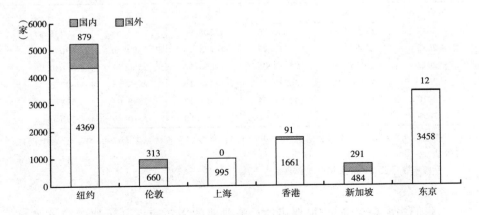

图6　2014年主要国际金融中心国内外上市公司数量

除了没有国外公司在中国股票市场上市外，还出现了一些优秀企业不愿在中国市场上市的情况。最近一个极端的例子是阿里巴巴在纽交所上市，融资250亿美元，创造了纽交所新的IPO纪录。但是，它的上市在三个方面

"与中国无关"：第一，与中国市场无关；第二，与中国金融机构无关，主要的保荐人都不是中国机构；第三，与中国的投资者无关，主要的股东也不是中国的股东。这说明中国股票市场没有很好地为科技型企业提供上市的环境。股市的高流动性可使投资者充分地表达对科技企业风险的不同看法，从而有利于促进实体经济各种创新活动。2014年，上交所以较少的上市公司数量，在市值上占据全球排名第三的位置，这与国有股东持有较大份额有很大关系。

（2）投资主体的差异

投资主体的差异一方面表现在投资者中机构投资者的占比，另一方面表现在海外投资者参与的程度。

图7反映了A股市场的投资者结构，自然人成交占比一直在80%以上，其中绝大多数持有市值不超过10万元。这充分说明A股市场是一个散户主导的市场。图8反映了港股市场的投资者结构，其中交易所参与者自营以及海外机构交易额逐年增加，2013年机构投资者交易额占比接近60%，港股市场的投资者结构与A股市场形成了鲜明对比。

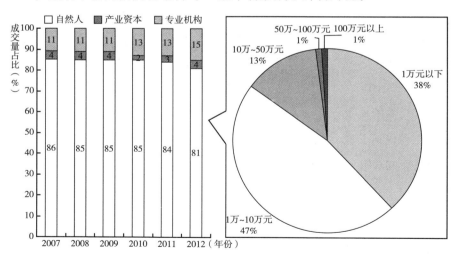

图7　A股市场投资者结构

资料来源：王汉峰：《沪港通主题系列研究》，中金公司，2014。

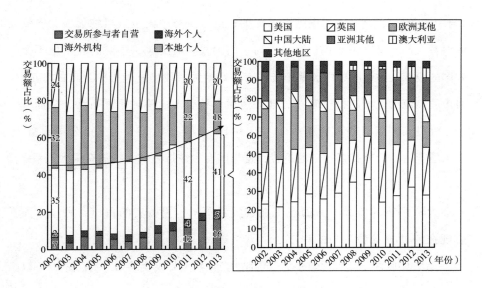

图 8　港股市场投资者结构

资料来源：王汉峰：《沪港通主题系列研究》，中金公司，2014。

股票市场的国际性还表现在投资者中海外投资者占比情况上。图 8 反映出中国香港股市中 35% ~ 40% 的投资者来自海外，且这一比例呈逐年上升趋势；在海外投资者中，来自美国、英国和欧洲其他地区的比例高达70%。图 9 反映的是美国股市海外投资者的规模以及分布情况，2009 ~2014 年，美国海外投资者成交额由 65400 亿美元上升至 80200 亿美元，占总成交额的比重一直保持在 25% 左右的水平。从海外投资者的区域来看，几乎包括了世界各洲和地区的发达经济体和新兴经济体（非洲主要包括南非和埃及），是名副其实的国际资本中心。从成交金额所占比重来看，拉丁美洲地区（简称"拉美"，包括加勒比地区）和欧洲所占比重最高，分别为 58% 和 33%，加拿大和亚洲占比分别为 5% 和 4%。

相较于美国和中国香港的情况，海外投资者对中国股市进行投资的渠道主要包括 QFII、RQFII 和 2014 年推出的沪港通中的沪股通。我们粗略估计了三者的额度规模：QFII 为 679.75 亿美元（截至 2015 年 1 月），

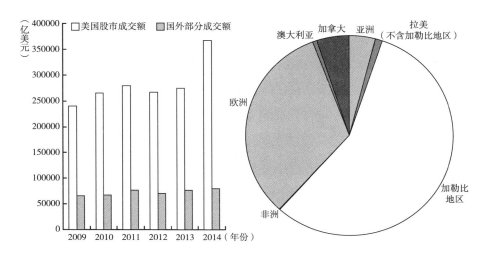

图 9　美国股市海外成交额及 2014 年海外投资者分布情况

注：左图反映的是美国全部股票市场的情况，因此统计值高于表 1 中纽约的数据，其中，海外成交额取国外买入和国外卖出的平均值。右图仅计算买入方的情况，因此与左图存在一定差异。

数据来源：同花顺数据库，原始数据来源于美联储和美国财政部。

RQFII 为 6400 亿元人民币（截至 2014 年 7 月），沪股通为 3000 亿元人民币（截至 2014 年 11 月）。三者以美元计算的总额度约为 1098 亿美元，如果当年全部额度都用满，也只占上交所全年交易量的 1.8%。由此可见，当前上海股票市场国际化程度非常低。

（二）债券市场的差距

债券市场是比股票市场更重要的市场：对非金融企业而言，米什金的经典教科书《货币金融学》阐述的金融结构八大谜团第一条就是，相对于发行债券，发行股票不是企业外部融资的最重要来源；对金融机构而言，发行债券是补充二级资本的重要来源；对地方政府而言，不可能通过发行股票筹措资金，公共基础设施建设主要依靠市政债券融资；对中央政府而言，不但不可能发行股票，而且向货币当局借款会导致信用多倍创造。因此，从产品的角度看，债券市场是更具基础性的市场。从国际金融中心建设角度看，海外机构投资者在证券投资项下首选债券，持有债券可以获得稳定的现金流，并且债券的价格波动通常比股票低。

各国债券的交易主要集中于银行间市场，并不局限于某一特定交易所。在国际金融中心建设过程中，跨国金融机构的交易并不局限于一城一地，而是依托整个国家的债券市场。下文对债券市场的分析在国家层面展开。

1. 债券市场总量的差距

表 13 列示了中国与主要发达国家（地区）的债券存量对比情况。观察这张表，我们可以发现以下惊人的事实：不同于股票市场取得的骄人战绩，中国的债券市场规模与发达国家的差距达数倍。2014 年中国债券市场存量为 48509.89 亿美元，不到日本的一半，略超英国的 1/3，是美国和欧洲的 1/5。然而，这张表也传递了令人惊喜的信息：中国债券市场增长迅速。与英国相比，2009 年中国债券存量只是其 1/5，2014 年提高到1/3；与欧洲相比，2009 年中国债券存量只是其 1/10，2014 年提高到1/5。

表 13　中国与主要发达国家（地区）的债券存量

单位：亿美元

报告年份	美国	欧洲	英国	日本	中国
2014	234899.85	232094.95	137800.27	102548.82	48509.89
2013	230729.93	230849.44	148854.45	99817.16	47669.07
2012	216175.53	223668.50	170633.92	117143.75	40722.78
2011	198089.91	216905.68	180354.66	125998.61	34624.50
2010	179249.85	215339.94	149993.57	116623.45	30629.61
2009	156265.11	227400.42	135410.74	97136.04	26231.89

资料来源：中国经济数据库和同花顺数据库。

另外，这张表也反映了两个重要信息。第一，欧洲和日本的债券存量始终变化不大，这似乎意味着债券增长进入稳态。宏观经济学的基本原理告诉我们增长会逐渐收敛，最后进入稳态，如果债券深化的指标保持稳定，那么债券存量的变化也可能进入稳态。第二，美国的债券存量一直呈上升趋势，其主要原因是美国国债存量一直上升，这表明其国际货币最终流动性提供者的地位。这一信息对中国的启示是：中短期，中国的债券市场会逐渐深化并最终达到稳态。那么长期中国能否成为国际货币最终流动性提供者？实现路径是什么？值得深入思考。

2. 债券市场结构的差异

(1) 债券产品的差异

图10展示了主要经济体债券存量的产品结构。美国债券产品结构具有如下特点：第一，国债所占份额一直呈上升趋势，这与其要提供国际最终流动性有密切关系；第二，地方政府债务所占份额呈下降趋势，由2006年的22.7%下降至2014年的12.4%，这可能与美国较高的城市化水平有关，即市政建设处于逐步收敛的过程中；第三，企业债一直维持30%左右的比例，表现出直接融资主导金融体系的特点；第四，其他国家债券存量，也即"扬基债"比例保持在10%左右，反映债券市场具有较高的国际化水平。

欧元区的债券产品结构具有与美国不一样的特点。第一，地方政府债券份额极低，这一方面与市政建设的需求不大有关，另一方面因为欧洲国家相对较小，地方分权的必要性并不大。中央政府债券和地方政府债券份额合计保持在40%左右，假定其中一半用于提供国际流动性，那么20%左右的债券份额是用于市政建设。第二，金融机构债券占比较高，银行债券以及非货币金融机构债券占比合计保持在50%左右，这体现了欧洲大部分国家以银行为主导的间接金融体系，与之对应，非金融企业债券占比较小，约为5%。第三，国际组织债券占比达2%左右。

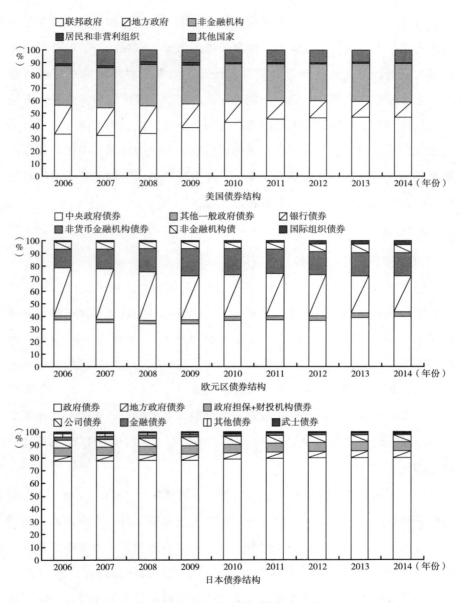

图 10　主要经济体债券存量的产品结构

　　日本的债券产品结构与美国不同，更接近与欧元区。第一，国债存量所占份额极高，近几年保持在 80% 左右，但国债的借款对象主要是国内投资者，并非提供国际流动性。高额国债与日本老龄化现象密切相关，公共财政开支逐年增加。第二，地方政府债券占比在5%左右，反映市政建设需求不强。第三，政府担保和财投机构债券的发行主体主要是一些政策性金融机构，如日本开发银行等，如果将其与金融债券存量份额相加，占比为7%~8%，略微超过公司债券5%~6%的份额，体现出银行主导的金融体系特点。第三，武士债券占比保持在1%左右。

中国债券市场的存量结构大致表现出如下特点（见图11）：第一，国债和中央银行票据（简称"央票"）合计所占份额一直呈下降趋势，由2006年的67.7%下降至2014年29.9%；第二，金融债券的比例一直在上升，由2006年的26.2%上升至2014年的35.3%；第三，地方债券和企业债券合计所占份额一直在上升，由2006年的2.3%上升至2014年的10.9%；第四，公司债券、短期融资券（简称"短融"）和中期票据（简称"中票"）合计所占份额一直在上升，由2006年的2.6%上升至2014年的16.7%；第五，国际机构债券的比例极低，常年保持在0.01%~0.03%的水平。

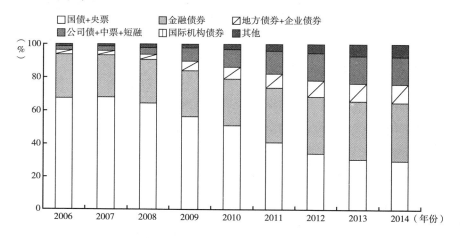

图11 中国债券存量产品结构情况

总的来讲，我国债券市场的产品结构正逐渐走向合理，对其未来发展有如下几点建议：第一，由于流动性走向宽松，国债发行可能受到一定抑制，但考虑到未来提供国际流动性的要求，建议保持在 30% 的比例；第二，我国目前还处于城市化进程中，市政建设的资金需求依然强烈，建议地方政府债券存量份额逐年增加，最终保持在 20% 的水平（参照欧元区）；第三，考虑到以银行为主导的金融体系不利于促进金融创新，建议适当压缩金融债券份额，扩大公司债券相关产品份额，建议将前者的占比压缩到 20%，将后者的占比扩大到 25%；第四，建议将国际机构债券的份额扩大到 2%，其他为 3%。

（2）债券发行方国际化程度比较

上文介绍了中国债券市场的产品结构，表 14 列出了扬基债、武士债以及熊猫债的债券存量。通过比较可以发现三者的规模完全不在一个级别：扬基债存量已达万亿美元级，武士债也达千亿美元级，而熊猫债的规模只有几亿美元。由此可见，中国债券市场国际化程度非常低。

表 14　中美日三国外国机构债券存量

单位：亿美元

报告年份	美国	日本	中国
2014	22636.52	849.83	5.09
2013	22040.52	834.60	5.13
2012	21406.85	1073.16	6.36
2011	19399.12	1264.70	6.35
2010	17313.16	1140.29	6.04
2009	15703.41	966.22	5.86
2008	12372.84	1006.80	4.39
2007	15870.89	673.85	4.11
2006	12755.15	536.99	3.84

（3）债券投资方国际化程度比较

图 12 是美国国债海外持有情况，可以看出其海外投资者持有规模一直呈上升趋势，自 2006 年的 21000 亿美元上升至 2013 年的 58000 亿美元，其占美国债券存量的比例由 2006 年的 17.8% 上升至 2013 年的 25.1%。如果加上海外投资者持有的其他债券品种，估计美国债券市场约有 1/3 ~ 1/2 的份额由海外投资者持有。图 12 的右图给出了 2013 年美国国债海外持有者的分布情况：中国是单一国家持有份额最高的投资者，占比为 21.5%；位居其后的是日本，占比 20.0%；欧洲、拉丁美洲和石油输出国组织（OPEC）持有份额分别为 24.3%、11.2% 和 4.0%。美国国债的投资者涵盖了全球最主要的经济体。

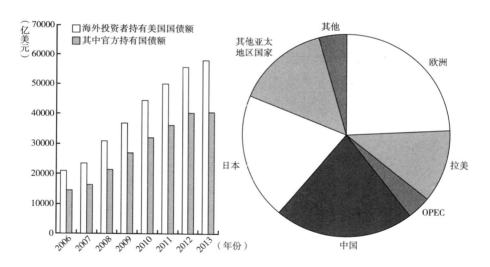

图 12　美国国债海外持有额及 2013 年海外持有者分布情况

数据来源：CEIC，原始数据来源为美国财政部。

表 15 反映的是中国债券存量的持有情况：境外机构持有总额只有 5120.3 亿元人民币，从其参与程度来看，所占比例仅为 2.18%。由此足见中国债券市场的国际化程度很低。

表 15　2014 年底中国债券市场投资者结构

单位：亿元

投资者类型	国债	政策性银行债券	企业债券	中期票据	合计
特殊结算成员	15785.92	169.10	62.10	296.88	16314.00
商业银行	59543.35	77966.80	6659.87	8935.10	153105.11
信用社	751.78	2842.57	1145.90	1009.72	5749.97
非银行金融机构	260.00	74.70	129.32	128.45	592.47
证券公司	290.83	217.64	1025.91	476.32	2010.71
保险机构	3050.94	6141.73	3099.09	1367.03	13658.80
基金	947.68	9702.05	6619.42	7959.37	25228.53
非金融机构	18.43	39.67	31.55	11.20	100.86
个人投资者	2.34	34.93	0.08	0.00	37.35
交易所	2653.36	0.00	10520.60	0.00	13173.96
其他	8.38	0.03	0.16	0.00	8.58
境外机构	2214.53	2385.17	69.87	450.72	5120.30
合　计	85527.55	99574.40	29363.89	20634.80	235100.63
境外机构占比（％）	2.59	2.40	0.24	2.18	2.18

（三）衍生品市场的差距

上海与目前主要国际金融中心的差距主要表现为金融产品的创新能力不强，尤其表现在衍生品市场的发展滞后，产品的种类、数量和规模都与一流国际金融中心存在差距。

1. 商品期货期权市场的差距

商品类衍生品是较早发展起来的衍生品类型，这除了与金融产品开发和定价能力有关外，还与商品市场的发展壮大有关。美国的芝加哥是商品期货最早的发源地，其产品发展具有明显的自身特点，如农产品中包括黄油、奶酪等。美国商品期货市场的发展还具有明显的差异竞争特点，亚特兰大的美国洲际交易所开发了可可、橙汁、棉花等不同类型的产品。从产品创新来看，美国商品类交易所也表现出极强的创新能力。第一，所有的交易所都有商品期权类产品。从农产品风险管理的角度来看，一般意义上交易双方主要是希望锁定未来的价格，而非是针对产品买卖进行看涨或看跌。开发期权类产品的目的就是以更低的成本让更多人参与到对商品涨跌的看法中来，进一步扩展市场广度。第二，开发了天气类的产品。天气好坏对农产品收成起基础性作用，然而农场主对天气不一定有专业研究，开发天气类产品后可以使气象专家的看法市场化、公开化、透明化，有利于判断农产品的定价方向。同时，美国商品期货交易所的专业能力正走向横向联合。一方面表现为国内的横向联合。2007年芝加哥期货交易所（CBOT）与芝加哥商业交易所（CME）合并，成立了芝加哥交易所集团（CME Group）。2008年芝加哥交易所集团收购了纽约商业交易所（NYMEX）和纽约商品交易所（COMEX）。另一方面表现为跨国并购。2000年美国洲际交易所（ICE）成立，2001年收购了伦敦的国际石油交易所（IPE）。国际石油交易所（IPE）拥有布莱恩特原油定价权，这就使得两大原油期货交易的定价权都掌握在美国人手中（见表16）。

表16　全球主要商品交易所交易产品情况

国家	城市	交易所	交易产品	是否有期权类产品	备注
美国	纽约	纽约商业交易所（NYMEX）	能源衍生品包括轻质低硫原油、天然气、电力、丙烷等,贵金属包括铂金及钯金	是	2008年被芝加哥商品交易所收购
		纽约商品交易所（COMEX）	金、银、铜、铝	是	2008年被芝加哥商品交易所收购
	芝加哥	芝加哥期货交易所（CBOT）	农产品包括玉米、小麦、大米、燕麦、大豆、大豆粉、大豆油、活牛、冻五花肉,贵金属包括铂金,能源类产品包括轻质低硫原油、汽油、乙醇等,其他还包括木材、木浆、天气类产品	是	2005年挂牌上市
		芝加哥商品交易所集团（CME）	农产品包括黄油、干乳清、奶酪等	是	2007年与芝加哥期货交易所合并
	亚特兰大	美国洲际交易所（ICE）	农产品包括可可、棉花、橙汁、咖啡、糖等	是	2000年成立,2001年收购伦敦国际石油交易所

国家	城市	交易所	交易产品	是否有期权类产品	备注
英国	伦敦	伦敦金属交易所（LME）	铜、铝、镍、锌等	是	
		国际石油交易所（IPE）	著名的布莱恩特原油、天然气等	是	2001 年被美国洲际交易所收购，更名为 ICE Futures Europe
日本	东京	东京工业品交易所（TOCOM）	贵金属包括金、银、铂金及钯金，能源类包括原油、天然气、柴油、煤油等	不详	—
		东京谷物交易所（TGE）	大豆、玉米、红小豆、糖等	不详	2013 年解散，相关产品转移至东京工业品交易所交易
中国	香港	香港证券交易所（HKEX）	金、银、铂金	无	—
	上海	上海期货交易所（SHFE）	金、铜、锌、铝、钢筋、螺纹钢、橡胶、柴油	无	—
		上海黄金交易所（SHGE）	金、银、铂金	无	—
		上海石油交易所（SPEX）	柴油、二甘醇、苯乙烯、甲苯、甲醇等	无	—
	郑州	郑州商品交易所	农产品包括小麦、棉花、白糖、水稻、菜籽油、油菜籽等，金属类包括铁合金，其他包括玻璃、甲醇、动力煤等	无	—
	大连	大连商品交易所	农产品包括大豆、玉米、鸡蛋、棕榈油，其他包括焦煤、铁矿石以及石化产品	无	—

　　反观中国商品期货的发展，整体表现不尽如人意：第一，产品创新能力差，目前未推出任何商品期权类产品；第二，商品交易所发展未形成合力，上海拥有三个不同类型的交易所，且存在同质产品，集团化发展将是未来趋势。唯一可圈可点的是，目前出现了一些具有中国特色的产品，包

括菜籽油、动力煤等。

从交易规模来看,上海商品期权期货类的交易总量超过东京,但与伦敦和美国依然存在较大差距。美国商品交易所 2012~2014 年平均交易量为 576000 亿美元,伦敦商品交易所这三年的平均交易量为 408000 亿美元,上海这三年平均交易量为 91000 亿美元;前者为上海的 6.3 倍,后者为上海的 4.8 倍。可喜的是,美国和伦敦的交易量这三年呈下降趋势,主要是受大宗商品价格下跌的影响;上海的交易量三年间则呈上升趋势,与一流国际金融中心的差距正在缩小(见图 13)。

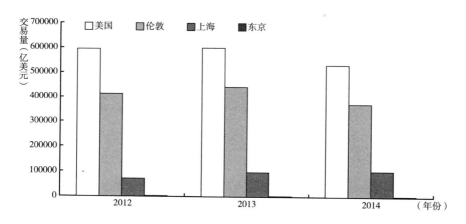

图 13　主要商品交易所商品期权期货交易量对比 *

说明:上海、伦敦、美国数据来源于世界交易所联合会。东京数据来源于 CEIC,可能存在遗漏。美国主要的商品期货交易所虽然被 CME 集团并购,但依然有一些交易在纽约进行,统计数据只有合并结果,故采用美国数据。

2. 股票期货期权市场的差距

股票市场是投资者参与最为广泛的市场,相关衍生产品的开发是为了增加市场的广度和深度,进一步提高市场有效性。截至 2014 年底,中国还没有股指期权产品以及单一股票的期货期权产品;而美国、欧洲、中国香港、日本、中国台湾都拥有股指期权类产品,大部分地区拥有单一股票期权产品,中国香港和中国台湾拥有单一股票期货产品。

从交易规模上，上海的股票衍生品交易量已经超越中国香港和东京，但与美国和欧洲仍然存在较大差距。2011 年上海股票衍生品交易量为68000 亿美元，大约只有美国的 1/9、欧洲的 1/8；但可喜的是，上海股票类衍生品发展迅速，2013 年交易量已经达到 229000 亿美元，约为美国的 1/3、欧洲的 1/2（见图 14）。

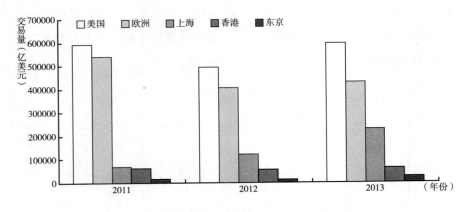

图 14　证券交易所股票期权期货产品交易量对比

3. 利率期货期权市场的差距

利率衍生产品是机构投资交易频繁，用以对冲利率风险的重要工具。然而，中国受利率未完全市场化的影响，利率衍生品发展一直较为缓慢，已推出品种仅包括中国金融期货交易所的国债期货和银行间市场的利率互换产品，目前还没有期权类产品。表 17 列出了全球主要金融交易所利率衍生品的交易额情况：芝加哥商品交易所的交易额达千万亿美元，欧洲的交易所达百万亿美元，中国金融期货交易所的国债期货交易额仅为千亿美元，仅在香港之上。

场外交易也是利率衍生品交易的主要途径。表 18 给出了国际清算银行统计的场外利率衍生品交易额情况，其中最主要的品种是利率互换，其后是远期利率协议。场外利率衍生品的交易规模呈逐渐上升趋势，2013 年名义本金交易额为 5880875 亿美元。

表 17　场内利率衍生品交易额国际比较

单位：亿美元

国家	美国	中国	中国香港	欧洲				
交易所	芝加哥商品交易所	中国金融期货交易所	香港交易及结算所	美国洲际交易所	伦敦国际金融期货交易所	欧洲期货交易所	北欧交易所	泛欧交易所
2014 年	10154080	1424	0.06	3584400	—	818326	58121	—
2013 年	7781560	502	0.07	0	—	877645	44752	—
2012 年	6744840	—		0	—	785542	74012	4697420
2011 年	9179560	—		0	—	1057874	51309	6405900
2010 年	8660630	—		—	6344670	920474	38576	—
2009 年	7239340	—		—	5956170	762507	28359	—

数据来源：世界交易所联合会。

表 18　全球场外利率衍生品交易总额

单位：亿美元

年份	1998	2001	2004	2007	2010	2013
远期利率协议	186859	324040	585078	648533	1505324	1891714
利率互换	387950	831262	1556804	3038171	3192811	3552213
利率期权及其他产品	91434	72042	429717	543945	456652	436948
合　计	666242	1227345	2571598	4230649	5154788	5880875

注：原数据为日平均交易额，表中数据为假定年交易日 251 天计算得出。
数据来源：国际清算银行。

　　图 15 给出了中国银行间市场利率互换的交易情况，尽管名义本金交易额一直呈上升趋势，但 2013 年该交易额占全球比重还不到 0.08%。

　　4. 外汇期货期权市场的差距

　　外汇交易最早用于国际贸易中，随着国际贸易规模的扩大以及汇率波动风险的加剧，外汇衍生品逐渐发展，成为国际贸易商规避汇率波动的重要工具，银行及非银行金融机构也广泛参与外汇衍生品市场，将其作为全球资产配置的一部分。外汇衍生品交易以场外交易为主。表 19 给出了国

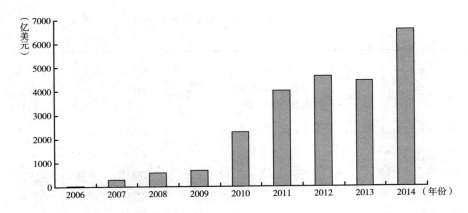

图 15　中国银行间市场利率互换名义本金交易额

际清算银行统计的场外外汇衍生品的交易额情况，其中最主要的品种是外汇掉期，其后是远期外汇协议。场外外汇衍生品的交易规模呈逐渐上升趋势，2013 年名义本金交易额为 8278994 亿美元。

表 19　全球场外外汇衍生品交易总额

单位：亿美元

品种	1998 年	2001 年	2004 年	2007 年	2010 年	2013 年
外汇远期	320445	327144	524078	907941	1191012	1706789
外汇掉期	1841853	1646279	2394946	4303068	4414480	5591377
货币互换	24854	18047	52982	79058	107377	135598
期权和其他产品	219566	149806	299011	531496	519767	845230
合　计	2406718	2141276	3271017	5821564	6232636	8278994

注：原数据为日平均交易额，表中数据为假定年交易日 251 天计换算得出。
数据来源：国际清算银行。

　　表 20 给出了全球外汇市场交易额的币种分布及排名情况，可以看出，人民币的交易份额一直呈上升趋势，排名由 2001 年的第 35 位上升至 2013 年的第 9 位。我们还统计了中国外汇交易中心（即在岸市场）的人民币即期、远期以及掉期的交易额，2013 年的数据为 1.22 万亿美元，而当年

全球的人民币交易额为 14.76 万亿美元①，在岸人民币市场占全部人民币交易额的 8.3%。这意味着全球对人民币贸易和投资的用汇需求大部分是由海外投资者提供的，虽然其中有离岸市场套汇套利的因素，但也说明我国外汇市场的开放度较低。

表 20　全球外汇市场交易额币种分布

单位：%

货币	2001 年		2004 年		2007 年		2010 年		2013 年	
	份额	排名	份额	排名	份额	排名	份额	排名	份额	排名
美元	89.9	1	88.0	1	85.6	1	84.9	1	87.0	1
欧元	37.9	2	37.4	2	37.0	2	39.1	2	33.4	2
日元	23.5	3	20.8	3	17.2	3	19.0	3	23.0	3
英镑	13.0	4	16.5	4	14.9	4	12.9	4	11.8	4
澳元	4.3	7	6.0	6	6.6	6	7.6	5	8.6	5
瑞士法郎	6.0	5	6.0	5	6.8	5	6.3	6	5.2	6
加元	4.5	6	4.2	7	4.3	7	5.3	7	4.6	7
墨西哥比索	0.8	14	1.1	12	1.3	12	1.3	14	2.5	8
人民币	0.0	35	0.1	29	0.5	20	0.9	17	2.2	9

注：本表包含外汇现货市场的双边交易，因此所有币种求和为 200%。
数据来源：国际清算银行。

（四）结论性评述

本部分主要分析了上海与当前一流国际金融中心在金融市场规模上的差距以及在结构方面的差异，主要结论如下。

第一，市场规模不够。上海股票市场规模已超过香港、伦敦，约为纽约的 1/7。债券市场存量方面，尽管中国落后于日本、英国、欧洲以及美国，但保持了较快的增长速度，约达美国债券存量的 1/5。衍生品市场方面，上海的商品类和股票类产品交易额与一流国际金融中心的交易量差距

---

① 注：已转换为单边交易统计。

不大，约为后者的 1/5 ~ 1/2。利率衍生品和外汇衍生品方面，中国的发展非常落后，将相关衍生品交易额占全球份额与 GDP 占全球比重相比，差距在数百倍；与顶级交易所场内利率衍生品交易量相比，差距在数千倍（见表 21）。

表 21　上海与一流国际金融中心的差距

比较物	上海情况	对标物	对标物情况	差距（倍数）
上海股票市场市值	39325.28	纽约股票市场	263305.89	6.70
中国债券市场存量	48509.89	美国债券市场	234899.85	4.84
中国债券市场存量	48509.89	日本债券市场	102548.82	2.11
上海商品类衍生品交易额	102443.00	美国商品类衍生品	532184.33	5.19
上海商品类衍生品交易额	102443.00	伦敦商品类衍生品	372240.71	3.63
上海股票类衍生品交易额	229094.00	美国股票类衍生品	595849.16	2.60
上海股票类衍生品交易额	229094.00	伦敦股票类衍生品	427607.50	1.87
上海场内利率衍生品交易额	1424	芝加哥交易集团利率衍生品	10154080	7130.67
中国场外利率衍生品交易额占全球比重（%）	0.08	GDP 占全球比重	12%	150.00
中国场外外汇衍生品交易额占全球比重（%）	0.09	GDP 占全球比重	12%	133.33

第二，开放度不高。上海的股票市值、债券存量市值、商品类和股票类交易额与美欧之间的差距已经不大，并且还处于上升过程中。那么为何上海目前还不是区域性的国际金融中心呢？最重要的原因是开放度不够。国际性不强。股票市场方面，上海的股票市场没有一家海外上市公司，纽约、伦敦、香港的海外上市公司比例分别为 16.75%、32.17% 和 5.19%；从投资者角度看，中国香港的海外投资者持有占比约为 35% ~ 40%，美国市场常年保持在 25% 的水平；而我国即使用满 QFII、RQFII 以及沪股通额度，海外投资者的交易额也只占沪市交易额的 1.8%。债券市场方面也是一样，海外机构在中国发行债券的存量比例极低，只有 0.01% ~

0.03%，美国、欧元区和日本的这一比例分别为 10%、2% 和 1%；从海外持有情况来看，2014 年中国债券市场被境外机构持有的比例为 2.18%，美国单国债一项被海外持有的比例常年保持在 20% 左右。此外，与开放高度相关的外汇现货以及衍生品的发展相当落后，与当前中国 GDP 所占份额极度不相配。

第三，市场结构有待完善，创新能力还有待提高。股票市场方面，投资者具有典型的散户特征，应转变为机构主导的市场结构。债券市场方面，金融债券所占比重较高，体现了以银行为主导的间接金融体系的特点，应大力发展地方政府债券和公司债券并提高相应的份额。衍生品的种类和数量最能体现一国金融市场的创新能力，目前我国各类衍生品市场都缺乏期权类产品，商品类衍生品市场的品种还有待进一步丰富，交易所还可进一步进行整合。

四 上海国际金融中心建设"十三五"指标规划

上文比较了上海与一流国际金融中心各金融子市场的差距。本部分将在上文分析的基础上，结合现实情况，为上海到"十三五"末（也即2020 年）设定相应的金融发展目标。基于上文的比较分析，本部分的指标设定有的是立足于成为亚太地区的金融中心，有的是争取成为全球金融中心。本部分分别采用追赶法情景模拟和金融深化份额法对规划进行预测，最后汇总两种方法的规划结果。

（一）追赶法情景模拟

追赶法模拟的核心思想假定历史有一定延续性，在对未来发展趋势做适当调整的情况下，分好、中、坏三种情景进行预测。具体的操作方法是：首先，计算各个市场过去若干年的增长率；其次，根据不同情景下的调整系数计算设定的增长率；最后，进行外推测算和横向比较。

1. 股票市值测算

表 22 展示了纽约、伦敦和上海 2009～2014 年的股票市值情况，最右列采取几何平均法计算了五年复合增长率情况。

表 22　国际金融中心股票市值增长率情况

单位：亿美元，%

城市		2009 年	2010 年	2011 年	2012 年	2013 年	2014 年	五年复合增长率
纽约	股票市值	150772.86	172834.52	156407.07	186683.33	195293.85	263305.89	11.80
	增长率	—	14.63	-9.50	19.36	4.61	34.83	
伦敦	股票市值	27833.58	30124.79	28114.68	31889.62	38053.19	34603.38	4.45
	增长率	—	8.23	-6.67	13.43	19.33	-9.07	
上海	股票市值	27047.78	27164.70	23574.23	25472.04	24969.90	39325.28	7.77
	增长率	—	0.43	-13.22	8.05	-1.97	57.49	

　　表 23 中设定了股票市值测算中的调整系数,对于纽约和伦敦,好情景下增长率是原来的 1.2 倍,一般情景下增长率保持不变,差情景下增长率是原来的 0.8 倍。对于上海,考虑到 2014 年股票市值上升很快,以及股票发行注册制即将推出,好情景下设定 1.4 倍的调整系数;但鉴于相关期权产品的推出可能会加剧股票交易额的波动,差情景下设定调整系数为 0.6。将原始增长率与左边的调整系数矩阵相乘即可得到右侧调整后增长率。

表 23　股票市值测算中的调整系数及调整后的增长率

城市	调整系数设定			原始增长率(%)	调整后增长率(%)		
	好	一般	坏		好	一般	坏
纽约	1.2	1.00	0.8	11.80	14.16	11.80	9.44
伦敦	1.2	1.00	0.8	4.45	5.34	4.45	3.56
上海	1.4	1.00	0.6	7.77	10.88	7.77	4.66

　　图 16 根据表 23 内容进行了预测。上图是三个城市的比较,从中可以看出伦敦以及上海的股票市值规模依然与纽约相差较远。一方面纽约股票市值基数较大,另一方面随着美国经济复苏及创新企业上市,其股票市值可能保持较高增长率。此外,全球优秀企业都愿意选择在纽约上市,其全球股票融资中心的地位依然难以被撼动。下图给出了上海和伦敦的股票市值预测情况:无论在哪种情景下,上海的股票市值都将高于伦敦。如果股票发行注册制能够尽快推出并且海外企业可以在 A 股上市,即好情景下,上海的股票市值将达到伦敦的 1.5 ~ 2 倍。即使在差情景下,只要维持 4.66% 的增长率,上海也将一直保持全球第二大股票融资中心的位置。

　　由于 A 股市场是以人民币计价,考虑到人民币升值因素,上海要完成上述目标可能更加容易。升值速率采用 2009 ~ 2014 年的人民币兑美元的年均复合增长率计算,结果为每年升值 2.16%。图 17 给出了汇率不变和人民币升值条件下三种情景的上海股票市值预测。在差情景下,如果汇

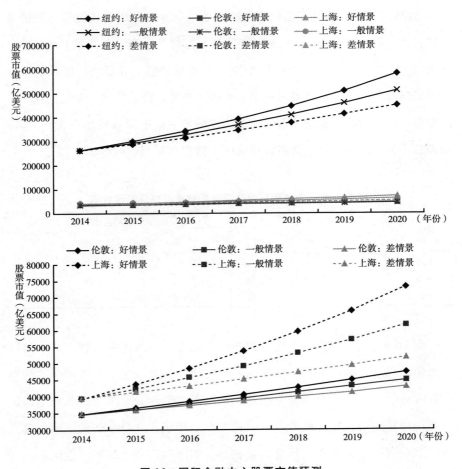

图 16　国际金融中心股票市值预测

率不变，上海 A 股市值需达到 31.6 万亿元人民币；如果考虑升值因素，
上海 A 股市值只要达到 27.8 万亿元人民币即可。2014 年，上海 A 股市值
已经达到 241000 亿元人民币，这个目标完成并不难，关键是如何促进 A
股市场的国际化以及投资者结构的完善。

2. 债券市场存量测算

表 24 展示了美国、欧洲、日本以及中国自 2009～2014 年的债券市值
存量情况，最右列采取几何平均法计算了五年复合增长率情况。

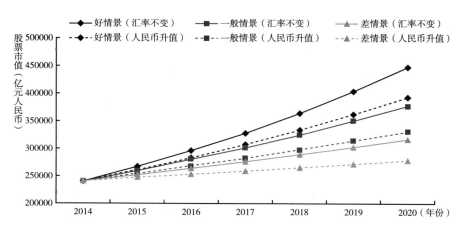

图 17　上海股票市值预测（以人民币计价）

表 24　主要国家和地区债券存量及增长率情况

单位：亿美元，%

城市		2009 年	2010 年	2011 年	2012 年	2013 年	2014 年	五年复合增长率
美国	债券市值	156265.11	179249.85	198089.91	216175.53	230729.93	234899.85	8.49
	增长率	—	14.71	10.51	9.13	6.73	1.81	
欧洲	债券市值	227400.42	215339.94	216905.68	223668.50	230849.44	232094.95	0.41
	增长率	—	-5.30	0.73	3.12	3.21	0.54	
日本	债券市值	97136.04	116623.45	125998.61	117143.75	99817.16	102548.82	1.09
	增长率	—	20.06	8.04	-7.03	-14.79	2.74	
中国	债券市值	26231.89	30629.61	34624.50	40722.78	47669.07	48509.89	13.08
	增长率	—	16.76	13.04	17.61	17.06	1.76	

对于债券存量市场增长率，我们采取参照历史直接设定的方式。考虑到美国近期经济复苏以及外需依赖的降低，其通过财政赤字转移负债的可能性变小，因此假定好情境债券存量增长率也低于历史平均水平，由于美国仍然是国际流动性的最终提供者，因此依然设定其债券存量保持正的增长率。欧洲受债务危机影响，可能通过借新还旧方式维持债券存量，也可能因为财政纪律面临减债；因此，好情景设定1.41%的增长率，差情景

设定 −1.00% 的增长率，一般情景则保持原有增长率。日本因为老龄化同样面临高债务问题，好情景和差情景分别设定 3.00% 和 −1.00% 的增长率。中国的债券市场正处于蓬勃发展过程中，市政债券以及公司债券都有较大增长潜力，因此在原有增长率基础上设定 ±3.00% 的变动区间（见表 25）。

表 25   设定债券存量增长率

单位：%

国　　别	好情景	一般情景	差情景
美　　国	8.00	6.00	4.00
欧　　洲	1.41	0.41	−1.00
日　　本	3.00	1.09	−1.00
中　　国	16.00	13.00	10.00

图 18 根据表 25 内容进行了预测。从图中可以看出，美国和欧洲的债券存量基数较大，即使是在较低增长率的情景下，它们的地位依然是难以被撼动的。中国在好情景下到 2020 年债券存量规模能够达到 11.8 万亿美元，与日本好情景下 12.2 万亿美元的规模非常接近；即使在差情景下，中国债券市场存量规模也能达到 8.6 万亿美元，与日本差情景下的 9.6 万亿美元相差 1 万亿美元。总的来讲，由于债券市场较快的增长率，中国到 2020 年很可能成为亚太地区最大的债券市场。

同样的，假定每年人民币升值 2.16%，我们预测升值因素下中国债券市场的存量。图 19 给出了汇率不变和人民币升值条件下三种情景的中国债券存量的预测。在差情景下，如果汇率不变，中国债券存量应达到 52.6 万亿元人民币；如果考虑升值因素，中国债券存量应达到 46.2 万亿元人民币。2014 年，中国债券市场存量为 29.7 万亿元人民币，相对于股票市场，债券市场完成既定目标的任务更重。

表 26 是按第三部分设定的债券产品比例推算的不同产品到 2020 年的

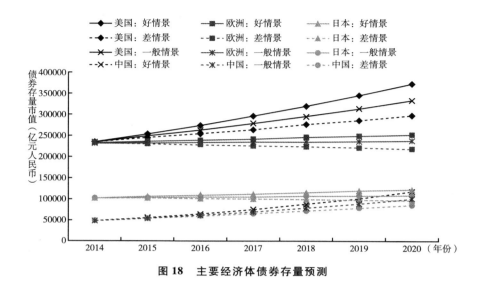

图 18　主要经济体债券存量预测

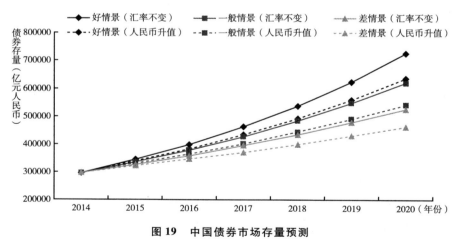

图 19　中国债券市场存量预测

存量规划，表中同时列出了不同品种的当前存量。总的来讲，国际机构债券的增长压力最大，然后是地方政府债券以及公司债券；国债增长压力不大，金融债券则面临压缩局面。

3. 商品类衍生品交易额测算

表 27 展示了美国、伦敦以及上海 2012~2014 年的商品类衍生品交易

表 26　不同债券产品到 2020 年存量规划

单位：亿元，%

品种	比例	好情景	一般情景	差情景	当前值
总量	100	634702.45	542366.55	461507.06	307048.82
国债	30	190410.74	162709.97	138452.12	91665.76
地方债券	20	126940.49	108473.31	92301.41	33308.57
金融债券	20	126940.49	108473.31	92301.41	108087.58
公司债券	25	158675.61	135591.64	115376.77	51177.20
国际机构债券	2	12694.05	10847.33	9230.14	31.30
其他	3	19041.07	16271.00	13845.21	22778.41

注：品种分类主要按债券性质分类，其中，国债包括央票，地方债券包括企业债券，公司债券包括短融和中票。

额情况，最右列采取几何平均法计算了三年复合增长率情况。表中数据反映出美国和伦敦市场交易额呈下降趋势，但由于时间序列较短，且近期大宗商品价格大幅下跌，我们认为后期这种形势可能发生逆转，因此对美国和伦敦市场在好情景下设定的调整系数为 0.7，即这种下跌趋势会变缓，而差情景下跌趋势会加速，我们设定调整系数为 1.2。对于上海，我们认为近期一系列争夺大宗商品定价权的举措有利于整个市场的发展，因此好情景下设定的调整系数为 1.2，即这种上升趋势会保持，差情景设定调整系数为 0.8，即增长率降低（见表 28）。

表 27　商品类衍生品交易额及增长率

单位：亿美元，%

城市		2012 年	2013 年	2014 年	三年复合增长率
美国	交易额	595117.41	600369.73	532184.33	-5.44
	增长率	—	0.88	-11.36	
伦敦	交易额	411010.36	441305.63	372240.71	-4.83
	增长率	—	7.37	-15.65	
上海	交易额	70762.80	98522.90	102443.00	20.32
	增长率	—	39.23	3.98	

表 28　商品类衍生品测算中的调整系数及调整后的增长率

城市	调整系数设定			原始增长率（%）	调整后增长率（%）		
	好	一般	差		好	一般	差
美国	0.7	1	1.2	-5.44	-3.80	-5.44	-6.52
伦敦	0.7	1	1.2	-4.83	-3.38	-4.83	-5.80
上海	1.2	1	0.8	20.32	24.38	20.32	16.26

　　图 20 根据表 28 内容进行了预测。从图中可以看出，如果上海的商品类衍生品交易额保持好情景下的增长率，即使伦敦的下降幅度较低，上海也将超过伦敦，甚至接近美国商品类衍生品的交易额，有望成为全球第二大商品类衍生品交易中心。即使在差情景下，上海的商品类衍生品交易额也将十分接近伦敦。

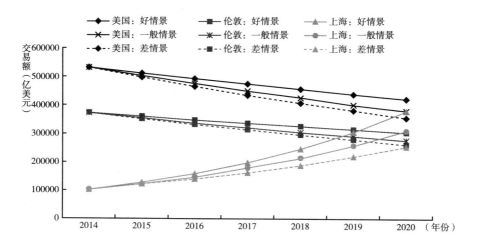

图 20　国际金融中心商品类衍生品交易额预测

　　我们假定人民币每年升值 2.16%，进而预测以人民币计值的商品类衍生品的交易额。图 21 给出了汇率不变和人民币升值条件下对三种情景的中国商品类衍生品交易额的预测。在差情景下，如果汇率不变，上海商品类衍生品交易额应达到 154.8 万亿元人民币；如果考虑升值因素，应达到 135.8 万亿元人民币。2014 年，上海商品类衍生品交易额为 62.7 万亿元人民币，这意味着未来五年交易量要翻一番。

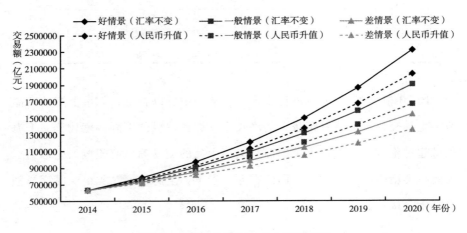

图 21　中国商品类衍生品交易额预测

4. 股票类衍生品交易额测算

表 29 展示了美国、欧洲以及上海 2012~2014 年的股票类衍生品交易额情况，最右列采取几何平均法计算了三年复合增长率情况。

表 29　股票类衍生品交易额及增长率

单位：亿美元，%

城市		2012 年	2013 年	2014 年	三年复合增长率
美国	交易额	593287.36	495490.19	595849.16	0.22
	增长率	—	-16.48	20.25	
欧洲	交易额	540216.61	406833.69	427607.50	-11.03
	增长率	—	-24.69	5.11	
上海	交易额	67925.60	119891.00	229094.00	83.65
	增长率	—	76.50	91.09	

表 29 反映的时间序列太短，得出的复合增长率可能不具推测代表性。表 30 采取直接设定的方法。美国的股票类衍生品市场在 2013 年出现下

跌,但整体上保持平稳略有增长的态势,因此增长率设定在 ±2% 的历史增长率区间。欧洲股票类衍生品市场交易额整体呈下跌趋势,虽然我们并不清楚具体原因,但预计未来下跌不会如此剧烈,因此假定差情景保持原来的下跌速度,好情景增长率为 −2.03%,一般情景为 −7.03%。就上海而言,由于股指期货于 2010 年刚刚推出,近年呈快速上涨势头,预计在交易规模逐渐增大后这种势头将趋于收敛。我们假定上海的股票类衍生品交易量在好情景下达到 23.65% 的增长率,一般情景下保持 18.65% 的增长率,差情景下增长率为 13.65%。

表 30　设定股票类衍生品交易量增长率

单位:%

	好情景	一般情景	差情景
美国	2.22	0.22	−0.78
欧洲	−2.03	−7.03	−11.03
上海	23.65	18.65	13.65

图 22 根据表 30 内容进行了预测。从图中可以看出,如果上海保持好情景下的增长率,那么其股票类衍生品的交易额将超过美国,成为全球第一大的股票类衍生品交易中心。即使在差情景下,上海的股票类衍生品交易额也将超过伦敦。这样的预测结果也是合情合理的:一方面,衍生品基础标的——股票的市值已经很大;另一方面,股票指数期货推出没多久,其他期权类产品也刚刚推出,产品初创时期往往有极高的增长率。

我们假定人民币每年升值 2.16%,进而预测以人民币计值股票类衍生品的交易额。图 23 给出了汇率不变和人民币升值条件下对三种情景的上海股票类衍生品交易额的预测。在差情景下,如果汇率不变,上海股票类衍生品交易量应达到 342.3 万亿元;如果考虑升值因素,应达到 293.8 万亿元。2014 年,上海商品类衍生品交易额为 139.8 万亿元。

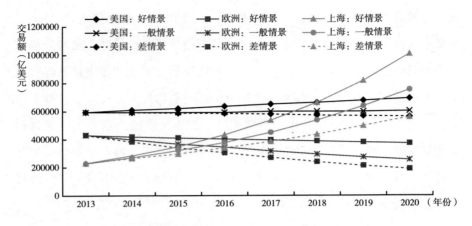

图 22　国际金融中心股票类衍生品交易额预测

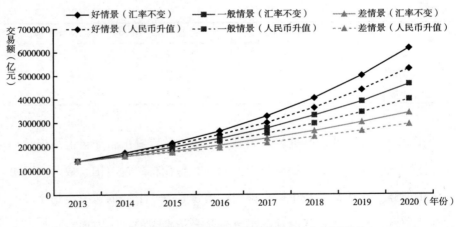

图 23　上海股票类衍生品交易额预测（以人民币计价）

（二）金融深化份额法预测

金融深化份额法的核心思想是中国的金融深化水平应达到世界平均水平，即金融发展水平应该与大国地位相称。具体的操作方法是：首先，预测全球经济增长以及中国经济增长，计算中国在全球经济中所占份额；其次，计算全球各金融市场市值或交易量相对 GDP 的比例，即计算金融深化程度；最后，假定历史会简单延续，中国到 2020 年金融发展水平应为其 GDP 与金融深化指数的乘积。

1. 全球经济增长及中国份额测算

《世界经济展望》（*World Economic Outlook*）每年都会进行全球以及主要经济体的增长预测，我们参照其预测并分好、一般、差三种情景设定未来经济的实际增长率。由于金融深化指标考察金融变量值与名义GDP 的关系，因此为方便计算，我们采用名义 GDP 来衡量中国的经济地位。根据近十年的数据，全球和主要经济体名义 GDP 增长率一般超过实际 GDP 增长率 3~4 个百分点。因此，我们设定未来五年平均通货膨胀率（GDP 平减指数）为 3%。表 31 给出了未来全球及主要经济体增长率的假定。

表 31　全球及主要经济体增长率假定

单位：%

地区	实际 GDP 增长率			名义 GDP 增长率		
	好情景	一般情景	差情景	好情景	一般情景	差情景
全　　球	2.63	1.63	0.63	5.63	4.63	3.63
中　　国	7.8	7.4	7.2	10.8	10.2	9.8
美　　国	2.5	2	1.6	5.5	5	4.8
欧 元 区	1.6	1.1	0.6	4.6	4.1	3.6
日　　本	0.9	0.4	0	3.9	3.4	3

表 32 是根据表 31 相关信息测算的全球以及美、欧、日、中四个主要经济体到 2020 年的名义 GDP。中国 2014 年已经超越日本成为全球第二大经济体。尽管未来中国经济增速会有所放缓，但依然远远高于美国和欧元区，因此中国与它们的差距还会进一步缩小。到 2020 年，中国的名义GDP 预计将达到 14 万~15 万亿美元，大约是欧元区的 3/4，美国的 1/2，中国占全球经济的份额为 14%~16%。

表 32　主要经济体 2020 年名义 GDP 预测

单位：亿美元，%

地　　区	好情景	一般情景	差情景
全　　球	1061900	956410	860530
美　　国	270830	260150	193030
欧 元 区	204280	193790	183800
日　　本	77190	73200	70150
中　　国	155820	147580	145740
中国占比	14.67	15.43	16.94

2. 金融深化比例计算及全球市场预测

表 33 根据 2001～2013 年的历史数据计算了各金融市场相对于全球名义 GDP 的金融深化指标。最后一行给出了历年的均值。股票市值/全球名义 GDP 和债券市值/全球名义 GDP 分别为 90.09% 和 103.57%；场外利率衍生品交易量/全球名义 GDP 和场外外汇衍生品交易量/全球名义 GDP 分别为 665.72% 和 909.51%。

表 33　全球金融市场金融深化指标计算

单位：%

报告期	股票市值/全球名义 GDP	债券市值/全球名义 GDP	场外利率衍生品交易量/全球名义 GDP	场外外汇衍生品交易量/全球名义 GDP
2001	—	92.93	377.33	658.31
2002	—	100.43	—	—
2003	—	103.65	—	—
2004	—	103.55	601.58	765.19
2005	97.37	97.90	—	—
2006	110.96	100.59	—	—
2007	120.20	101.17	749.58	1031.46
2008	59.21	97.63	—	—
2009	86.68	110.47	—	—
2010	86.60	112.34	805.19	973.55

报告期	股票市值/ 全球名义 GDP	债券市值/ 全球名义 GDP	场外利率衍生品交易 量/全球名义 GDP	场外外汇衍生品交易 量/全球名义 GDP
2011	67.15	110.32	—	—
2012	75.28	110.27	—	—
2013	107.36	105.24	794.90	1119.05
平均	90.09	103.57	665.72	909.51

数据来源:全球名义 GDP 数据来源于国际货币基金组织,金融市场数据来自国际清算银行。

在得出金融深化指标后,可以根据全球 GDP 不同情景下的预测结果,推算出 2020 年全球各类金融产品的市值或交易量。公式如下:

$$2020 \text{ 年全球金融市场市值(交易量)} = \text{金融深化指标} \times \\ 2020 \text{ 年全球名义 GDP 预测值}$$

表 34 根据上述公式给出了差情景下全球金融市场市值(或交易量)的预测值。最右列计算的是 2020 年相对于 2013 年的倍数关系。由于金融深化指标的均值相对于 2013 年下降,这意味着金融市场的市值存在均值回复过程,考虑全球 GDP 增长率之后,2020 年股票市场和债券市场的市值相对于 2013 年是上涨的。2020 年全球股票市场和债券市场的市值预计达到 775250 亿美元和 891251 亿美元。场外利率衍生品和场外外汇衍生品市场的金融预测值相对于 2013 年大幅下降,考虑 2013~2020 年的 GDP 增长率之后,2020 年这两个市场的交易量相对于 2013 年略为萎缩。2020 年全球场外利率衍生品和场外外汇衍生品的交易量预计达到 5728720 亿美元和 7826666 亿美元。

3. 中国各金融市场预测

关于中国和上海各金融市场的预测,可以直接用中国在全球的 GDP 份额求解,或者使用中国在 2020 年的 GDP 预测值与全球金融深化指数的比值进行测算,两者的结果是一致的。关于中国各金融市场的预测,同样

表 34　全球金融市场市值（交易量）2020 年预测

单位：亿美元

市场类别	金融深化指标（%）	2020 年预测市场市值（交易量）	2013 年市场市值（交易量）	2020 年/2013 年
股票市场市值	90.09	775250	689060	1.12
全部债券市值	103.57	891251	778260	1.14
政府债券市值	49.37	424844	373070	1.14
公司债券市值	14.48	124605	108310	1.09
金融债券市值	39.62	340942	296880	1.15
场外利率衍生品交易量	665.72	5728720	5880875	0.97
场外外汇衍生品交易量	909.51	7826666	8278994	0.95

涉及人民币升值问题。与上文一样，我们假定未来人民币升值速率年均为
2.16%。表 35 给出了差情景下中国到 2020 年各金融市场应达到的规模，
最后一列则给出了未来相对于现在的规模倍数。从表中可以看出，场外利
率衍生品和场外外汇衍生品是需要重点发展的领域。

表 35　中国金融市场市值（交易量）预测

单位：亿元

市场类别	不考虑升值的目标值	考虑升值的目标值	当前值	2020 年/2014 年
股票市场市值	803723	705026	240749	2.93
全部债券市值	923985	810520	307049	2.64
政府债券市值	440448	386361	124974	3.09
公司债券市值	129181	113318	108088	1.05
金融债券市值	353464	310059	51177	6.06
场外利率衍生品交易量	5939124	5209800	40301	129.27
场外外汇衍生品交易量	8114124	7117710	44745	159.07

此外，还有两个问题值得注意：第一，上述预测中，股票市场测算使
用的是中国整体数据，假定上海占据一半；第二，假定政府债券中国债和

地方政府债券的比例为3:2。其他关于上海国际金融中心的探讨均包括银行间市场,范围为全国。

(三) 结论性评述

本部分使用追赶法情景模拟和金融深化份额法预测了上海国际金融中心建设到2020年应达到的目标。追赶法是在既有制度和历史上略做调整的简单外推;金融深化份额法推算出与中国经济地位相匹配的金融发展的应有值,在当前制度水平下恐难以实现。我们用两种方法的平均值作为一个相对可实现的目标,表36给出了汇总结果。从表中可以看出四个信息:第一,以当前水平来看,未来无须大力发展的市场是股票市场和公司债市场;第二,到2020年预计需要在规模上翻一番的市场包括国债、金融债券①、场内商品和股票类市场;第三,未来五年市场规模要翻两番的市场是地方债券市场,这与当前中国城市化的进程是相适应的;第四,未来需要花大力气发展,尤其是需要通过政策改变才能实现发展的市场包括场外利率衍生品和场外外汇衍生品市场。

表36 两种方法预测的综合比较结果

单位:亿元,倍

市场类别	当前值	追赶法		份额法		两者平均
		目标值	差距	目标值	差距	
上海股票市场市值	240749	277610	1.15	352513	1.46	315062
全部债券市场市值	307049	461507	1.50	810520	2.64	636013
国债市场市值	91666	138452	1.51	231816	2.53	185134
地方债券市场市值	33309	92301	2.77	154544	4.64	123423

---

① 金融债按份额法计算需要大力发展,考虑到全球诸多国家都是银行主导的间接金融体系,因此金融债占比比较高,这种体系适应于经济追赶模式,并不适应创新。因此这里依然参照追赶法中适当压缩规模的做法,因此无须强调其发展。

市场类别	当前值	追赶法		份额法		两者平均
		目标值	差距	目标值	差距	
公司债券市场市值	108088	115377	1.07	113318	1.05	114347
金融债券市场市值	51177	92301	2.25	310059	6.06	201180
场内商品类衍生品交易量	627156	1358221	2.17	—	—	1358221
场内股票类衍生品交易量	1397932	2938176	2.10	—	—	2938176
场外利率衍生品交易量	40301	—	—	5209800	129.27	5209800
场外外汇衍生品交易量	44745	—	—	7117710	159.07	7117710

我国的场外利率衍生品和场外外汇衍生品市场为何发展不起来？因为资本项目不够开放，调节资本流进流出的两个阀门——利率和汇率都是相对稳定的，自然没有对冲风险、套期保值的需求。目前，上海国际金融中心建设的其他基础性的条件已经具备，最为关键的一步是人民币要走出去，再流进来。从这个意义上讲，上海国际金融中心建设的命题等同于推进人民币国际化这一命题。

五　上海国际金融中心建设——做了什么，还要做什么

（一）上海国际金融中心建设做了什么

上海国际金融中心建设一方面涉及国家层面的制度变革，另一方面涉及上海本地市场的发展。对此，我们从跨境资金流动、市场机制、市场发展三个方面回顾归纳自 2009 年以来上海国际金融中心建设所做的政策变革。

1. 跨境资金流动

2009 年 4 月 8 日，国务院常务会议决定开展跨境贸易人民币结算试点工作，上海成为首批试点城市。人民币跨境贸易结算是人民币走向国际化的关键一步，对于上海国际金融中心建设而言，它将助推上海成为区域性的人民币清算中心，是将来人民币在岸市场发展的基础设施工程。截至 2014 年 12 月，人民币跨境贸易结算累计交易额达 16.7 万亿元人民币，整体上人民币结算进口大于出口。

2011 年 12 月 16 日，中国人民银行、国家外汇管理局（简称"外管局"）、中国证券监督管理委员会（简称"证监会"）联合发布《基金管理公司、证券公司人民币合格境外机构投资者境内证券投资试点办法》，允许符合条件的基金公司、证券公司中国香港子公司作为试点机构开展 RQFII 业务。2013 年 3 月 19 日，中国人民银行、外管局、证监会公布《人民币合格境外机构境内证券投资试点办法》，RQFII 扩大至全部境外机构，交易品种由原来的交易所品种扩展至银行间债券市场的固定收益产品、证券投资基金、股指期货等。RQFII 制度的实施，有利于促进跨境人民币业务的开展，拓宽境外人民币持有人的投资渠道。截至 2014 年 7 月，RQFII 的批准额度达到 6400 亿元人民币。

2013 年 9 月 29 日，证监会发布《支持促进中国（上海）自由贸易试验区若干政策措施》，支持自由贸易区（简称"自贸区"）内符合一定条件的单位和个人按照规定双向投资于境内外证券期货市场，这是证券投资项目的双向放开措施。自贸区内企业的境外母公司可按规定在境内市场发行人民币债券。

2013 年 12 月 2 日，中国人民银行发布《关于金融支持中国（上海）自由贸易试验区建设的意见》。其中自由贸易账户的建立对便利跨境资金流动有重要意义。自贸区内的居民可设立本外币居民自由贸易账户（居民 FTA），非居民可在自贸区内银行开立本外币非居民自由贸易账户（非居民 FTA），上海地区金融机构可设立自贸区分账核算单元。自由贸易账户（FTA）与境外账户、境内区外账户之间的资金流动，大致可以分为三类。第一，"居民自由贸易账户与境外账户、境内区外的非居民账户、非居民自由贸易账户以及其他居民自由贸易账户之间的资金可自由划转"。这意味着 FTA 与境外账户完全打通。第二，"同一非金融机构主体的居民自由贸易账户与其他银行结算账户之间因经常项下业务、偿还贷款、实业投资以及其他符合规定的跨境交易需要可办理资金划转"。这意味着同一主体的居民 FTA 是有条件渗透的。第三，"居民自由贸易账户与境内区外的银行结算账户之间产生的资金流动视同跨境业务管理"。总的来讲，FTA 体系确定的资金流动规则可以概括为境外完全打通，境内有限渗透。

2014 年 4 月 10 日，中国证监会正式批复沪港通试点，2014 年 11 月 17 日沪港通正式上线。沪港通的总额度为 5500 亿元人民币，其中沪股通额度为 3000 亿元人民币。尽管沪港通额度占市场份额较小，但其对上海国际金融中心建设而言意义重大：一方面，它为离岸人民币的回流提供了可投资的产品和渠道；另一方面，它吸引了大量国际机构投资者，对推动 A 股市场回归理性投资发挥了积极的促进作用。

2. 市场机制

（1）利率管制放松

2012 年 6 月 7 日，中国人民银行下调存贷款基准利率，一年期存款基准利率下降至 3.25%，一年期贷款基准利率下调至 6.31%。与此同时，贷款利率浮动下限调整至基准利率的 0.8 倍，存款利率浮动上限调整为基准利率的 1.1 倍。

2012 年 7 月 5 日，中国人民银行下调存贷款基准利率，一年期存款基准利率下降至 3%，一年期贷款基准利率下调至 6%。与此同时，贷款利率浮动下限调整至基准利率的 0.7 倍。

2013 年 7 月 20 日，中国人民银行全面放开金融机构贷款利率管制，取消贷款利率不低于基准利率 0.7 倍的下限，由金融机构自主确定贷款利率水平。

2014 年 11 月 22 日，中国人民银行下调存贷款基准利率，一年期存款基准利率下降至 2.75%，一年期贷款基准利率下调至 5.6%。与此同时，存款利率浮动上限调整为基准利率的 1.2 倍。

（2）汇率浮动区间扩大及外汇直接交易品种增加

2012 年 4 月 16 日，银行间即期外汇市场人民币兑美元交易价浮动幅度由 0.5% 扩大至 1%，即每日银行间即期外汇市场人民币兑美元的交易价可在中国外汇交易中心对外公布的当日人民币兑美元中间价上下 1% 的幅度内浮动。外汇指定银行为客户提供当日美元最高现汇卖出价与最低现汇买入价之差不得超过当日汇率中间价的幅度由 1% 扩大至 2%。

2012 年 5 月 29 日，外管局发布《关于发展人民币对日元直接交易市场的公告》。人民币兑日元汇率中间价由此前根据人民币兑美元以及美元兑日元汇率套算改为做市商报价形成。

2013 年 4 月 9 日，中国外汇交易中心发布《关于发展人民币对澳元直接交易市场的公告》。人民币兑澳元汇率中间价由此前根据人民币兑美元以及美元兑澳元汇率套算改为做市商报价形成。

2014年3月17日，银行间即期外汇市场人民币兑美元交易价浮动幅度由1%扩大至2%，即每日银行间即期外汇市场人民币兑美元的交易价可在中国外汇交易中心对外公布的当日人民币兑美元中间价上下2%的幅度内浮动。外汇指定银行为客户提供当日美元最高现汇卖出价与最低现汇买入价之差不得超过当日汇率中间价的幅度由2%扩大至3%。

3. 市场发展

（1）支付清算体系

支付清算是金融体系的基本功能，是整个市场发展的基础。2009年11月28日，上海清算所正式成立，主要业务是为银行间市场提供以中央对手净额清算为主的直接和间接的本外币清算服务，其目的在于通过集中清算制度安排，降低对手方风险并为监管提供数据支持。

虽然人民币跨境贸易结算这些年取得较快发展，但是在支付清算的基础设施方面，人民币跨境结算主要通过中银中国香港或代理行的方式进行，目前没有统一的人民币跨境结算平台。2014年10月18日，上海市政府与中国人民银行签订了《关于加快上海金融市场基础设施建设的务实合作备忘录》，正式确定以人民币全球支付清算为主要功能的中国国际支付系统（CIPS）落户上海。这是金融基础设施的一项重要工程，对上海区域性清算中心的建设具有重要意义。

（2）银行业机构

2012年6月，中国银行业监督管理委员会发布《商业银行资本管理办法（试行）》。新的资本监管体系在监管资本要求、资本充足率计算、内部法计量等各方面与国际金融监管改革保持了一致。

2014年11月30日，《存款保险条例（征求意见稿）》发布。存款保险制度是金融安全网的重要组成部分，它对推动利率市场化有重要作用。

（3）债券市场

2009 年 11 月 12 日，银行间市场交易商协会发布《银行间债券市场中小非金融企业集合票据业务指引》；11 月 13 日，北京市顺义区中小企业集合票据、山东省诸城市中小企业集合票据和山东省寿光市 "三农" 中小企业集合票据正式上线。

2010 年 5 月 20 日，三菱东京日联银行（中国）有限公司发行的人民币金融债券正式在银行间市场登陆，这是首只外资法人银行发行的人民币金融债券。

2012 年 5 月 22 ~ 23 日，上交所和深交所分别发布《上海证券交易所中小企业私募债券业务试点办法》和《深圳证券交易所中小企业私募债券业务试点办法》。2012 年全年发行中小企业私募债券 94 亿元人民币。

2012 年 8 月 3 日，中国银行间市场交易商协会发布《银行间债券市场非金融企业资产支持票据指引》。2012 年全年发行 14 只资产支持票据，募集资金 57 亿元。

2012 年 10 月 29 日，中国信贷资产管理股份有限公司发行 100 亿元人民币金融债券，成为首只资产管理公司金融债券。

2012 年 12 月 3 日，中国人民银行发布《中国银行间市场债券回购交易主协议（2013 版）》，主协议是回购市场的基础性制度安排，对增强债券市场价格发现功能、助推利率市场化具有重要作用。

2013 年 4 月 19 日，国家发改委发布《关于进一步改进企业债券发行审核工作的通知》，将企业债券的发行申请划分为 "加快和简化审核类" "从严审核类" 以及 "适当控制规模和节奏类"，进一步简化发行流程。

2013 年 8 月 27 日，中国人民银行发布第 12 号公告，明确全国银行间债券市场参与者进行债券交易应当采用券款对付结算方式（Delivery Versus Payment，DVP）。这对提高市场结算效率、防范风险、推动市场健康发展起到积极作用。

总的来看，这几年债券市场在产品品种和发行主体上进一步丰富，在操作规范和流程简化方面进一步提升。

（4）股票市场

2010年3月30日，上交所和深交所正式向6家券商发出融资融券试点通知，2010年3月31日券商正式申报融资融券业务。融资融券业务的开展形成了股票市场的做空机制，有利于提高市场有效性，为其他产品的创新奠定了基础。

2012年2月22日，证监会批准独立第三方基金销售机构。第三方基金销售机构的加入有利于拓宽证券市场资金供给渠道，也有益于改善金融消费者的体验。

2012年8月27日，中国证券金融公司发布《转融通业务规则》，转融通业务的开通对于进一步增强资本市场流动性有积极作用。

2013年12月14日，国务院发布《关于全国中小企业股份转让系统有关问题的决定》。该决定提出，在全国股份转让系统挂牌的公司，达到股票上市条件的，可以直接向证券交易所申请上市交易。在区域性股权转让市场进行股权非公开转让的公司，符合挂牌条件的，可以在全国股份转让系统挂牌转让股份。

2014年10月17日，证监会发布《关于改革完善并严格实施上市公司退市制度的若干意见》，明确提出，健全上市公司主动退市，明确实施重大违法公司强制退市，严格执行市场交易类、财务类强制退市指标，并进一步明确了重大违法公司及有关责任人员的赔偿责任。退市制度是股票市场的基础性制度，退市制度的完善有利于弱化股票市场的行政干预，消除"壳资源"导致的股市扭曲现象。

（5）保险市场

2013年9月29日，中国保险监督管理委员会出台了《支持中国（上海）自由贸易试验区建设主要举措》。该举措包含8条具体措施，其中与上海国际金融中心建设最为密切的有两条。其一，支持保险公司在自贸区内设立分支机构，开展人民币跨境再保险业务，支持上海研究探索巨灾保险机制。由于财产保险公司面临庞大的巨灾风险，最需要在区域上进行风险分散，再保险很容易发展成为全球性的市场。其二，支持自贸区保险机构开展境外投资试点，积极研究在自贸区试点扩大保险机构境外投资范围和比例。再保险是全球性的业务，其资金运用也要求具有全球性配置的特点。

（6）衍生品市场

2010 年 2 月 20 日，证监会正式批复中国金融期货交易所沪深 300 股指期货合约和业务规则，2010 年 4 月 16 日沪深 300 股指期货合约正式上市交易。股指期货的推出提供了新的卖空机制，对完善股票市场的价格发现功能发挥了积极作用，为其他金融衍生品的创新奠定了基础。

2013 年 9 月 6 日，国债期货正式在中国金融期货交易所上市。国债期货的推出为债券市场提供了新的风险管理工具，有利于推进利率市场化。

2014 年 12 月 12 日，证监会批准上海期货交易所在国际能源交易中心开展原油期货交易。这意味着我国加入国际大宗商品定价权的争夺战。

（二）上海国际金融中心建设还要做什么

根据上文归纳的上海为推进国际金融中心建设所做的改革事项，我们认为上海国际金融中心建设还存在以下需要推进的事宜。

第一，进一步推动利率市场化改革。从上文的分析看出，当前上海国际金融中心建设最为欠缺的是市场机制。一旦金融中心建设的国际化程度提高，资本项下跨境资金的双向流动将成为新常态。在这样的背景下，如果调节资金流动的利率阀门是相对固定的，那么必将存在制度套利，因此必须大力推动利率市场化改革。当前，推进利率市场化改革的关键已经不再是存款利率浮动区间的放开。我们的研究表明，随着存款理财化的趋势，居民储蓄很大程度上已经与货币市场相联，存款利率放开后不会对各家银行的存款业务产生很大影响。当前利率市场化的关键是打破刚性兑付，因为刚性兑付的存在意味着无风险利率水平整体提高，这会形成新的跨境套利空间，也不利于汇率制度改革。当前应抓住存款保险制度推出的机遇，打破刚性兑付。

第二，进一步推进资本项下的人民币可兑换，完善汇率形成机制。当前，上海自贸区建设中创设的自由贸易账户体系实现了跨境资金流动境外完全打通、境内有限渗透。但我们注意到资本项下的人民币可兑换仍然存在较为严格的管制，这意味着虽然人民币、美元以及其他外币在资本项下可以相对自由地进出，但决定两者汇兑关系的是离岸市场。如果在岸汇率市场更多地反映经常项下的汇兑信息，而离岸汇率市场更多地反映资本项下的汇兑信息，一旦两者出现背离，就可能会导致热钱大进大出。这有违人民币国际化战略的初衷，也使得这一战略暴露在被境外投资者利用的风险中。当前汇率浮动区间已扩大至 2%，但没有资本项下的人民币可兑换，外汇交易商就缺乏交易的动机和诉求，外汇衍生品的交易量就不能大幅增长。这一现状的核心逻辑是：缺乏了人民币可兑换的外汇形成机制是无水之源，空洞无物。因此，资本项下的人民币可兑换是国际金融中心建设的关键一步，与此同时，还需要扩大汇率浮动区间并完善汇率形成机制。此外，各商业银行上海分行应获得总部更大的授权，外汇交易的决策链条应缩短，更多的做市商参与到外汇即期和远期市场中，有利于市场机制的完善。

第三，完善资本市场建设。高效的、有深度和广度的证券市场是国际金融中心建设的必要条件，这是因为跨境资本的投资主要集中在标准化产品上。当前，我国资本市场存在两大问题：其一，退市制度不完善以及审核制度的广泛存在使得"壳资源"效应明显，这意味着资本项目完全开放后我们要为国际资本的获利背书，这是另一种形式的刚性兑付；其二，债券市场多头监管，"九龙治水"的局面既不利于市场效率的提高，也可能产生监管竞次的恶果。

权责发生制政府综合财务
报告制度：国际借鉴与
上海经验

何海峰 等

一 概述

党的十八届三中全会明确提出"建立权责发生制的政府综合财务报告制度"。建立基于权责发生制的包含政府资产负债表的政府综合财务报告制度，是建立现代财政制度的统计和数据基础，已经成为国际公认的公共财政管理发展方向。深刻认识到这项制度的构建与国家治理体系和治理能力现代化目标的提升息息相关，是成功推进和完成新一轮财政改革任务的必然要求。

（一）权责发生制政府综合财务报告的含义

1. 含义

权责发生制政府综合财务报告，是指以权责发生制为基础、按年度编制的政府综合财务报告。政府综合财务报告是指为信息需求者编制的以财务信息为主要内容、以财务报表为主要形式、全面系统地反映政府财务受托责任的综合报告。我国目前试编的政府综合财务报告是以修正的权责发生制为基础进行编制的，所以又称为权责发生制政府综合财务报告。

权责发生制，是以权利或责任的发生为标准来确认收入和费用的会计制度。按照权责发生制，凡属本期的收入，不管其款项是否收到，都应作为本期的收入；凡属本期应当负担的费用，不管其款项是否付出，都应作为本期的费用。反之，凡不应归属本期的收入，即使款项在本期收到，也不作为本期的收入；凡不应归属本期的费用，即使款项已经付出，也不能作为本期的费用。权责发生制能够反映经济活动的实质，建立权责发生制的政府综合财务报告制度，可以更准确地反映政府实际财务状况。

传统的政府预算提供财政收入与支出信息，与之相适应的预算会计制度，主要是为预算管理服务的。随着政府活动范围的扩大和经济活动的复杂化，对政府活动的信息需求者也在发生变化。不仅仅是预算管理者需要了解政府财务信息，而且社会各界作为政府资金的提供者，也有了解政府财务信息的诉求，这就有了进一步提高财政透明度的迫切诉求。在现行预算会计制度下，预决算表所能提供的主要是财政收支信息，不足以全面充分地反映公共部门活动信息。从传统的收支决算到编制权责发生制政府综合财务报告，就是在这样的背景下进入我国现代财政改革视野的。

我国现行的政府会计报表是按照收付实现制进行编制的，无法满足政府管理者全面了解政府债务规模、债务结构和债务风险的需求。目前我国的政府预算只反映流量而缺乏存量，只反映当年的财政活动而缺乏长期的财政趋势和风险评估，只反映直接负债而缺乏或有负债。要评估政府债务风险，要掌握政府资产状况，就需要编制政府资产负债表。政府资产负债表的编制，离不开政府会计制度的改革。建立权责发生制的政府综合财务报告制度，可以积极主动地预防财政风险，克服政府财务报告制度中的缺陷，有效管理公共债务，提高财政的稳定性和可持续性。

2. 作用

2010 年底，财政部启动了权责发生制政府综合财务报告试编工作。2012 年，财政部要求全国所有省（自治区、直辖市）必须试编权责发生制政府综合财务报告，同时以财库〔2013〕6 号文印发了《2012 年度权责发生制政府综合财务报告试编办法》（以下简称《试编办法》）。权责发生制政府综合财务报告制度，是财政制度创新和融入现代国家治理一系列新理念、新方法的突破，具有多方面的功能作用。

一是划清政府与市场的功能边界，发挥市场配置资源的决定性作用。编制权责发生制政府综合财务报告，按照科学、公认的标准，确认、计量和披露政府的资产和负债，分析政府财务状况及其对经济的影响，分析政府资本与市场资本的合理比例，为分清政府与市场的关系，发挥市场配置资源的决定作用提供制度保障。

二是有效推进政府更好地履行受托责任，便于公众监督。按现代国家治理理念，治理的主体多元化，在公共财政领域，政府受社会公众之托，运用公共资源向社会提供公共服务，并接受公众监督。政府财务报告制度的基本目标是反映政府履行受托责任的情况。权责发生制政府综合财务报告制度，通过统一规范政府财务报告目标、报告方法、报告内容、报告要求，可以全面反映政府财务状况和运营情况，并以通俗易懂的方式帮助人们更好地理解政府财务状况与经济社会发展的关系，反映政府在提供公共服务、改善民生、宏观调控等方面所履行的受托责任情况，满足公众对政府财政信息全面、准确和及时了解的需求。

三是提供科学有效的信息资料，有利于发挥政府职能作用。实现有效的政府治理，重要的是政府能全面、准确、及时地掌握自身财务运行状况，进而实施各项政策措施。权责发生制政府综合财务报告制度，利用各级政府财政部门编制的资产负债表、收入费用表等财务报表，可以全面准确地反映政府财务状况，为及时监控政府债务规模，制定合理的融资、偿债计划，有效配置政府资源提供科学、有效的信息资料，有利于发挥政府资产负债管理、绩效管理、预算管理、风险管理等职能作用。

四是建立规范的债务管理机制，为加强地方债务管理提供技术支持。地方政府性债务规模居高不下，财政赤字和债务风险加速积累，财政中长期可持续面临严峻挑战，有的地方债务余额超过当地综合财力，并已出现债务逾期。权责发生制政府综合财务报告制度，是科学规范的债务管理机制，为加强地方债务管理提供了技术支持。

五是推进培养财政管理人才，实现财政管理能力现代化。政府综合财务报告，从财政经济的全局反映和分析政府整体财务状况，理论性、政策性、技术性要求大幅提高，对财政管理能力提出了更高的要求。权责发生制政府综合财务报告制度，可以从根本上提高财政管理人才的培养速度，为国家治理现代化铺就坚实的人才基石。

（二）权责发生制政府综合财务报告的内容

从国际上看，政府综合财务报告通常由文字说明、财务报表、财务报表附注等部分构成。其中，文字说明要阐述政府整体财政财务状况、运营情况等，并结合经济运行和政策要求，分析政府财政财务情况未来走势；政府财务报表一般都有资产负债表和收入费用表，一些国家也包含了现金流量表等其他有关报表；报表附注要对报表包括的主体范围、会计政策、报表项目明细以及未在报表中反映的一些重要事项等进行解释说明。

按照《试编办法》的要求，我国政府综合财务报告包括政府财务报表、政府财务报表附注、政府财政经济状况、政府财政财务管理情况。借鉴国际通行做法，并结合上海市实际情况，上海市政府综合财务报告包括以下内容。

（1）政府财务报表，主要包括资产负债表和收入费用表。以收付实现制为基础的预算执行报表基本上能反映政府现金流量情况，因此，暂不要求编制现金流量表。

（2）政府财务报表附注，主要包括报表包括的主体范围及合并汇总方法、会计政策和方法、报表项目明细信息、未在报表列示但对政府财务状况有重大影响的事项等，帮助报告使用者更好地理解财务报告。

（3）政府财政经济状况。利用政府财务报表及报表附注中的有关信息，结合国民经济形势、相关政策要求等，分析政府财务状况、运营情况，研究政府财政能力、财政责任以及财政中长期可持续性等，更好地为领导决策服务。

（4）政府财政财务管理情况。反映政府财政财务管理的政策要求、主要措施和取得成效等，帮助报告使用者了解政府财政财务管理情况。

（三）权责发生制政府综合财务报告与收付实现制决算报告的区别与联系

1. 联系

（1）政府预算报告和财务报告都是政府财政财务信息披露的主要载体

作为反映政府财政财务状况的报表体系，政府综合财务报告、财政总决算报告和部门决算报告都是反映政府财政财务情况的报告，三者之间互为补充、配合使用，从不同角度满足政府、各级人民代表大会和社会监督管理预算执行、了解政府财务状况和政府运营情况、评估财政长期可持续性等多方面的需要。①政府预算报告。大多数国家把预算报告作为定期对外披露财务信息常规的、主要的手段。在西方国家，公众习惯上已经把预算当成了解和监督政府的主要信息来源渠道。财务信息使用者透过预算，不仅可以了解政府在当前年度以及以后 3～5 年的收支计划、政策意图和政策重点，知晓政府的整个收支规模，预测政府的相关政策对经济、社会和公众作为纳税人、债权人和投资者自身利益的影响，而且可以监督政府资金使用的绩效和效率。随着时代的进步，现代预算制度呈现出涵盖信息范围越来越宽、信息越来越细化的趋势。以美国为例，对外公开的预算文件包括：美国政府预算、政府预算补充材料、政府预算附录、对政府预算的特别分析、政府预算的历史数据以及其他预算文件。②政府财务报告。政府财务报告是为满足信息使用者的需求而编制的以财务信息为主要内容、以财务报表为主要形式，全面系统地反映政府财务受托责任的综合报告。政府财务报告是全面反映政府财务状况和披露政府财务信息的主要载体。在目前已建立政府财务报告的国家中，财务报告的内容通常包括财务报表体系、管理讨论分析、报表附注等财务信息和非财务信息。政府财务报告主体通常编制下列财务报表：财务状况表（资产负债表）、财务业绩表、现金流量表以及预算执行情况表。

（2）财政总决算报告、部门决算报告是试编政府综合财务报告的重要信息来源

与一些已实施政府会计改革的国家一样，我国政府会计日常核算是以收付实现制为主，年终按照权责发生制原则对有关数据进行调整、转换，编制以权责发生制为基础的政府年度综合财务报告。这种做法既全面反映政府的"家底"和运营成本，又适度减轻了日常会计核算工作量。这使得财政总决算报告、部门决算报告成为政府综合财务报告的重要信息来源和数据基础。

2. 区别

（1）编制基础不同

权责发生制（又被称为应收应付制、应计制）和收付实现制（又被称为现收现付制）是两种不同的会计核算制度。收付实现制，又称现金制，会计处理以现金收到或付出为标准，记录收入的实现和费用的发生。收入和费用的归属期间与现金收支行为的发生与否紧密联系。现金收支行为在发生的当期，全部记作收入和费用，而不考虑与现金收支行为相连的经济业务实质上是否发生。权责发生制，会计处理时，当期已实现的收入和已发生或应当负担的费用，不论款项是否收付，都作为当期收入或费用处理；凡不属于当期的收入和费用，即使款项已在当期收付，也不能作为当期的收入和费用。政府综合财务报告以权责发生制为基础，即以权利和责任的发生来确认收入和费用的归属期，凡应属本期的收入和费用，无论款项是否收付，都予以确认；否则即便有实际款项的收付，也不予确认。决算报告主要以收付实现制为基础，即以资金的实际流入和流出作为确认相关会计要素的标准。

（2）揭示的经济本质不同

我国传统财政决算采用的是收付实现制，以现金收到或付出为标准来

记录收入的实现或费用的发生，采用这种会计制度，非现金收支不入账，无法反映实质的经济活动，只能报告当年的财政收入、支出及盈余或赤字，不能反映真正的债权债务信息，也不能充分反映营运业绩，更不能全面反映各级政府真实的财务状况。因此，收付实现制可能误导决策，不利于公共资源的管理使用，不利于公共部门绩效考核，不利于财政风险防范。

与此相反，权责发生制政府综合财务报告制度，可以正确反映政府会计期间所实现的收入和为实现收入所应负担的费用，可以把会计期间的收入与其相关的费用、成本相比较，正确确定收益，能完整反映各级政府所拥有的各类资产和承担的各类负债，从而全面反映各级政府的财务底细。

（3）报告的主要内容不同

政府信息披露的内容是财务信息使用者关心的重点，是信息披露的实质，决定着政府财务信息披露作用的发挥。很多国家通过法律明确，除国防、外交、国家安全、个人隐私以外的信息均应对公众披露。

就政府预算报告来说，其披露的内容应尽可能全面，包括所有政府的收支；应包括所有对财政状况具有现时或未来影响的决策，诸如财政直接支出、或有负债、贷款、税式支出和其他准财政支出。预算文件应反映财政政策的目标、宏观经济的框架、预算的政策基础和可识别的主要财政风险，提供预算的主要假设，明确描述年度预算中实行的新政策，应在总额基础上报告预算数据，区分收入、支出和融资，并根据功能类别和经济类别对支出进行分类；应在同样的基础上报告预算外活动的数据；应说明主要预算项目所要达到的目标，如改善有关的社会指标。[1] 预算文件披露的相关数据，应达到规定的数据质量标准。

政府财务报告的主要报表要素（也即会计要素）取决于编制报表的

---

① 国际货币基金组织：《财政透明度良好行为守则》，2001 年 2 月 28 日。

会计基础。以权责发生制为基础的财务报告包括的主要要素通常为资产、负债、净资产/权益、收入和费用等。政府财务报告各主要报表要素的具体内容因权责发生制基础的程度不同而有所不同。①在弱式权责发生制情况下，资产还包括现金和短期金融资产；负债只包括短期负债。②在半强式权责发生制情况下，资产包括现金、短期金融资产和长期金融资产；负债包括短期负债和长期负债。③在强式权责发生制情况下，资产包括现金、短期金融资产、长期金融资产和资本性资产；负债包括短期负债、长期负债。④在超强式权责发生制情况下，资产包括基础设施、自然资源和文化遗产类资产；负债包括社会保险以及其他法律和政策承诺。此时，收入的确认不是基于可用资源的增长，而是基于政府提供的物品与服务。

（4）报告重点和用途不同

决算报告主要反映年度预算执行结果，为加强和改进预算管理服务。政府综合财务报告主要反映政府财务状况和运营情况，通过对当前经济形势的分析，对未来财政收支缺口的预测，以及对财政可持续性的评估等，为中长期财政发展和宏观调控服务。

（5）编报范围不同

政府综合财务报告将一级政府作为报告主体，反映政府整体层面的财务状况。财政总决算报告和部门决算报告分别将财政部门和各个部门作为报告主体。

（四）编制权责发生制政府综合财务报告的意义

建立权责发生制政府综合财务报告制度是做实国家治理体系和治理能力现代化的重要基础。国家治理体系和治理能力的现代化必然要求新型的、坚实的基础制度体系支撑。权责发生制政府综合财务报告制度作为现代财政制度的重要组成部分，从其科学内涵和功能作用看，必然成为国家治理体系和治理能力现代化的重要制度基础。

第一，权责发生制政府综合财务报告制度是现代国家治理的创新性制度。权责发生制政府综合财务报告制度是政府财政部门按年度编制以权责发生制为基础的政府综合财务报告的制度，报告的内容主要包括政府财务报表（资产负债表、收入费用表等）及其解释、财政经济状况分析等。这项制度从根本上突破了传统财政决算报告制度仅报告当年财政收入、支出及盈余或赤字的框架，能够完整反映各级政府所拥有的各类资产和承担的各类负债，从而全面反映各级政府真实的财务状况，即政府的财务"家底"。这种突破实际上是财政制度创立和融入现代国家治理一系列新理念、新方法的突破，包括政府与市场的作用领域及界限、政府承诺和履行责任结果的科学核算及公开披露、代际公平、政府自身可持续性分析等。这项制度的兴起亦有深刻的国际背景。

第二，权责发生制政府综合财务报告制度是廓清政府与市场界限，发挥市场决定性作用的必然要求。党的十八届三中全会提出要处理好政府与市场的关系，使市场在资源配置中起决定性作用，重要的前提是清晰、准确地界定政府与市场的活动领域。为此，必须建立科学规范的核算制度，准确反映政府资产负债规模、结构及变化趋势。编制权责发生制政府综合财务报告，将从制度机制上按照科学、公认的标准确定政府报告主体的范围，确认、计量和披露政府的资产和负债，深度分析政府财务状况及其对经济的影响，分析政府资本与市场资本的合理比例，为分清政府与市场的关系，将政府和市场的作用都发挥到最优状况提供了制度保障基础。

第三，权责发生制政府综合财务报告制度是推进政府更好地履行受托责任的有效手段。按照现代国家治理理念，治理的主体是多元的，既包括政府，也包括企业组织、社会组织和居民等。公共财政领域，政府不再是单一管理主体，而是履行受托责任，即受社会公众之托，运用公共资源向社会提供公共服务，并接受社会公众监督。与企业财务报告的基本目标是为企业实现利益最大化决策使用不同，政府财务报告制度的基本目标是反映政府履行受托责任的情况。这项制度通过统一规范政府财务报告目标、报告方法、报告内容、报告要求，可以全面反映政府财务状况和运营情况，并以通俗易懂的方式帮助报告使用者更好地理解政府财务状况与经济社会发展的关系，进而反映出政府在提供公共服务、改善民生、宏观调控等方面所履行的受托责任情况，满足社会公众对政府财政财务信息全面性、准确性和及时性的需求，便于社会公众监督。

第四，权责发生制政府综合财务报告制度是更好地发挥政府作用的信息基础。实现有效的政府治理，重要基础是政府能够全面、准确、及时掌握自身运行状况，尤其是财务运行状况，进而实施各项政策措施。权责发生制政府综合财务报告制度通过利用各级政府财政部门编制的资产负债表、收入费用表等财务报表，可以全面准确地反映政府财务状况，为及时监控政府债务规模，制订合理的融资、偿债计划，有效配置政府资源提供科学、有效的信息支持，有利于促进政府资产负债管理、绩效管理、预算管理、风险管理等职能作用的发挥。

第五，权责发生制政府综合财务报告制度是实现财政管理能力现代化的重要推手。推进国家治理体系和治理能力的现代化，必然要以各领域管理能力的现代化为基础。政府综合财务报告真正跳出了就财政论财政的束缚，着力从财政经济的全局反映和分析政府整体财务状况，理论性、政策性、技术性要求大幅提高，对财政管理能力提出了革命性要求。因此，建立权责发生制政府综合财务报告制度可以从根本上推高财政管理人力资本和知识资本的积累速度，为推进国家治理现代化铺就坚实的人力资本和知识资本的基石。

（五）本课题研究的目标和任务

1. 目标

（1）通过上海市权责发生制政府综合财务报告的编制，全面揭示上海市政府债务现状，加强地方政府债务管理。权责发生制政府综合财务报告能揭示社会保险、雇员养老金等政府长期承诺形成的负债，避免了隐性负债藏而不露的问题。机构管理者也难以将其自身应承担的当期成本转嫁给继任者，有利于政府实施稳健的财政政策，提高政府防范财务风险的能力。政府对其负债全面地加以揭示，既有利于今后的预算决定，也有利于政府制定正确的融资决策。

（2）通过上海市权责发生制政府综合财务报告的编制，揭示地方融资平台风险，加强地方融资平台建设，完善地方政府融资管理。介绍地方政府融资渠道的国际经验，分析目前我国地方政府融资平台公司经营管理发展现状，全面准确地记录和反映地方政府的资产负债情况，有效管控政府债务风险。

（3）通过上海市权责发生制政府综合财务报告，为加快上海建设金融中心提供对策建议和发展思路。通过地方政府资产负债表反映信息，促进上海优先建立地方政府信用评级制度，加快建立成熟透明的地方政府债券市场，逐步降低地方融资平台债务规模，减少银行贷款违约风险，继续推进银行业健康发展。

2. 任务

（1）厘清权责发生制政府综合财务报告的含义、内容，以及与收付实现制决算报告的区别和联系，明确编制权责发生制政府综合财务报告在上海市政府债务管理、融资管理和国际金融中心建设中的作用和意义。

（2）介绍地方政府融资渠道的国际经验，分析地方政府投融资平台的形成、现状、意义及特点，揭示上海市地方政府投融资平台存在的风险及问题，分析上海市发行地方政府债券的可行性，揭示上海市地方政府融资管理改革趋势，分析权责发生制政府综合财务报告在上海市政府债券信息披露中的功能和作用。

（3）分析上海市政府债务的现状、特点及成因，针对目前上海市地方政府债务管理面临的难题，提出完善上海市政府债务管理制度的对策办法。完善政府综合财务报告对融资平台债务、地方政府债券的列报方法，提高政府综合财务报告反映政府债务的完整性和准确性，通过政府综合财务报告分析指标促进建立规模控制、风险预警、债务担保以及危机化解机制，加强政府综合财务报告对政府债务分析的积极作用。

（4）针对上海市加快建设国际金融中心的战略定位，分析如何发挥政府综合财务报告功能作用，促进建立政府信用评级制度；分析如何通过政府综合财务报告披露信息，促进地方政府债券市场发展，加快建立成熟透明的地方政府债券市场；分析如何通过地方政府资产负债表反映信息，逐步降低地方融资平台债务规模，减少银行贷款违约风险，继续推进银行业健康发展。

二 政府综合财务报告有助于促进地方政府
融资管理改革

（一）地方政府融资渠道的国际经验介绍

在各国的经济发展过程中，各级地方政府都发挥着举足轻重的作用，可谓发展的基础和原动力。地方政府能否扮演好这样的角色、充分实现经济和社会发展的目标，相当大程度上取决于政府投融资体制，尤其是在发展中能否获得充足而稳定的资金来源，即地方政府是否建立稳定高效的融资体制和拓展多元化的融资渠道。他山之石可以攻玉，国际上各国对于地方政府融资渠道有着比较成熟和多元化的经验，而且各国之间各有所长，对它们的学习和研究都将有助于我国地方政府融资的管理改革。

1. 美国以发行市政债券为主要融资渠道

美国作为典型的联邦制国家，行政结构主要包括联邦政府、州政府和县政府等，美国宪法确立了各级政府职责、明晰事权并赋予其相应征税权，实施联邦、州和县三级财政管理。这样分级自治的管理体制决定了美国各级地方政府都拥有举债权。因为地方各级政府能够举债，这就为美国地方各级政府提供了一种重要的融资渠道。而且自从其1812年发行第一只地方政府债券以来，经过200多年的发展，美国各级政府发行的市政债券已经成为发展地方经济、社会的主要融资渠道，其市场已经发展成为仅次于股票市场、国债市场以及企业债市场的美国第四大资本市场。

美国市政债券按照发行人及偿债来源的不同，主要分为一般责任债券（General Obligation Bonds）、收益债券（Revenue Bonds）和项目渠道债券（Appropriation/Conduit Bonds）三类。一般责任债券发行人为州或者地方政府，债务偿还以政府全部信用和征税能力为保障，偿债资金在一般预算中列支。收益债券的发行人一般为政府机构（Authorities），为水利、交通、高等教育和公共医疗等特定项目筹集资金，偿债资金都来源于投资项目的收益。项目渠道债券比较特殊，是政府或非政府企业通过特定的融资平台进行筹资，这一类债券的偿付资金也来源于项目收益，并且必须得到政府法律批准才能发行。

一般来讲，一般责任债券的信用和安全性最高，评级也相应较高，在相当长的时间里，州与地方政府长期债券大多数都是一般责任债券。20世纪 50 年代以后，收益债券和项目渠道债券开始大量出现，债务余额不断提高。近年来，收益债券和项目渠道债券规模已超过一般责任债券。以上三类债券的发行期限都比较长，通常在 10~30 年，此外地方政府出于现金管理的需要也会发行少量的短期债券，比如加州政府发行当年到期的收入预期票据。

为了促进美国市政债券市场的发展，美国政府专门组建市政债券条例制定委员会，专门负责市政债券的各项提案，促使美国市政债券发行形成了一整套标准化发行体系，发行人出售债券，债券保险公司承保债券，市政债券从业人员负责债券承销，评级机构提供债券咨询服务等。在这样的债权管理模式下，美国市政债券主要有三个特点：其一，市政债券的核心是运用地方财政或项目的现金流支持债券发行，其实质是借助州以及地方政府的信用落实还款资金和担保问题。其二，市政债券通过金融担保及保险公司的参与达到债信增级。其三，利息收入免税。由于免税优惠政策，地方政府可以用比其他相同信用等级债券低的利率成本进行融资，这也就是市政债券多为个人投资者持有的原因。

2. 英国以公私合作方式提供基础设施融资渠道

PFI（Private Finance Initiative）是英国较为典型的一种融资模式，称为"私人主动融资"，是英国梅杰政府于 1992 年提出并一直积极推进和鼓励私人财力参与甚至主导公共投资计划以提供基础设施融资渠道的公共管理理念，其核心是私人融资优先权。这种公司相互合作的方式改变了传统由政府主导和负责提供公共项目产出的方式，是一种全新的基础设施服务产出方式，极大地调动了全社会私人财力的积极性，为公共基础设施提供了一种十分有效的融资渠道。

PFI 大体经历了四个阶段：第一阶段，20 世纪 80 年代，为应对石油危机和 IMF 干预带来的经济低迷，英国增加了公共支出，但是，这使英国陷入高通货膨胀率和低经济增长率的困境。为了走出困境，英国一方面减税，另一方面削减公共支出以减缩财政赤字。然而，基础设施建设的投资缩减直接降低了公共服务质量，于是政府开始鼓励资金融入政府公共项目建设。第二阶段（1992～1996 年），1992 年英国财政部长正式提出 PFI，并且相继成立民间融资小组和民间融资单位等部门以积极推进 PFI，使其逐渐成为英国新建公共项目的默认融资渠道。第三阶段（1997～2008 年），英国经济逐渐恢复，预算赤字和公共债务趋缓，自 PFI 推出后，国内公共基础设施建设与服务项目逐年增长，效果显著，此时的英国政府依然认同该渠道模式，于是继续积极推行并为此制定了一系列标准和改革政策，以 PFI 为基础发展出公司合伙制 PPP（Private and Public Partnership），目的是通过公私高效合作提高公共领域投资管理水平和效益，拓宽融资渠道并衍生私人参与领域，最终又回落到提升公共服务质量。第四阶段（2009～2011 年），后危机时代，私人成本大幅攀升，虽然项目成交骤减，但此阶段大量项目进入稳定运营阶段，PFI 市场更加成熟理性，项目类型从公益型向经济型基础设施转变。第五阶段（2012 年至今），成熟的 PFI 所带来的高效率逐渐降低，优势变小，于是英国开始提出二代 PFI，旨在对其已存问题进行优化，包括提供更广泛有效的融资渠道、减少政府公共投资计划中共同投资比重等一系列措施，以图创造更加长期稳定的公私合作关系。此外，还将风险进行更合理的分配，给予私人部门提供融资的时候预期得到更多利益的机会，以创造更多公共投资回报。PFI 的优点就是吸引私人部门的资本共担风险，用最好的公共服务保证公众的利益。目前，PFI 作为英国政府在公共投资领域中的一种重要方式，已经在 20 多个领域被 100 多个不同的部门和地方政府所采用。

3. 日本地方政府融资平台

日本地方政府融资平台在日本从兴起到发展，对日本公共事业、地方政府经济社会发展都起到了极其积极的促进作用。20 世纪 70 年代后期，为了扭转日本铁路线路由国家直接经营管理而行政约束严重、经营状况不佳的局面，同时又保证铁路服务的供给，日本政府组建了"第三部门"融资平台企业来经营亏损路线。80 年代和 90 年代初日本地方政府融资平台发展进入高峰期，地方政府融资平台企业的经营范围也由最初的交通建设扩大到区域开发、旅游设施建设等多个领域。20 世纪 90 年代后期，随着日本经济泡沫破灭陷入低谷，地方政府财政风险加剧，于是日本开始对融资平台企业进行改革，后又历经了 2008 年金融危机进入后危机时代，日本地方政府融资平台的困境和地方债务问题得到一定程度的缓解。

日本将地方政府融资平台分为三类：其一，"第三部门"，是由政府和民间共同出资，且具有独立法人资格，介于私人与政府独资之间的企业。其中，民法法人不以赢利为目的，商法法人以赢利为目的。其二，"地方独立行政法人"也是一种法人形式，是政府设立却独立于政府行政机构的法人组织，主要从事政府事务的实施或执行。其三，"地方三公社"主要用于提供住宅、推进公路建设和灵活获取土地，也是依法设立的独立法人，包括"地方住宅供给公社"、"地方道路公社"和"土地开发公社"。对于这三类平台的出资情况，除"第三部门"是政府和民间共同出资外，"地方独立行政法人"和"地方三公社"都是政府全资。

与中国地方政府融资平台相比，日本地方政府融资平台有几个特点和差异：①日本地方政府也是以土地、房产等形式出资融资平台企业，但整体出资比例仅为一半左右，与中国全额出资不同；②日本地方政府可以发行债券，但融资平台企业却不允许作为发债主体，这与中国模式恰好相反；③日本融资平台企业负债水平中的40%左右来自政府借款，因此融资平台企业若是大规模亏损则会对地方政府财政带来剧烈冲击。日本的融资平台发展30余年，自成体系，对于中国现行融资平台的发展和走向有着重大借鉴意义。

4. 法国公用事业特许经营模式为公用事业提供建设资金

法国在融资对公用事业建设提供支持方面建立公用事业特许经营制度，用以通过利用私人投资和吸引民间资金来补充公用事业建设资金，极大程度上提高了融资灵活性和拓宽了融资渠道，而且在组织结构、合同内容和技术手段等方面具有较大的可变性，是法国地方政府融资建设的重要渠道。法国实行特许经营制度历史悠久，积累了相当丰富的经验，在世界各地得到广泛学习和应用，被世界银行称为"一种真正的法国模式"。

在法国，地方政府融资是一个各级政府责任明确和分工清晰的过程，而且由政府直接掌握公用事业特许经营权的授予权。特许经营模式为：行政部门也称经营权发租方，将一城市公用事业经营权交给一私人机构（有时是公立机构），即经营权承租方，由其通过对用户征收租金以及其他有利条件取得利润，对所承租的公用设施进行开发、管理和维护，并提供相应的服务。由于涉及公用事业建设，故而该制度中要求，一是这些设施的所有权必须永远属于国家政府所有，二是承租方的经营活动必须始终在发租方的支持和监督下进行。

法国特许经营的实施方式根据政府和私人所承担的风险状况不同，分为全部风险特许经营（CRI）、共担风险特许经营（CRP）和有限风险特许经营（CRL）三种方式。这样，政府与私人之间根据具体涉及的不同项目，恰当采取合理的经营方式，能够积极调动公共部门和私营部门的积极性并协调二者之间的平衡，寻找到共同投资、同担风险的有效和均衡的方法，为地方政府公用事业建设提供一种强有力的融资渠道。

（二）目前我国地方政府融资的主要渠道：融资平台公司贷款

近年来，地方政府融资问题一直是社会各界关注的焦点。地方政府融资是指地方各级政府为实现经济和社会发展目标，通过财政、金融等渠道筹措建设资金的行为、过程和活动。按照地方政府融资的基本依据和性质，主要可分为财政拨款、债务性融资、资产（资源）融资和权益性融资几大类（陈科武，2010）。笼统地讲，各级地方政府主要有三种较为稳定的融资模式：土地出让收入、金融机构贷款（包括国家政策性银行贷款）和市政项目融资（李军杰，2007）。在这三种融资模式中，模式一较为典型。事实上，近年来土地出让收入随着土地价格的飞涨，已经成为地方政府的主要收入来源，但"土地财政"长期难以持续，由此引发的社会公平和民生问题也一直遭人诟病。因而，土地转让收入只是政府财政收入来源的一部分，其比例应该维持在合理范围之内。模式二的做法更为常见。各级地方政府从金融机构获得贷款采取的通行做法是，成立各种从事城市基础设施项目投融资和经营管理的城市建设投资公司（即所谓的政府融资平台）。最后一种模式主要通过企业债券的形式实现。土地财政＋政府性融资平台＋银行贷款的组合，成为近年来地方政府融资的基本模式（梅红霞，2011）。这一融资模式已经和正在地方经济社会发展和基础设施建设中发挥着重要作用。在基本融资模式下，地方政府组建各式各样的政府性投资公司，并以财政性资金注入、国有资产注资、土地收益、财政拨款以及赋予特许经营权等方式进行扶持，代替政府行使投融资职能，成为融资平台和载体，承担政府项目投资、融资和建设任务。

1. 地方政府投融资平台的形成及意义

所谓地方政府投融资平台，是指地方政府为了筹集用于城市基础设施建设的资金而发起设立，并通过划拨土地、股权、规费、国债等资产，迅速包装出的一个资产和现金流均可达融资标准的公司，必要时再辅之以财政补贴作为还款承诺，以实现承接各路资金的目的，进而将资金运用于市政建设、公用事业等收益和回报各不相同的项目。

（1）地方政府投融资平台的演进过程

地方政府投融资平台的发展分为五个阶段：萌芽阶段、创建阶段、推广发展阶段、加速发展阶段和规范发展阶段（王艳玲，2012）。第一，投融资平台的萌芽阶段。1992年，上海市为了完善筹集市政基础设施建设所需要的资金，最早建立了地方政府投融资平台，即上海市城市建设投资开发总公司。第二，投融资平台创建阶段。1994年分税制后，财权大部分上缴中央，事权大部分下归到地方，这给地方政府增加了巨大的财政压力，促使地方政府投融资平台公司大规模建立起来。第三，投融资平台推广发展阶段，1997年亚洲金融危机爆发，我国政府大力实施积极的财政政策，各地方政府大力开展基础设施建设带动经济发展，但也给地方政府带来了资金压力。为了解决基建项目资金不足的问题，地方政府充分发挥了投融资平台的项目融资功能。第四，投融资平台加速发展阶段，为了应对2008年全球金融危机的冲击，我国中央政府出台4万亿元投资计划，此项扩大内需的刺激计划方案给地方政府带来了巨大的资金缺口，而地方政府投融资平台在这一时期发挥了相当重要的融资作用。2009年3月中央银行与银监会联合发布了《关于进一步加强信贷结构调整，促进国民经济平稳较快发展的指导意见》，肯定了地方政府的投融资行为，在一定程度上提高了地方政府举债的积极性，投融资平台的数量与债务规模开始迅速膨胀。第五，投融资平台规范发展阶段，2010年国务院发布了《国务院关于加强地方政府融资平台公司管理有关问题的通知》，对地方政府融资平台公司加强了管理，使投融资平台在数量与融资规模上加速膨胀的趋势得到抑制，在运行方式上更加规范化。

（2）地方政府投融资平台成立的意义

首先，地方政府投融资平台的出现和发展缓解了政府建设资金与当期财政收入不匹配的问题（徐灵超，2010）。从资金需求的角度来说，我国城市化进程进入稳定快速发展的阶段，城市化进程中的城市基础设施、改善民生设施等重点工程都需要大量的建设资金，而且这些工程基本上属于公共产品，其直接收益有限，很难通过市场化渠道筹集资金；从资金供给的角度来说，城市化进程中的建设资金除了国家划拨外，主要来源于地方财政收入，而地方财政收入增长往往滞后于经济增长的特性决定了地方财政收入无法与快速增长的投资需求相适应。因此，地方政府只有创新融资模式，成立地方政府投融资平台，开始尝试通过适度举债先行投入基础设施等重点工程建设，并借助未来的税收增长偿还债务，从而形成良性循环。

其次，地方政府投融资平台有效地整合了各部门掌握的公共资源，提高了公共资源使用效率，减少公共资源及其收益的流失（詹向阳，2011）。融资平台通过对政府各部门投融资项目管理监督等职能进行协调重新分工，有效地调动了各方的积极性。

最后，地方政府投融资平台在应对危机、抗击自然灾害、改善民生、保护生态环境和推动地方经济社会持续发展等方面都发挥了积极的作用，特别是我国在战胜经济危机和经济企稳过程中，融资平台的贡献是需要充分肯定的。

2. 地方政府投融资平台的现状及特点

（1）地方政府投融资平台的现状

目前，关于地方政府投融资平台的调研最详尽的数据来源于 2011 年 3 ~ 5 月审计署对全国政府债务开展的全面审计。根据审计结果，截至 2010 年底，全国省、市、县三级政府共设立融资平台公司 6576 家，其中省级 165 家、市级 1648 家、县级 4763 家，县级政府融资平台所占比重最大，达到 72.4%。从这些政府融资平台的经营范围看，以政府建设项目融资功能为主的有 3234 家（占比 49.18%），兼有政府项目融资和投资建设功能的有 1173 家，还进行其他经营活动的有 2169 家。由此看来，政府融资平台主要是以政府建设项目融资功能为主，投资运营功能为辅。从全国地方政府性债务举借主体来看，截至 2010 年底，地方政府融资平台公司债务总额为 49710.68 亿元，占地方政府性债务余额（107174.91 亿元）的 46.38%，其中省级债务 8826.67 亿元、市级债务 26845.75 亿元、县级债务 14038.26 亿元，分别占 17.76%、54% 和 28.24%。

（2）地方政府投融资平台的特点

目前地方政府投融资平台呈现以下特点。

①地方政府投融资平台形式多样化。目前各级地方政府投融资平台主要有四种类型。一是公益性投融资平台，负责公益性项目融资、建设、营运及还本付息，还贷资金主要来源于财政收入；二是经营性投融资平台，负责基础性项目融资、建设、营运及还本付息，还贷资金主要来源于土地升值和项目未来收益等；三是综合性投融资平台，兼具公益性和经营性平台的特点，其公益性项目还贷资金主要来源于政府回购，而经营性项目还贷资金主要来源于土地开发等。四是"转贷"融资平台，负责将贷款转贷给项目，不参与项目建设、运营和还贷，平台仅承诺担保还款责任。

②地方政府投融资平台分布广。地方政府投融资平台分布于省、市、县各级政府，截至 2010 年底，省级 165 家、市级 1648 家、县级 4763 家；有 3 个省级、29 个市级、44 个县级政府设立的融资平台公司均达 10 家以上。

③投融资模式趋于多元化。目前，地方政府投融资平台越来越多地采用 PPP［Public（政府）－ Private（私人）－ Partnership（合作）］模式，这种公共部门与私人企业合作模式是基于地方政府掌控大量公共资源与市场力量有效结合的一种方式。除此之外，还有 BT［Build（建设）－ Transfer（转让）］、BOT［Build（建设）－ Operate（经营）－ Transfer（转让）］、IOT［Invest（投资）－ Operate（经营）－ Transfer（转让）］、

BLT［Build（建设）–Lease（租赁）–Transfer（移交）］等模式（常友玲，2010）。这使大量社会资本参与公共基础设施的投资运营，提高了国有资本的带动作用及运营收益，最终建立起政府、企业、金融机构与社会资本有机结合的多元化投融资体系模式。

④地方政府投融资平台融资渠道多样。地方政府投融资平台致力于拓宽投融资渠道，充分发挥市场主体和投融资工具的多元性，实现社会资金的集聚，彻底改变传统的"土地＋贷款"的融资方式，充分依托金融市场，采用一切可以利用的金融方式（如债券融资、股权融资、项目融资、信托融资、保险融资、资产证券化融资、租赁融资、产业基金融资等）进行投融资活动，从而极大地拓展了融资渠道（姚领，2011）。

3. 地方政府投融资平台存在的风险及问题

（1）债务信息不透明

缺乏公开透明的信息披露和风险披露体系、机制是地方政府投融资平台存在的一个较大问题。地方政府往往通过多个融资平台从多家银行获得贷款，债务管理也分布于不同的部门，造成投资者往往不能了解地方政府投融资平台真实的财力和基本的风险情况，甚至有的地方政府也不完全清楚下属融资平台的总体负债和担保状况。此外，地方政府投融资平台公司在打捆贷款后，会将筹集的资金交给建设单位使用，平台公司并不对项目的建设和资金的使用进行管理，造成融入的资金全部脱离融资平台的监管，可能会出现资金因为得不到监管而使用不到位的现象。

（2）融资后续能力不足

地方政府投融资平台绝大部分项目为基础设施建设，投资金额大、投资回收期长、收益率低、见效慢，一旦投融资平台不能偿还贷款，便转化为地方政府的负债。2010 年底，有 78 个市级和 99 个县级政府负有偿还责任债务的债务率高于 100%，分别占两级政府总数的 19.9% 和 3.56%。由于偿债能力不足，部分地方政府只能举借新债偿还旧债，截至 2010 年底，有 22 个市级政府和 20 个县级政府的借新还旧率超过 20%。当地方财政出现偿还困难时，或将转嫁为商业银行的不良资产，导致地方政府投融资平台的融资后续能力不足。

（3）融资成本过高

目前，银行贷款是政府融资平台的主要融资渠道，融资平台对外融资多以银行的中长期商业贷款方式进行，利用资本市场直接融资比例过低，缺乏持续融资的顺畅通道。银行贷款占比过高，会导致资金来源渠道单一，融资成本较高（陈鸿祥，2010）。此外，中国人民银行频繁上调存款准备金率及存贷款基准利率，意图控制商业银行信贷规模，中国银监会也要求各家商业银行控制贷款规模，严格限制地方政府融资平台贷款，使得地方政府融资平台融资成本升高，融资规模受宏观调控影响较大，风险趋于集中（王法忠，2012）。

（4）债务期限与资产期限错配

从短期来看，部分地方政府的投融资平台面临着债务期限与资产期限错配的风险，也就是地方政府投融资平台面临现金流不足以偿付利息和本金的困境。首先，从负债方面看，地方政府的大量融资来自商业银行贷款。审计结果显示，截至 2013 年 6 月底，政府负有偿还责任的债务中50.76% 来自银行贷款，政府负有担保责任的债务中 71.60% 来自银行贷款。而这些贷款中期限在三年以下的短期贷款居多。三年之内需要偿还的债务占到总债务的 73.45%。再从资产和收益方面看，87% 的地方政府债务投向基础设施、市政、科教文卫、生态环保建设等领域。暂且不说有很多项目尚在建设之中、未交付启用，即便是已经投入使用的基础设施，其产生的现金流要么是路桥使用费，要么有赖于基础设施对整个经济发展"正外部性"体现出来后产生的税收现金流。前者如涓涓细流，短期内不足以偿付债务，后者更是远水解不了近渴。因此，地方政府债务的负债方和资产收益方的期限错配是当前地方政府投融资平台面临的主要风险之一。

（5）银行风险容易传导

尽管地方投融资平台可以通过发行企业债券、中期票据等方式，拓宽中央政府投资项目的配套资金融资渠道，但从实际情况看，大多数地方政府投融资平台的财务状况不佳，资产负债率极高，不具备发行债券的资格。因而，绝大多数投融资公司只能通过银行等金融机构贷款来解决资金短缺问题。银行向这些平台的放贷虽然归入"企业贷款"，但由于地方财政或政府信用变相担保等各种体制性原因，实质性上已经构成地方政府的隐性负债及或有负债，导致地方政府的债务风险加剧，同时也对银行业的经营风险形成显著的潜在压力，未来极可能传递成为金融风险和财政风险（安国俊，2010）。我国的银行系统具有集中性特点，吸收了过多外部分散债务，并可能由此产生银行系统内部的金融风险。银行的信贷资金安全与地方政府投融资平台的项目收益、公司的管理、宏观经济发展趋势、地方政府的土地收入等情况紧密相连。地方投融资平台在个别银行的债务不能偿还，必定会从其他银行再贷款归还，有银行的到期债务不能归还时，平台将会借新还旧，将风险转嫁给非银行金融机构，这种潜在的信贷违约风险将会迅速传染整个金融系统（祝小宇，2014）。由此可见，地方政府的财政风险会很容易传导到银行体系并导致从系统内部发生的金融风险。

（三）地方政府融资管理改革趋势：发行地方政府债券

1. 地方政府债券的发行现状

（1）发行模式

虽然我国债券市场在近几年发展迅速，但关于地方政府债券的信用评级、发行渠道等还没有完全建立（曹小武，2010）。因此，从风险控制的角度考虑，2009～2010 年，各个地方的政府债券均采用的是"中央代发"的单一发债模式，也就是由财政部通过现行国债发行渠道代理地方政府发行并代办还本付息。在此基础上，我国财政部于 2011 年批准了上海市、浙江省、广东省、深圳市四省市开展地方政府自行发债试点，于2013年批准了江苏省、山东省开展地方政府自行发债试点，允许这些省市采用"自行发债"的模式，也就是试点省市在国务院批准的发债规模限额内，自行组织本省市地方政府债券的发行，但这些试点省市政府债券的还本付息依然由财政部代办，其实质是介于"中央代发"与"自发自还"之间的一种过渡方式。而为了进一步建立规范的地方政府举债融资机制，我国财政部于2014年批准了上海市、浙江省、广东省、深圳市、江苏省、山东省、北京市、江西省、宁夏回族自治区、青岛市开展地方政府债券"自发自还"试点。允许这些省市采用"自发自还"的模式，也就是试点省市在国务院批准的发债规模限额内，自行组织本省市地方政府债券的发行、利息的支付以及本金的偿还。由此，我国地方政府债券经历了"中央代发—自行发债—自发自还"的演变。

（2）发行规模

自2009年地方政府债券发行以来，截至2013年底，我国共发行地方政府债券12000亿元，其中2009～2011年，每年地方政府债券发行面值为2000亿元，2012年，发行2500亿元，2013年，发行3500亿元。2009～2013年地方政府债券发行情况如图1、图2所示。

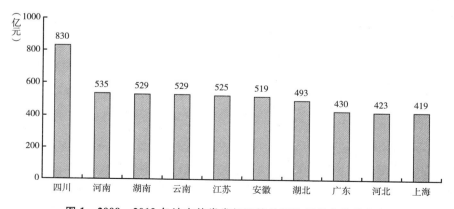

图1　2009～2013年地方债券发行面值总额位于前十位的省市

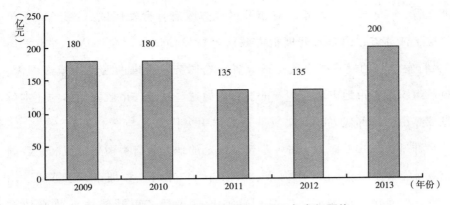

图 2　四川省政府债券 2009~2013 年发行面值

从图 1 中可以看出，近五年来四川省的地方政府债券发行面值最多，2009~2013 年发行面值高达 830 亿元。其中，2009 年、2010 年、2011 年分别发行 180 亿元、180 亿元、135 亿元（见图 2），占当年各省市地方政府债券发行总额的 9.00%、9.00%、6.75%，主要用于灾后加快基础设施建设和改善民生；2012 年、2013 年分别发行 135 亿元、200 亿元（见图 2），分别占当年各省市地方政府债券发行总额的 5.40%、5.71%，主要用于交通基础设施、保障性安居工程、市政基础设施和重大水利工程建设以及重点公益性事业项目。

（3）发行期限

截至 2013 年底，我国已发行了 118 只地方政府债券，债券的期限有三种，分别为 3 年、5 年和 7 年，各年限的比重分别为 63.56%、27.97%、8.47%。其中 2009 年发行的地方政府债券的期限均为 3 年；2010 年、2011 年发行的地方政府债券中，3 年期限的 14 只，5 年期限的 12 只；2012 年、2013 年发行的地方政府债券中，3 年期限的 11 只，5 年期限的 21 只，7 年期限的 10 只。由此可见，早期的地方政府债券主要集中在 3 年期，此后，3 年期地方政府债券的比重逐渐降低，5 年期、7 年期地方政府债券的比重逐渐增加。

（4）发行利率

2011～2013 年的《地方政府自行发债试点办法》以及 2014 年的《地方政府债券自发自还试点办法》中都明确规定，试点省市发行政府债券应当以新发国债发行利率及市场利率为定价基准，采用承销或招标的定价机制来确定债券发行利率。2010～2013 年发行的地方政府债券的利率走势如图 3、图 4 所示。

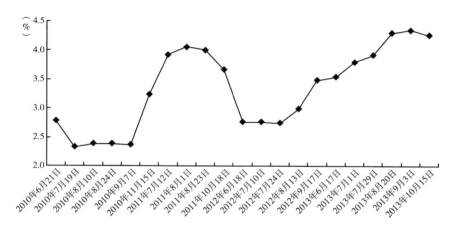

图 3 2010～2013 年发行的三年期地方政府债券利率走势（横轴为发行时间）

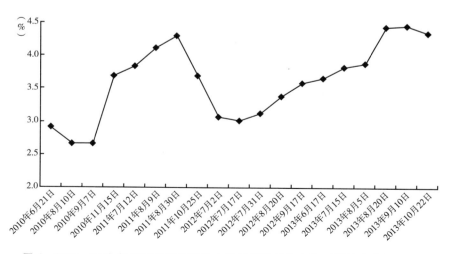

图 4 2010～2013 年发行的五年期地方政府债券利率走势（横轴为发行时间）

从图 3、图 4 中可以看出，2012 年之后我国地方政府债券的发行利率整体呈上升趋势。在地方政府债券发行之初，利率较低，但随着债券的不断发行，发行利率趋于上升。

（5）担保方式

地方政府债券以地方政府的财政税收为担保，但在"中央代发"为主要发债模式的背景下，投资者认为在地方政府无力偿还时，中央政府将会承担地方债务（于舒，2013）。

（6）还本付息方式

除实施地方政府债券"自发自还"试点的地区外，地方政府债券到期后，由中央财政统一代办偿还。地方财政要足额安排地方政府债券还本付息所需资金，及时向中央财政上缴地方政府债券本息、发行费等资金。如果届时还本确实存在困难，经批准，到期后可按一定比例发行 1～5 年期新债券，分年全部归还。对于未按时上缴的，中央财政根据逾期情况计算罚息，并在办理中央与地方财政结算时如数扣缴 [《2009 年地方政府债券预算管理办法》（财预〔2009〕21 号）]。

对于"自发自还"试点的地区，试点地区承担债券还本付息责任。试点地区应当建立偿债保障机制，统筹安排综合财力，及时支付债券本息、发行费等资金，切实履行偿债责任，维护政府信誉 [《2014 年地方政府债券自发自还试点办法》（财库〔2014〕57 号）]。

2. 地方政府债券会计信息披露的必要性

（1）有利于增强政府风险防范意识，降低和化解财政风险

披露地方政府债券信息，能使政府管理者对政府债务和债券的运行有一个全面清晰的认识，为政府制订合理的偿债计划和防范债务风险提供充分的信息依据，在一定程度上明确政府的权力和责任，有效防止政府代际债务转嫁，从而分清各级政府间权责，防止政府随意扩大债务规模，合理安排预算，不对现有结余盲目乐观。

（2）有助于政府合理筹集资金，降低筹资成本

披露地方政府债券会计信息，有利于促进地方政府准确核算财政债务，引导政府管理者将宏观管理理念和微观市场运作进行有机结合起来，使政府管理者运用市场机制筹集用于公共产品和服务领域的资金，进行科学的筹资决策，从而利于政府合理筹集资金，降低筹资成本。

（3）有利于提高政府活动的透明度，维护政府形象

披露地方政府债券的财务信息，能帮助政府履行对公众公开说明的职责，并能使信息使用者评估其受托责任；帮助信息使用者评估政府当年的政绩；帮助信息使用者评估政府能够提供服务的标准及偿付到期债务的能力。同时，有利于在更广泛的基础上论证预算，是加强政府预算透明度的一项基本要求。地方政府债券信息披露应当要求政府评估风险因素，在预算中为或有风险提取准备金，公布或有负债和总体风险状况。政府一旦披露了财政债务信息，还能方便市场全面跟踪政府的财政状况。市场参与机构如投资者和信用评级机构，为投资获利目的和为客户提供投资咨询，会从市场角度分析政府财政风险对政府债券信用和对宏观经济的影响。这些机构的分析也会间接地强化预算约束。另外，财政债务的准确核算和披露提高了政府的透明度，增加政府的可信度。

3. 地方政府债券会计信息披露现状

（1）无法全面准确地记录和反映政府的负债情况

现行的预算会计报告包括资产负债表、预算执行情况表、预算执行情况说明书及其他附表。其中财政负债信息主要通过资产负债表和财政支出明细表反映。资产负债表通过"借入款"项目，反映某一时点政府财政实际拥有的因政府借款和政府债券引起的债务本金数额。财政支出决算明细表通过"债务利息支出"科目，反映当期归还的到期债务利息数额。与财政负债的核算范围相适应，预算会计报告也只能揭示和披露直接显性负债信息，对直接隐性负债风险的状况无法做出客观评价。由此带来的后

果是预算会计披露的财政负债规模远远低于实际存在的财政负债规模，可以预计到的财政负债风险也远远低于实际存在的财政负债风险，政府偿付债务能力和承担负债风险的压力均被低估。

（2）无法提供债务资金投资项目主体的成本和费用

在目前的政府财务信息披露体系下，没有反映项目情况的独立财务报告，项目资金在部门内部安排使用，以部门或单位编制报表，无法体现单个项目资金的使用情况和项目的成本核算。这无法满足地方政府债务透明化的要求，无法实现公众对项目资金运行情况的知情权。

（四）权责发生制政府综合财务报告在地方政府债券信息披露中的功能和作用分析

1. 全面准确地记录和反映地方政府的资产负债情况

收付实现制只有在用现金实际清偿负债时，才会确认支出，而不能提前揭示未来的承诺、担保和其他因素形成的隐性负债。如对政府部门的贷款、担保贷款、政府雇员的养老保险等，政府按原定利率或费率确定的承诺，可能导致若干年后的巨额现金流出。类似的隐性负债，在收付实现制下往往不能得到反映，导致有关财务报表信息不够真实，政府潜在的财政危机也会被掩盖。而以权责发生制为基础，按一定的标准确认和反映政府的承诺和负债状况，可以在一定程度上纠正财务信息失真的状况，能较为真实地反映政府的负债状况和财政的真实状况，较为充分地揭示财政风险，披露财政潜在的支出压力，从而有可能对政府累计形成的负债合理制订偿还计划，对未来的各种或有风险也能够做到防患于未然。

我国《预算法》规定地方政府预算必须保持收支平衡，地方政府没有发债权。但实际上，许多地方政府存在巨额的隐性负债问题。例如，一些基层地方政府长期拖欠企业建筑材料和施工款项，拖欠职工工资和应付医药费。而在收付实现制情况下，这些问题并不能在政府预算和财务报表中得到应有的反映，对未来的政府运行和地方经济发展造成巨大隐患。如果采用权责发生制，就有可能正确提供政府负债信息，提醒各方面关注财政风险，及时采取措施减少后患。目前地方政府和有关部门要求给予地方政府发债权的呼声很高，认为这有利于将隐形债务公开化，有利于风险控制。如果考虑给予地方政府发债权的问题，则更需要有政府会计的权责发生制改革相配合，才能建立有效的风险防范机制。我们认为，中央政府的宏观控制和资本市场供求机制制约是地方政府安全行使发债权的必要前提，前者从总量上确保地方政府发债数量与宏观经济运行目标相协调，后者决定地方政府在资本市场发债的经济可行性。这两个方面都需要地方政府提供在权责发生制基础上的财务状况信息。否则，由于收付实现制基础的政府会计和财务信息存在前述种种缺陷，将会导致宏观调控和资本市场的信息严重不对称，有可能产生更大的财政风险和金融风险。

权责发生制政府综合财务报告能揭示社会保险、雇员养老金等政府长期承诺形成的负债，避免了隐性负债藏而不露的问题。机构管理者也难以将其自身应承担的当期成本转嫁给继任者，有利于政府实施稳健的财政政策，提高政府防范财务风险的能力。政府对其负债全面地加以揭示，既有利于今后的预算决定，也有利于政府制定正确的融资决策。

2. 准确提供投资项目主体的成本和费用

权责发生制政府综合财务报告制度是政府财政部门按年度编制以权责发生制为基础的政府综合财务报告的制度，报告的内容主要包括政府财务报表（资产负债表、收入费用表等）及其解释、财政经济状况分析等。这项制度从根本上突破了传统财政决算报告制度仅报告当年财政收入、支出及盈余或赤字的框架，能够完整反映各级政府所拥有的各类资产和承担的各类负债，从而全面反映各级政府真实的财务状况，即政府的财务"家底"。因而权责发生制政府综合财务报告既可以提供资产、负债方面的信息，同时又提供收入、费用等反映政府运营的流量结果，有利于地方政府债券信息披露制度的完善，从而有益于发行主体降低筹资成本。这是由于，一方面到当信息透明度不完全时，投资者未来预期收入的不确定性增加，进而会要求增加回报率以抵销信息风险。所以高透明度低信息风险的地方政府债券比低透明度高信息风险的地方政府债券更可能获得较低的资本成本。另一方面信息披露要求制度具有信息甄别功能。强制性的信息披露要求会阻碍风险较高的发行者进入市场，从而使整个地方政府债券市场的违约率下降，这也将降低投资者对地方政府债券所要求的信用风险溢价（张雪莹，2013）。

3. 合理配置债券期限，有效控制政府融资成本

权责发生制政府综合财务报告有利于地方政府根据整体资金变动的情况，通过预算管理科学制定投资规模，合理配置债券期限结构，建立长期、中期、短期相匹配的债券期限结构，以保持资产具有良好的流动性，均衡偿债压力，优化债务资金来源结构，从而有效控制地方政府的融资成本。

三　政府综合财务报告有助于完善地方政府
债务管理改革

（一）地方政府债务的现状

在多级政府财政下，中央政府之外的负债，都是地方政府债务。依照中华人民共和国审计署（以下简称审计署）2013 年 12 月 30 日发布的《全国政府性债务审计结果》，地方政府债务可分为三类：一是地方负有偿还责任的债务，是指需由地方财政资金偿还的债务，属政府债务，是构成地方政府偿债风险的主体；二是政府负有担保责任的债务，是指由于地方政府提供了担保，当被担保人无力偿还时，地方政府需承担连带责任的债务；三是地方政府可能承担一定救助责任的债务，是指地方政府虽不负有法律偿还责任，但当债务人出现偿债困难时，地方政府可能需给予一定救助的债务。后两类债务正常情况下无须地方政府承担偿债责任，属地方政府或有债务。以上三类债务不能简单相加，宜分别列明和管理。

1. 地方政府债务的特点

我国地方政府债务在规模、主体构成、区域分布、来源渠道、投向构成上都有自己的特点。

第一，地方政府债务规模大、增速快。我国地方政府负有偿还责任的债务最早发生在 1979 年，从县级政府开始，市级、省级政府陆续举债。在经过了 1998 年和 2009 年的举债高峰后，增长过快，规模失控的地方政府债务，已经成为我国经济社会发展中亟待化解的风险性难题。2013 年度的《全国政府性债务审计结果》表明，"截至 2013 年 6 月底，地方政府负有偿还责任的债务 108859.17 亿元，负有担保责任的债务 26655.77 亿元，可能承担一定救助责任的债务 43393.72 亿元"，这三类地方债务规模都超过了相应的中央政府债务。

第二，从地域分布看，地方政府负有偿还责任的债务与经济发达程度有一定的正相关关系，债务占比高低依次为东部、西部、中部地区。国家审计署资料表明，截至 2010 年底，东部 11 个省（直辖市）和 5 个计划单列市政府性债务余额 53208.39 亿元，占 49.65%；西部 12 个省（自治区、直辖市）政府性债务余额 29250.17 亿元，占 27.29%；中部 8 个省政府性债务余额为 24716.35 亿元，占 23.06%。

第三，从地方政府负有偿还责任债务的主体看，多头举债的现象广泛存在。省级政府负债、融资平台公司负债最为突出。在各负债政府层级中，省级、市级、县级、乡镇政府负有偿还责任的债务，按规模大小依次为 17780.84 亿元、48434.61 亿元、39573.60 亿元和 3070.12 亿元。在更具体的举债主体层面，则以融资平台公司、政府部门和机构、经费补助事业单位为主，分别负债 40755.54 亿元、30913.38 亿元和 17761.87 亿元。多数地方政府有多家举债主体，不仅本级政府借债，其下属部门、事业单位也各自借债。各级地方政府的投融资平台设立随意、管理混乱，很多地方政府都不清楚当地到底有多少家投融资平台。据有关方面统计，2009 年全国正式登记注册的投融资平台有 3800 家左右，如果加上未纳入登记管理的大约有 8000 多家。

第四，从来源渠道看，地方政府债务渠道较为混乱。地方债负有偿还责任的债务，主要来源于银行贷款、BT（建设—移交）、债券发行等。截至 2013 年 6 月末，银行为地方政府提供贷款达 55252.45 亿元；BT 为 12146.30 亿元；财政部代发行地方政府债券 6146.28 亿元，加上企业债券、中期票据、短期融资券，发行债券共计 11658.67 亿元；此外还有信托融资、其他单位和个人借款、施工单位垫资施工和延期付款、证券保险等金融机构融资、集资等其他创新型融资方式形成的债务。

第五，从资金投向看，地方债资金主要用于基础设施建设和公益性项目。在已支出的地方政府负有偿还责任的债务 101188.77 亿元中，用于市政建设、土地收储、交通运输、保障性住房、科教文卫、农林水利、生态建设等基础性、公益性项目的支出占 86.77%，达 87806.13 亿元。其中用于土地收储、城市轨道交通、水热电气、公租房、廉租房、经济适用房建设的债务资金能形成相应的资产，大多有较好的经营性收入。

总的来看，地方政府负债有助于调节政府年度收入和资本性支出在时间上的匹配，弥补财政赤字和短期资金缺口；有助于在宏观经济下行时实施逆周期的积极财政政策，保证经济增长和充分就业目标的实现。

但是，地方政府债务也可能引发财政和金融风险。脱离监管的地方政府债务犹如脱缰之马，逃避中央政府的总量控制和统筹，隐忧重重。以银行贷款为主要举债来源、以土地出让金为主要偿债来源，会出现一旦土地财政落幕、地方政府资金链断裂，导致区域性甚至是系统性债务、金融危机的风险。

地方政府债务还存在资金使用效率低下的问题。债务资金脱离预算监管，使地方政府把债务资金用于缺乏可持续发展的 GDP 项目、形象工程、挥霍浪费等方面，成为经济学"公地悲剧"的典型案例。此外，地方债资金的违规使用、相关贪污腐败行为难以监管和禁止，也极有可能触发社会不稳定因素。

这些都使地方政府负债的规范化管理成为亟待解决的问题。

2. 地方政府债务的成因

（1）体制因素

导致地方政府债务问题的体制原因是市场经济和财政管理体制的不科学、不完善，由此形成了地方政府刚性支出需求和或有债务。

市场经济体制方面，由于市场经济体制的不健全，计划经济时代遗留下来的政府干预惯性，政府依然是资源配置的主要力量。地方各级政府承担着许多西方发达国家由市场机制解决的事务，比如招商引资、发展地方经济。

财政管理体制方面，1994年的分税制明确了中央和省级政府的财政分配关系，但中央与地方的财权事权分配并不对称，对省以下各级政府的财权事权也没有进行规范。一方面，2002年以来，地方政府一直保持着大约45%的财权，却承担着近70%的事权，收支难以匹配；中央向地方的转移支付资金分配制度不完善、资金投向分散、使用效率不高、挤占挪用普遍。另一方面，各省份自定的省级以下政府间的财政体制，地方政和基层政府之间是向下事权分散，向上财权集中。基层事权益重、财政状况益差，强化了基层政府的举债压力。此外，在中国的现行财政体制下，投资项目的选择直接受地方政府的控制或影响，一旦投资经营失败，如果地方财力有限，最终的损失只能由中央来分担，这会形成预算软约束问题，增加地方政府举债倾向。

（2）法律因素

导致地方政府债务问题的法制原因是地方政府负债法律制度的模糊、不健全。总体上看，地方政府债务在举债、管理（包括使用与偿还）环节都处于法律制度缺失状态。

首先，法律禁止地方政府举债。《预算法》第二十八条规定："地方各级预算按照量入为出、收支平衡的原则编制，不列赤字。除法律和国务院另有规定外，地方政府不得发行地方政府债券。"我国《担保法》第八条规定："国家机关不得作为保证人，但经国务院批准为使用外国政府或者国际经济组织贷款进行转贷的除外。"对上述条款进行考察可以发现：纳入预算的收支不得编列赤字——但没有明确未纳入预算的收支是否可以编列赤字；地方政府不得发行债券——但没有明确其他举债方式是否可以运用。因此，法律本身表明：地方政府尽管无权发行债券，但可以拥有债券之外的其他举债权；地方政府尽管在预算内不能编列赤字，但在预算外仍然可以编列赤字、举借债务。这些模糊而笼统的法律规定，既造成地方政府脱离监管无序举债，也对地方政府债务的规范管理形成悖论——既然地方政府举债已然违法，又怎能将违法的债务纳入预算，使它披上合法的外衣呢？

其次，《预算法》和《担保法》对地方债务的管理存在缺陷：一是在尚有大量财政收支活动未纳入预算的情况下，由于地方政府债务生存空间不在预算之内，《预算法》对地方政府不列赤字的规定变得毫无意义。二是由于《预算法》在预算执行过程方面的规定存在缺陷，预算调整具有很大的随意性，即使在预算编制时不列赤字，但不能排除在决算时产生赤字。三是国家机关不得作为保证人的规定，在实践中并不能形成有效的约束。

（3）规制因素

规制因素包括政府政策和法律之外的各种规章制度。

首先，政策是助长地方政府负债的重要因素。1998年为应对亚洲金融危机和2008年为应对全球金融危机而实行的积极财政政策，以及在实际执行中的管理和控制不严，成为我国地方政府债务规模迅速膨胀的重要原因。例如，2009年中央银行和银监会联合发布了《关于进一步加强信贷结构调整促进国民经济平稳较快发展的指导意见》，释放出了支持地方政府组建"融资平台"，鼓励通过多种方式和多种渠道融资的信号，从而助长了地方政府债务总额的迅猛增长。

其次，不当的地方干部任命与考核制度下，地方官员对"政绩"的追求，也形成了对地方债务扩张的激励。当地方官员处于一场以任期内本地GDP增长为考核指标的"政治锦标赛"时，由于上下级政府之间的信息不对称，基层官员会以"资源密集型"工程发出有关自己政绩的信号，从而突破原有的预算。

最后，政策性银行、商业银行的诱导融资行为，使地方政府债务规模急速扩张。部分政策性银行、商业银行对地方政府相关部门机构提出的融资申请，不仅不纳入严格的审贷程序，反而以各种形式加大地方政府投融资平台或其他政府融资中介的授信权限。另外，不少国有银行对与地方政府有关的贷款，不论其信用水平和投资可行性，都会以非常简便的方式促成贷款的完成，几乎没有必要的风险控制。

3. 目前上海市政府债务的管理制度

（1）中央的做法

目前财政部统一规定要求纳入预算管理的地方政府债务主要包括国债转贷、外债转贷和中央代发地方政府债券三部分。

第一，国债转贷。财政部专门增设了"增发国债支出"预算科目，用于反映使用增发国债资金安排的支出。同时，规定增发的国债转贷，一律通过专户办理，而且在上级财政转贷给下级财政时，必须通过上下级往来科目核算。

第二，外债转贷。我国主权外债主要包括统借统还和统借自还两种。统借统还外债于 2009 年以前纳入预算管理。2000 年财政部规定，转贷给地方政府并由地方财政负责统还的外债，应统一纳入地方财政预算管理，但并未得到有效的执行。2010 年财政部规定地方财政部门承担还款责任的，贷款的收入、分配和还本付息付费全过程纳入预算管理。

第三，地方政府债券。为了应对国际金融危机的影响，自 2009 年开始，中央开始代发地方政府债券。代发的地方政府债券收入全额纳入省级财政预算管理，市、县级政府使用债券收入的，由省级财政转贷，纳入市、县级财政预算。地方政府债券收入安排的支出纳入地方各级财政预算管理。地方政府债券收支纳入地方财政预算后，要按规定报经本级人民代表大会或其常委会审查批准。同时，经国务院批准，2011～2012 年上海、浙江、广东、深圳四省市开展地方政府自行发债试点，2013 年自行发债试点范围又进一步扩大到江苏和山东。试点省市自行发债收支也参照代发债券，全部实行预算管理。

（2）地方政府的做法

地方政府债务管理模式主要包括债务计划管理和债务预算管理。

第一，债务计划管理。2006 年浙江省明确提出各级财政部门负责本级政府性债务管理，并对下级政府性债务实施监督管理；政府各部门、单位举借政府性债务的，必须按照财政部门的要求编制政府性债务项目的年度收支计划；政府性债务项目的资金来源必须报经财政部门审核，由投资审批主管部门批准立项，举债部门、单位将批准立项项目的债务编入政府性债务收支计划。各级财政部门负责审核、汇总和编制本级政府性债务收支计划，经同级政府常务会议审议批准后执行。经批准的市（含区）、县（市）政府性债务收支计划须报省财政厅备案。

第二，债务预算管理。2008 年河南省全面推开政府性债务预算编制。债务预算的编制内容主要涉及当年政府性债务整体状况、预算年度举借与偿还情况、债务收支预算、偿还资金来源预算等，通过政府性债务收入预算表、支出预算表、偿还资金来源预算总表以及明细表反映。

（3）上海的做法

目前上海地方债管理分两部分。一部分是指国家审计署 2013 年底审计核定的 5000 多亿元上海市"地方负有偿还责任的债务"。这部分债务过去由上海市及下辖各区、县政府根据各自的建设任务、融资压力、实际偿还能力等因素自行举债形成，实行各自管理、偿还，不存在上级为下级政府承诺、还债的情况。为控制债务规模与风险，上海实行债务统计数据月报制，可通过网络对小到乡镇一级的每笔债务变化进行及时跟踪；由政府确定并严格控制平台公司、土地储备公司的融资总量；建立了结余资金优先偿债的制度；相关偿债资金由财政支出来体现，纳入年度预算；上海市政府很重视对地方债务的管理，"一把手"亲自抓，严格控制债务规模，这使管理措施能够实实在在得到落实，从源头上杜绝了不计成本大搞基建所带来的风险；制度建设完善，对债务统计、债务管理流程、债前评估机制、偿债资金的相关制度设计非常完备，对债务的风险控制，也有自己的规则。

另一部分是指从 2011 年开始试点的自发行债券，是中央 4 万亿元财政政策的地方配套额度，计 126 亿元，都纳入了预算进行规范管理。作为自发行债券连续 3 年的试点，使上海在地方债管理上具有以下四点经验和优势：一是自发行使上海市能够自主选择时间窗口、扩大期限选择范围（原来最长是 7 年，现在是 10 年），从而有利于实现本市债务的时间结构调配，降低融资成本，一般比代发行会低 10~20 个基点。二是推进了上海财政信息公开。由于自发行债券要求信用评级，因此上海各级政府必须公开的信息，要比中央代发行的内容、范围都要广。三是自发行债券为上海市政府培养了一批既懂金融又懂财政的专业人才。四是自发行债券培养了上海地方债市场。上海债的发行拥有金融中心的便利，路演、评级等发行过程已完全市场化，上海债是目前地方债市场上流动性最好的债券，市场信用已经建立。一旦大量发债，上海就拥有早入市场的先发优势。

（二）地方政府债务管理面临的难题：债务总额难以明确，缺乏可持续性

1. 地方债务总额难以明确

从当前实际看，地方政府债务管理面临许多难题，其中最突出的困难在于我国地方政府性债务的总额并不明确。原因主要有两方面，一方面是长期以来我国各级地方政府及相关部门举债存在自发性和多样性，另一方面是我国至今仍未有较为成熟的地方政府债务的标准管理口径。① 再加上地方债责任主体模糊不清，地方债统计体系未有效建立，地方债债务管理相关机构对债务统计和公开缺乏积极性，有的甚至虚报数据、隐瞒真实债

① 赵全厚：《风险预警、地方政府性债务管理与财政风险监管体系催生》，《改革》2014 年第 4 期，第 61~70 页。

务情况等诸多因素，我国地方政府债务长期缺乏完整、全面的公开官方统计数据。财政部自 2004 年以来开始加强各级地方政府债务统计，但因种种原因至今没有明确公布地方政府性债务的规模与结构。而且以财政部门为主组织的地方政府性债务统计报表制度只是一种由地方政府汇总填报的非公开的债务统计，其准确性也存在疑问。① 在官方统计数据缺乏的情况下，只有一些机构如世界银行和国内外一些学者估算的我国地方债总额。但由于对我国地方债性质和范畴的理解和采用标准不同，以及估算所依据基础资料的差异，这些估算结果很不一致。②

2011 年以来，中华人民共和国审计署（以下简称审计署）对地方政府性债务进行了数次审计并公布了审计结果，给我国地方政府债务缺少全面、公开的官方统计数据的情况画上了句号。然而，审计署关于我国地方债的统计数据也存在争议。

一是审计结果的准确性受到许多尤其是来自国外的质疑。最为典型的质疑者是国际评级机构穆迪。其认为中国的地方政府债务可能比审计署的公告结果多 3.5 万亿元，达到 12 万亿元。③ 穆迪公司的算法是：从人民银行一份报告（《2010 中国区域金融运行报告》——引者注，下称《央行报告》）中推算出 2010 年末未偿付 LGFV 贷款为 14 万亿元，并根据银监会预计的 9.09 万亿元，得到这两个数据的中间值——12 万亿元。这比国家审计署预计的 8.5 万亿元高出 3.5 万亿元。穆迪公司将这 3.5 万亿元作为审计署漏报的贷款。④

---

① 赵全厚：《风险预警、地方政府性债务管理与财政风险监管体系催生》，《改革》2014 年第 4 期，第 61～70 页。

② 准确地讲，这是早先的情况。经过长期研究，当前国内学界对我国地方政府负债的概念、性质、范畴和种类等基本内容已经取得了较为一致的认识，基本上已经是在同一框架内讨论地方债问题。但是国外一些学者仍有不同的看法。

③ 刘伟：《地方债规模惹争议》，《深圳商报》2011 年 7 月 11 日，第 A12 版。

④ 袁蓉君：《穆迪中国债务报告受质疑西方高估地方债风险》，《金融时报》2011 年 7 月 9 日，第 006 版。

穆迪公司的算法存在漏洞。中金公司指出，穆迪公司误用了前述央行报告的口径，把单个最严重的地方政府融资平台负债率，作为全国的地方债负债率。因而穆迪公司的计算结果是夸大的。① 陆挺指出，对于穆迪根据《央行报告》得出的 14.4 万亿元，"我们并未从人民银行的报告中读到这一结论"。②

查找相应的《央行报告》，其原文为："调查结果表明，2010 年年末，各地区政府融资平台贷款占当地人民币各项贷款余额的比例基本不超过 30%。"③ 很明显，报告所反映的信息应该是：调查所得到的各地区政府融资平台贷款占当地人民币各项贷款余额的比例并不相同，且很少出现该比例超过 30% 的情况。如果仅采用这一比例，从而机械地按 2010 年末人民币贷款余额 47.92 万亿元测算得出融资平台贷款达到 14.4 万亿元的规模，无疑是完全错误的，是对《央行报告》内容的曲解。所以穆迪公司对审计结果的质疑并不可信。

二是审计结果与银监会、央行数据存在差距。这主要是统计口径不一致造成的。银监会和央行的数据仅是地方融资平台贷款，而审计结果则包括几乎所有类别的地方政府负债。进一步的，审计结果中的银行贷款（84679.99 亿元）与银监会数据（9.09 万亿元），以及审计结果中地方融资平台数量（6576 个融资平台公司）与央行报告数据（1 万余家④）的不同，审计署新闻发言人的说明提供了合理的解释。该发言人指出，审计结果中的融资平台公司是"由地方政府及其部门和机构、所属事业单位等

---

① 转引自刘伟《地方债规模惹争议》，《深圳商报》2011 年 7 月 11 日，第 A12 版。
② 转引自袁蓉君《穆迪中国债务报告受质疑西方高估地方债风险》，《金融时报》2011 年 7 月 9 日，第 006 版。
③ 《2010 中国区域金融运行报告》，第 7 页，中国人民银行网站，http：//www.pbc.gov.cn/publish/zhengcehuobisi/601/index.html. 2011 – 06 – 01。
④ 《2010 中国区域金融运行报告》，第 6 页，中国人民银行网站，http：//www.pbc.gov.cn/publish/zhengcehuobisi/601/index.html. 2011 – 06 – 01。

通过财政拨款或注入土地、股权等资产设立，具有政府公益性项目投融资功能，并拥有独立企业法人资格的经济实体"。[①] 其他的政府部门、事业单位乃至一些国有企业，不能被视作融资平台。可见，这两个数据的不同主要是所考察对象的定义和范畴不同造成的。

除以上争议、统计口径不同外，审计署对地方债务的认定还存在一些与学界研究不一致的地方。例如，学界研究通常国有金融机构的不良资产或呆坏账划归政府债务的范畴（如樊纲，1999；张春霖，2000；贾康、赵全厚，2000；马拴友，2001；刘尚希、赵全厚，2002；刘尚希，2005；孙涛、张晓晶，2007；沈沛龙、樊欢，2012；李扬等，2012a；李扬等，2012b；李扬等，2013），因此地方国有商业银行等国有金融机构的不良资产或呆坏账，当属于地方政府负债的范畴。而审计署虽然在债务审计中对政府需履行担保责任的或有债务和可能承担一定救助责任的其他相关债务也进行了审计，但并不完全认同学界提出的类似地方国有商业银行的不良资产或呆坏账应归入政府债务范畴这样的观点。其大致理由是金融机构是独立主体，自身应为其不良贷款、呆坏账等负债负责，政府并无明显的理由去替其承担债务。[②]

可见，时至今日，我国地方政府负债的学界研究已经十分丰富、全面，权威的官方统计也已提供了大量数据，但我国地方政府债务的总额仍难言明确，依然存在许多悬而未决的问题。这就使得地方政府债务管理面临十分棘手的困难。

2. 地方债务缺乏可持续性

除负债总额难以明确外，地方政府债务管理所面临的主要困难还在

---

① 崔鹏：《地方债数据真实可靠——审计署新闻发言人就地方政府性债务审计情况答记者问》，《人民日报》2011 年 7 月 12 日，第 010 版。

② 这一点在审计署对外宣传和审计结果公告中并无明显体现。笔者曾与许多审计署负责地方政府债务审计的主审、经审人员交流，发现这是实际进行政府债务审计的审计经手人员的普遍看法和可能做法。这样，在审计署的政府债务审计结果公告中所展现的债务数据，很可能对学界认可的这类负债很少甚至没有体现。

于，地方债务可能缺乏可持续性。这主要体现在两个方面，一是局部地区债务负担较重，且部分地方债务呈持续增长态势；二是地方政府还款资金来源有限。

（1）局部债务负担较重、部分地区债务持续增长

从审计署对我国债务审计的结果看，2010 年底，有 78 个市级和 99 个县级政府负有偿还责任债务的债务率高于 100%，分别占两级政府总数的 19.9% 和 3.56%。由于偿债能力不足，部分地方政府只能举借新债偿还旧债，截至 2010 年底，有 22 个市级政府和 20 个县级政府的借新还旧率超过 20%。还有部分地区出现了逾期债务，有 4 个市级政府和 23 个县级政府逾期债务率超过了 10%。[①]

2013 年上半年，审计署再次对 36 个地方政府本级 2011 年以来政府性债务情况进行了审计。发现截至 2012 年，仍有 10 个地区政府负有偿还责任的债务率超过 100%；如加上政府负有担保责任的债务，有 16 个地区债务率超过 100%。仍有 14 个地区政府负有偿还责任债务的偿债率超过 20%；如加上政府负有担保责任的债务，有 20 个地区偿债率超过 20%。且 36 个地方政府本级 2012 年政府负有担保责任的债务和其他相关债务的逾期债务率分别为 0.59% 和 0.75%，分别比 2010 年上升了 0.16 个和 0.48 个百分点。[②]

同时，有 11 个省本级和 13 个省会城市本级 2012 年债务规模比 2010 年有所增长，其中 4 个省本级和 8 个省会城市本级债务增长率超过 20%。有 9 个省会城市本级政府负有偿还责任的债务率超过 100%，最高的达 188.95%，如加上政府负有担保责任的债务，债务率最高的达 219.57%。有 13 个省会城市本级政府负有偿还责任债务的偿债率超过 20%，最高的达

---

① 中华人民共和国审计署：《2011 年第 35 号公告：全国地方政府性债务审计结果》。
② 中华人民共和国审计署：《2013 年第 24 号公告：36 个地方政府本级政府性债务审计结果》。

60.15%；如加上政府负有担保责任的债务，偿债率最高的达67.69%。由于偿债能力不足，一些省会城市本级只能举借新债偿还旧债，5个省会城市本级2012年政府负有偿还责任债务的借新还旧率超过20%，最高的达38.01%。14个省会城市本级政府负有偿还责任的债务已逾期181.70亿元，其中2个省会城市本级逾期债务率超过10%，最高的为16.36%。①

2013年下半年，审计署又对包括中央和地方各级（省市县乡）政府在内的全国政府性债务情况进行了审计，发现截至2012年底，有3个省级、99个市级、195个县级、3465个乡镇政府负有偿还责任债务的债务率高于100%；其中，有2个省级、31个市级、29个县级、148个乡镇级政府2012年负有偿还责任债务的借新还旧率超过20%。② 较2010年，负有偿还责任债务的债务率高于100%的各级政府，分别增加了3个省级、21个市级、96个县级政府；负有偿还责任债务的借新还旧率超过20%的各级政府，分别增加了2个省级、9个市级、9个县级政府。

（2）地方政府还款资金来源有限且不稳定

地方政府的偿债资金来源比较有限，主要表现为各地区均不同程度地依赖土地出让收入，部分地区在偿债资金上对土地出让收入的依赖较为严重。并且土地出让收入对于地方政府而言并不十分稳定，收入金额的波动较为频繁，波动幅度的变化也较大。

按照审计署对政府债务的审计结果，2010年即发现许多地方的债务偿还对土地出让收入的依赖较大。截至2010年底，地方政府负有偿还责任的债务余额中，承诺用土地出让收入作为偿债来源的债务余额为25473.51亿元，共涉及12个省级、307个市级和1131个县级政府。③ 到

---

① 中华人民共和国审计署：《2013年第24号公告：36个地方政府本级政府性债务审计结果》。
② 中华人民共和国审计署：《2013年第32号公告：全国政府性债务审计结果》。
③ 中华人民共和国审计署：《2011年第35号公告：全国地方政府性债务审计结果》。

2012 年，从对 36 个地方的政府性债务审计结果看，地方政府偿债资金来源对土地收入的依赖并未减轻。部分地方以土地出让收入为偿债来源的债务余额增长，但土地出让收入增幅下降，偿债压力加大。2012 年底，4 个省本级、17 个省会城市本级承诺以土地出让收入为偿债来源的债务余额为 7746.97 亿元，占这些地区政府负有偿还责任债务余额的 54.64%，比 2010 年增长 1183.97 亿元，占比提高 3.61 个百分点；而这些地区 2012 年土地出让收入比 2010 年减少 135.08 亿元，降低 2.83%，扣除成本性支出和按国家规定提取的各项收入后的可支配土地出让收入减少 179.56 亿元，降低 8.82%。这些地区 2012 年以土地出让收入为偿债来源的债务需偿还本息 2315.73 亿元，为当年可支配土地出让收入的 1.25 倍。[①] 而对全国的政府性债务的审计结果则表明，地方政府性债务对土地出让收入的依赖程度较 2010 年不减反增。截至 2012 年底，11 个省级政府、316 个市级政府、1396 个县级政府承诺以土地出让收入偿还的债务余额为 34865.24 亿元，占省市县三级政府负有偿还责任债务余额 93642.66 亿元的 37.23%。[②] 较 2010 年，承诺以土地出让收入偿还债务的各级政府，分别减少 1 个省级、增加 9 个市级和 265 个县级政府；承诺以土地出让收入偿还的债务余额，一共增加了 9391.73 亿元。

除对土地出让收入的严重依赖外，地方政府的偿债资金来源的有限性，还一定程度上体现为其他偿债资金来源的不稳定性。地方债务资金所投入的许多项目如城市轨道交通、水热电气等市政建设和高速公路、铁路、机场等交通运输设施建设等，大都能够形成优质资产。这类项目建设运营后能够产生持续收入流，地方政府一般会预期这些项目所产生的收入最终能够实现对投入该项目的政府债务资金的覆盖，即能够还本付息。如

---

① 中华人民共和国审计署：《2013 年第 24 号公告：36 个地方政府本级政府性债务审计结果》。

② 中华人民共和国审计署：《2013 年第 32 号公告：全国政府性债务审计结果》。

果项目资金运转顺利，那么偿债资金的来源就能够得到保证，现实中许多项目的确如此。但是，一旦项目的资金运转出现问题，项目收入大幅减少甚至消失，那么债务资金的偿还往往最终还是只能着落到地方财政上，从而凸显了地方政府偿债资金来源的有限性。

例如，截至 2010 年底，部分地区的高速公路处于建设期和运营初期，其收费收入不足以偿还债务本息，主要依靠举借新债偿还，全国高速公路的政府负有担保责任的债务和其他相关债务借新还旧率达 54.64%。① 2012 年，由于受经济增速放缓、货车流量下降、重大节日免收小型客车高速公路通行费等因素的影响，高速公路车辆通行费收入出现减收，一些地区高速公路债务偿还压力较大。有 8 个省本级通过举借新债偿还高速公路债务 453.85 亿元，其中 4 个省本级高速公路债务的借新还旧率超过 50%，3 个省本级已出现逾期债务 17.15 亿元。② 类似的例子还有政府还贷二级公路收费的取消。近年来，部分省份取消收费后，原本由公路收费承担的政府还贷二级公路的债务偿还、公路养护和建设资金等项目支出，就只能完全依靠地方财政了。

（三）政府综合财务报告对政府债务反映的完整性和准确性

1. 政府综合财务报告能有效促进地方政府债务的完整、准确反映

当前，我国正在试编政府综合财务报告。政府综合财务报告主要包括政府财务报表及其附注、政府财政经济状况、财政财务管理情况等，目标是向报告使用者提供与本级政府整体财务状况和运营情况有关的信息，反映政府受托责任履行情况。③ 一份合格的政府综合财务报告应当能够全

---

① 中华人民共和国审计署：《2011 年第 35 号公告：全国地方政府性债务审计结果》。
② 中华人民共和国审计署：《2013 年第 24 号公告：36 个地方政府本级政府性债务审计结果》。
③ 财政部：《2012 年度权责发生制政府综合财务报告试编办法》。

面、完整地反映政府财务状况和运营情况。

对于政府债务来说，政府综合财务报告中的财务报表及其附注，是反映政府债务情况的主要部分。通过财务报表及其附注，政府债务可以得到较完整和准确的反映，从而能够较好地解决前述我国地方政府债务管理所面临的难题。对于地方债务总额难以明确的问题，通过政府综合财务报告这一统一的框架体系，可以将原先各方不同理解、相互争议的地方政府债务口径协调一致，解决不同机构之间、学界与相关部门之间的分歧，使得对地方债务总额的统计在最基本的层面，如债务定义、范畴、种类等方面，能够具备较广泛的共识，从而为全面、准确、有效地反映地方政府债务总额奠定基础，促进地方政府债务的完整、准确反映。

对于地方债务缺乏可持续性的问题，政府综合财务报告同样能够对该问题的解决起到有益的促进作用。一方面，政府综合财务报告能够促进地方政府举债行为的规范。新修改的《预算法》对地方政府的举债行为做了明确的规定："经国务院批准的省、自治区、直辖市的预算中必需的建设投资的部分资金，可以在国务院确定的限额内，通过发行地方政府债券举借债务的方式筹措"；"举借的债务应当有偿还计划和稳定的偿还资金来源，只能用于公益性资本支出，不得用于经常性支出"；"除前款规定外，地方政府及其所属部门不得以任何方式举借债务"以及"除法律另有规定外，地方政府及其所属部门不得为任何单位和个人的债务以任何方式提供担保"。由于政府综合财务报告需要定时编制、公布，有利于包括同级人民代表大会在内的社会各界的监督，能够对地方政府的举债行为产生一定程度的约束，从而促进地方政府举债行为的规范。另一方面，政府综合财务报告除了反映负债外，还完整、全面地反映了地方政府掌握的资产。地方政府资产实际上是能够提供偿债资金来源的存量部分，这就为地方政府制定债务可持续发展计划、拓展偿债资金来源等提供了依据，从而能够更加有效地缓解地方政府债务偿债资金来源有限的问题。

2. 政府综合财务报告对融资平台债务的列报方法

融资平台债务是当前我国地方政府债务中颇具争议的部分。争议主要在于对融资平台债务的认定，即什么样的融资平台的债务应当被归入地方政府债务的范畴。在实际操作中，审计署和银监会的做法存在差异。例如，在 2011 年的地方政府债务审计结果中，"国家审计署统计的地方政府融资平台债务，只包括地方政府正式介入的债务，对于非正式融资担保而产生的债务则没有计算在内。因而国家审计署的统计很可能低估了地方政府融资平台的债务规模。在这方面，银监会对地方政府融资平台债务的界定相对更宽泛。其基本做法是把地方政府支持的非正式担保的项目也计算在内"。[①]

前文已述，类似这种债务认知不统一、统计口径不一致的问题，可以统一在政府综合财务报告框架下得到解决。当前，虽然也有一些探讨，但无论是学界还是实务界，对于在政府综合财务报告中列报我国地方融资平台债务的问题几乎都没有形成确定的共识。因此我们首先需要从最基本的层面出发，来分析整个问题，从而尽量使得分析能够准确、全面。

考察融资平台债务是否应当在政府综合财务报告中列报，一个自然的逻辑是先分析融资平台债务是否符合政府债务的定义。因为如果融资平台债务不符合政府负债的定义，那么自然不应在政府综合财务报告中列报，也就无须考虑列报方法的问题。如果融资平台债务中有一部分不符合政府债务的定义，那么这部分融资平台债务就不应在政府综合财务报告中列报，只需要进一步分析符合政府负债定义的部分是否应在政府综合财务报告中列报以及如何列报的问题。[②]

[①] 李扬等：《中国主权资产负债表及其风险评估（上）》，《经济研究》2012 年第 6 期。

[②] 需要说明的是，一项债务被确定为符合政府负债定义，并不自然意味着其应当在政府综合财务报告中列报，而是还需要进行相应的判断。这一点，从后文的内容中可以看出。

因此，我们先考察政府债务的定义。从当前实际来看，对政府债务的定义主要有国际和国内两个方面。

（1）国际上对政府负债的定义

由于政府综合财务报告事实上属于政府财务会计体系的范畴，因此本文首先从影响性、重要性和代表性考虑，选择国际政府财务会计体系下的，国际公共部门会计准则和美国联邦政府财务会计概念与准则的相关内容作为参照。

国际公共部门会计准则（IPSASs）体系中对负债的定义为："负债是源自过去事项的现时义务（Present Obligations），对其的清偿被预期将会导致含有经济利益或服务潜能的资源从主体流出。"① 该定义基本上可看作 IPSASs 对资产定义的逆定义。

美国联邦政府财务会计概念与准则（FFACS）体系中对负债的定义为："在某一指定事项（Specified Event）发生时，或者经要求时，联邦政府的一项在某一确定的日期（Determinable Date）向另一个主体提供资产或服务的现时义务。"② 该体系特别对定义中义务（Obligations）一词做了说明。说明指出，使用"义务"这一措辞，既不意味着对于一项负债在会计上或在财务报告中存在而言，一项预算资源的义务（Obligation of Budgetary Resources）是必需的；也不意味着对于一项预算资源负有义务而言，一项会计上或财务报告中的负债必须存在。③

可见，IPSASs 和 FFACS 对负债定义的基本内涵是一致的，都强调了负债是一种现时义务，以及与之相联系的资产（经济利益）或服务从主体的流出。但 FFACS 定义所包含的要素更多。FFACS 对债务的清偿，

---

① IFAC, *Handbook of International Public Sector Accounting Pronouncements*, 2010, p. 31.
② FASAB, *Statements of Federal Financial Accounting Concepts and Standards*（June 30, 2010），2010, p. 190.
③ 大致意思是，负债与负有义务的预算资源之间并不是绝对对应的。

特别是确定清偿的时期尤为注重。FFACS 认为负债包含两个基本特征，其中之一即为"法律，或者政府与另一个主体之间的协议或谅解，识别能够决定义务何时被清偿的条件或事件"。① 根据 FFACS，如果在报告日政府与其他主体不能达成涉及清偿的协议或谅解，从而使得政府能够不受约束地决定是否以及何时清偿义务，那么该义务就不满足负债的定义。②

除政府财务会计准则外，国际上对政府负债的定义和分类有重要影响的无疑是 Hana 的研究。Hana（1998）在其著名的财政风险矩阵中定义了四种负债。①显性负债。它是指由法律或合同确立的政府的具体义务。②隐性负债。隐性负债涉及道德义务或预期的政府责任，并不是由法律或合同确立的，而是基于公众的预期、政治压力，以及社会所理解的国家的总体作用。③直接负债。它是指在任何情况下都会出现因此是确定的义务。④或有负债。它是指由可能发生也可能不发生的离散事件所引起的义务。

可以看出，国际上对政府负债定义的一致程度较高。同时，Hana 对政府债务的分类也已经被广泛接受。

（2）国内对政府负债的定义

国内学界对政府负债的研究非常丰富，但很少对政府负债下定义。刘尚希（2005）指出，公共债务（政府债务）是一个广泛使用而又含混不清的概念。其曾经仅指国债。在中国的一些研究引入了 Hana 的财政风险矩阵后，其外延得到了扩展。但"在多数情况下，研究者更倾向于分析所谓的债务口径问题，而较少考虑公共债务的内涵和确认的标准"。

---

① FASAB. *Statements of federal financial accounting concepts and standards*（*as of June* 30 2010）. 2010. p. 191.

② FASAB. *Statements of federal financial accounting concepts and standards*（*as of June* 30 2010）. 2010. p. 192.

国内官方对政府负债下定义的也不多，目前最明确、最规范的是我国正在试编的政府综合财务报告中对政府负债的定义："负债是政府因过去交易或事项形成的现时义务，履行该义务预期会导致政府服务潜能减少或经济利益流出。"① 并且，"负债的确认不仅要符合负债的定义，还必须满足两个条件：一是与该义务有关的服务潜能很可能（概率大于50%）降低或经济利益很可能流出。二是未来降低的服务潜能或流出的经济利益能够可靠计量"。②

可以发现，无论国际国内，当前对政府负债的定义均有较高的一致性，特别是我国正在试编的政府综合财务报告对政府负债的定义已经相当贴近国际定义了。因此，可以综合国际国内对政府负债的定义，来对融资平台债务进行判断。显然，无论怎样定义地方融资平台，无论政府是否正式介入，地方融资平台的债务都满足政府负债的定义，属于政府或有负债。因为地方融资平台背后代表的是地方政府信用，当融资平台本身无法清偿其债务时，地方政府很可能需要承担相应的支付义务，从而导致经济利益或服务潜能的流出，故地方融资平台债务符合地方政府债务的定义；当融资平台本身能够清偿其债务时，就不需要地方政府来承担相应的支付义务，也就不会造成经济利益或服务潜能从地方政府流出，也就是说地方融资平台债务并不是一定会导致地方政府的服务潜能或经济利益因其而流出，故地方融资平台债务应属于地方政府或有负债。

（3）融资平台债务在政府资产负债表中的列报方法

前文已经分析，从定义角度看，地方融资平台债务确实应全部属于地方政府债务。接下来就可以进一步考察融资平台债务是否应当在政府综合财务报告中列报；如果应当列报，那么应如何列报的问题。但目前几乎没

① 财政部：《2012 年度权责发生制政府综合财务报告试编办法》。
② 财政部：《2012 年度权责发生制政府综合财务报告试编指南》。

有直接、明确阐述该问题的相关参考资料，因此需要借助间接的渠道进行考察。

考虑到地方融资平台的债务对于地方政府而言应当属于或有负债，我们可以将问题转化为考察或有负债是否应当在政府综合财务报告中列报；如果列报，应以什么样的方式列报的问题。由国际上政府财务会计对或有负债的处理方法可知，国际公共部门会计准则规定，主体不确认或有负债，但除非包含经济利益或服务潜能的资源流出的可能性是微乎其微的，否则就必须对或有负债予以披露。① 换言之，或有负债不应被纳入国际公共部门会计准则下的政府资产负债表主表，但有理由认为其应在附注中被列报。而美国联邦政府财务会计概念与准则下的政府资产负债表中一定包含或有负债。从主表中看，环境与处置负债、贷款担保负债等属于或有负债；② 从附注中看，或有事项和承诺属于或有负债。

基于上述内容，我们有理由认为或有负债应当在政府综合财务报告中反映，且将或有负债反映在政府资产负债表的附注中较为合适。因此，我国地方政府的或有负债也应当在政府综合财务报告中予以反映，且较适合在附注中反映。实际上，这也正是我国试编政府综合财务报告中使用的对政府或有负债的处理方法。

在《2012 年度权责发生制政府综合财务报告试编办法》中，第四章"政府财务报表附注"第七十四条规定："或有负债，反映政府未决诉讼或仲裁、为其他单位提供债务担保等事项预计对政府财务状况产生的影响，根据相关方面提供的情况分析列报。"这说明在试编规则下，我国政府的或有负债属于政府负债范畴且应在政府财务报表的附注中披露。在《2012 年度权责发生制政府综合财务报告试编指南》中，第三章"政府财

① IFAC. *2010Handbook of International Public Sector Accounting Pronouncements*，2010. p.561.
② 王瑶：《公共债务会计问题研究》，经济管理出版社，2009，第174页。

务报表附注的编制方法"下的"未在报表中列报但对政府财务状况有重大影响的项目"包括了或有负债的列报方法，为列举法，即逐条列报各项或有负债的金额、日期、对象、缘由等详细信息。

由以上分析可以得出结论：地方融资平台的债务属于地方政府或有负债，因此其在政府综合财务报告中的列报方法，也应当按照政府或有负债在政府综合财务报告中列报的方法进行。从实际考虑，我们认为，可以按照我国试编政府综合财务报告中将或有负债在附注中逐条列报详细信息的方法，在政府综合财务报告中列报地方融资平台债务。

3. 政府综合财务报告对地方政府债券的列报方法

与地方融资平台债务相比，关于地方政府债券在政府综合财务报告中是否列报、如何列报几乎没有什么争议。按照《2012 年度权责发生制政府综合财务报告试编办法》的规定，负债包括借入款项、应付利息、应付及预收款项、应退税款、应退非税款、应付薪酬、应付政府补助、政府债券、其他负债等。其中，应付利息反映政府借入款项和发行债券产生且尚未偿付的利息。也就是说，地方政府债券应当在政府综合财务报告中列报，并且应当同时记录发行债券的本息。同时，在政府财务报表的附注中，还应当按偿还期限分别列报政府债券项目明细信息，并列报应收利息项目的明细信息（如表 1 和表 2 所示）。

表 1　应付利息明细表

单位：万元

主体＼来源	借入款项产生	政府债券产生	合计
财　　政			
政府单位			
公益性国有企业			
合　　计			

来源：《2012 年度权责发生制政府综合财务报告试编办法》。

表 2　政府债券明细表

单位：万元

债券到期时限	1 年内（含 1 年）	1～3 年（含 3 年）	3～10 年（含 10 年）	10 年以上	总计
金额					

来源：《2012 年度权责发生制政府综合财务报告试编办法》。

按照《2012 年度权责发生制政府综合财务报告试编指南》的规定，政府债券反映政府发行且尚未兑付的各种债券年末余额，应根据公共财政决算会计报表中的"债务收入"，及财政部门记录的以本级政府名义发行且尚未兑付的债券余额填列。

其中，1 年内到期政府债券，反映将于 1 年内（含 1 年）到期的政府债券年末余额。根据财政部门记录的将于 1 年内到期且尚未兑付的政府债券余额填列。

对于尚未兑付的政府债券，应编制调整分录。

（1）根据"债务收入"数额，借记"债务收入"，贷记"政府债券"（属于 1 年内到期政府债券，贷记"政府债券——1 年内到期政府债券"）。

（2）根据部门记录的以本级政府名义发行且尚未兑付债券余额与"债务收入"的差额，借记"净资产——以前年度累积净资产"，贷记"政府债券"〔属于 1 年内（含一年）到期政府债券，贷记"政府债券——1 年内到期政府债券"〕。

此外，《2012 年度权责发生制政府综合财务报告试编指南》还指出，目前地方政府债券的主体是省级政府，省级政府转贷给下级政府的资金是省级政府的"借出款项"、下级政府的"借入款项"。因此市县政府综合财务报告暂不反映"政府债券"项目。

（四） 政府综合财务报告对加强政府债务分析的积极作用

1. 政府债务指标分析体系

目前，国际上对政府性债务负担状况尚无统一评价标准。[①] 我国审计署在政府债务审计结果公告中，参考了一些国家和国际组织的通常做法，以负债率、政府外债与 GDP 的比率、债务率、偿债率和逾期债务率等指标，对我国政府性债务负担状况进行了分析。这些指标对于分析我国政府债务风险具有较好的实际意义。

其中，负债率是指年末债务余额与当年 GDP 的比率，是衡量经济总规模对政府债务的承载能力或经济增长对政府举债依赖程度的指标。国际上通常以《马斯特里赫特条约》规定的负债率 60% 作为政府债务风险控制标准参考值。[②]

政府外债与 GDP 的比率是指年末政府外债余额与当年 GDP 的比率，是衡量经济增长对政府外债依赖程度的指标。国际通常使用的控制标准参考值为 20%。[③]

债务率是指年末债务余额与当年政府综合财力的比率，是衡量债务规模大小的指标。国际货币基金组织确定的债务率控制标准参考值为 90% ~ 150%。[④]

偿债率是指当年还本付息额与地方政府综合财力的比率，是衡量当期偿债压力的指标。[⑤]

逾期债务率是指年末逾期债务余额占年末债务余额的比重，是反映到

---

① 中华人民共和国审计署：《2013 年第 32 号公告：全国政府性债务审计结果》。
② 中华人民共和国审计署：《2013 年第 32 号公告：全国政府性债务审计结果》。
③ 中华人民共和国审计署：《2013 年第 32 号公告：全国政府性债务审计结果》。
④ 中华人民共和国审计署：《2013 年第 32 号公告：全国政府性债务审计结果》。
⑤ 中华人民共和国审计署：《2013 年第 24 号公告：36 个地方政府本级政府性债务审计结果》。

期不能偿还债务所占比重的指标。[1]

我国试编政府综合财务报告中，也提出了基于政府综合财务报告的一系列分析指标。其中许多与政府债务分析有关。具体如表 3 所示。

表 3　基于政府综合财务报告的债务分析相关指标

必须分析指标	现金比率	现金比率 = 现金和现金等价物/流动负债	反映政府利用现金和现金等价物偿还短期债务的能力。 流动负债指到期时限在 1 年内（含 1 年）的负债
	负债保障率	负债保障率 = 金融资产/流动负债	通过将短期负债和用以偿还这些负债的资金来源进行匹配，反映政府偿还短期债务的能力。金融资产包括货币资金、借出款项、应收利息、应收及预付款项、应收税款、应收非税款、对外投资等
	资产负债率	资产负债率 = 负债总额/资产总额	反映政府偿付债务本息的能力。负债比率越高，政府的财务风险越大
	负债构成比率	借入款项/负债总额 应付款项/负债总额	反映政府年末总负债的构成
		单位债务比率 = 单位负债总额/负债总额	反映政府主要债务中单位债务所占比率，进而评估政府的直接债务风险和间接债务风险
自主分析指标	利息保障率	当年利息支出（或偿债本息费用）/经营收入	反映政府偿还借款本息的能力
	现金储备比率	现金储备比率 = 现金和相当于现金的资产/年度支出总额	反映政府在完全无法获得新资金流入的极端情况下，还能正常运营的时间
	债务收入比率	年度债务收入/政府收入	反映相对于政府收入规模而言的债务负担以及政府对于债务收入的依赖程度

来源：《2012 年度权责发生制政府综合财务报告试编指南》。

2. 促进地方政府债务管理的完善

由表 3 可知，基于政府综合财务报告的一系列指标可以用来对政府债务进行相关分析。因此，通过这些指标，可以促进建立政府债务规模控

---

[1]　中华人民共和国审计署：《2013 年第 32 号公告：全国政府性债务审计结果》。

制、债务担保以及危机化解的相关机制。在目前的行政管理体制框架下，该机制应注重对地方政府进行融资的合理空间进行评价。

所谓合理的融资空间大体来说就是基于当地的社会经济发展情况（如城镇化、工业化水平、人口规模、GDP、财政收支规模与结构公共资源的禀赋及其合理利用状况等）和地方政府负债状况、偿债准备情况、信誉水平等因素，经过量化分析评估后给出一个在未来年度当地政府为开工新项目进行融资的合理规模。科学合理的融资空间评估机制能够指导和约束地方政府的再融资行为，也是中央政府赋予地方政府自主融资权"适当空间"的依据，有助于实现地方政府融资行为的可持续发展。①

显然，基于政府综合财务报告的债务分析指标，对于提供用于评估合理融资空间中的地方政府负债状况、偿债准备情况等政府债务方面的要素，具有十分直接和确切的作用。如表 3 中必需指标中的负债构成比率，自主指标中的债务收入比率等，可以反映地方政府的负债状况；而必需指标中的现金比率、负债保障率、资产负债率指标，自主指标中的利息保障率等，有的可以反映地方政府的偿债保障能力，有的可以间接反映政府的信誉水平。以这些基于政府综合财务报告的分析指标为基础，通过重视对地方政府债务融资合理空间的评估，有望形成一个较为成熟的地方政府债务控制和化解机制，从而进一步促进地方政府债务管理的完善。

3. 促进政府债务管理监管制度的建立健全

编制政府综合财务报告，还能够促进建立健全偿债准备金制度和债务风险预警控制机制，完善地方政府债务信息披露机制等，加强政府债务的内外部监管。

---

① 赵全厚：《风险预警、地方政府性债务管理与财政风险监管体系催生》，《改革》2014 年第 4 期，第 61~70 页。

（1）有助于建立健全债务风险预警控制机制

有效的地方政府性债务风险预警机制不仅体现在事后监控上，而且要注重把握事前监管。地方政府债务风险预警机制主要是基于各类与债务风险相关的数据，通过构建评估地方政府债务风险的指标体系，建立地方政府债务风险预警模型。通过对地方债务进行定性和定量分析来评估预警地方政府债务风险程度。

在这一方面，政府综合财务报告既可以提供全面完整的债务相关数据，也可以为构建评估地方政府债务风险的指标体系提供可参考的分析指标，还可以为地方政府债务风险预警模型的模拟等运作提供基础资料和背景参照，从而促进地方政府债务风险预警机制的建立和运行。

（2）可以促进偿债准备金制度的进一步完善

为缓解地方政府偿债压力，确保偿还地方债的财源，地方政府已经建立偿债准备金制度。截至 2013 年 6 月底，28 个省级、254 个市级、755 个县级政府建立了偿债准备金制度，准备金余额为 3265.50 亿元。①

偿债基金的来源可以多元化，如地方政府税收（尤其是没有财政超收部分）、上级政府的转移支付、负债融资一定比例（如 5%）的预扣、各种资源性资产性收入等。② 在政府综合财务报告中，这些来源均有体现，信息准确、完备。在政府资产负债表中应收税款、各种资源性资产等的数据十分充分，收入费用中转移支付、债务收入、税收收入等的资料也相当完善。基于政府综合财务报告中反映的这些数据资料，有助于偿债准备金制度更加合理地选择、分配和调整偿债资金的来源，从而促进偿债准备金制度的进一步完善。

---

① 中华人民共和国审计署：《2013 年第 32 号公告：全国政府性债务审计结果》。
② 赵全厚：《风险预警、地方政府性债务管理与财政风险监管体系催生》，《改革》2014 年第 4 期，第 61～70 页。

（3）健全了地方政府债务信息的披露机制

长期以来，由于种种原因，我国地方政府债务的相关信息很少对外披露，甚至很大程度上缺乏地方债务的统计信息，更不要说完善的地方政府债务信息披露机制了。近年来，随着地方政府债务越来越受到重视，央行、银监会、审计署等官方机构开始对外披露局部或全面的地方政府债务信息，地方政府债务信息缺乏披露的问题有所好转。但是，一个稳定、完善的地方债务披露机制并未建立起来，包括审计署在内的官方机构，对地方政府债务信息的披露目前都还仅是阶段性的，尚未形成持续性的披露机制。

而政府综合财务报告则可以从根本上改变这一现状。首先，政府综合财务报告对地方政府债务信息进行了准确、完整、有效的反映，具有真实性、全面性和合理性；其次，政府综合财务报告定期编制，具有持续性；最后，政府综合财务报告需要发布给社会各界使用，具有公开披露性。因此，政府综合财务报告对地方政府债务信息披露机制的健全和完善能够产生很大帮助。

四　发挥政府综合财务报告功能作用，加快
建设金融中心的思路建议

作为一项国家战略，上海国际金融中心建设即将进入了关键时期——2020 年基本建成与我国经济实力以及人民币国际地位相适应的国际金融中心。从国际经验来看，国际金融中心城市及地方政府的信用环境建设完善而且信用等级较高、具有有效的地方政府债券发行与交易市场、金融行业完备发达。

（一）促进建立政府信用评级制度

2014 年 6 月，国家财政部发布了《关于 2014 年地方政府债券自发自还试点信用评级工作的指导意见》，从"总体要求"、"择优选择信用评级机构"和"规范实施信用评级"等三个部分对地方政府债券自发自还工作相关信用评级进行了规范。根据公开媒体报道，[①] 地方政府信用评级的研究在 2013 年中已经完毕，经过相关部门几轮讨论，上升为地方政府信用评级条例，并选择合适的时机公布。而作为配套的地方政府信息披露制度也已经进入上报阶段，资产负债表在信息披露制度中占据了很大的部分。

1. 政府信用评级的内容与要求

根据 2010 年中国社会科学院金融研究所与中债资信推出的《中国地方政府信用评级模型研究》，[②] 地方政府信用等级方法评定主要包括三大

[①] 《地方政府信用评级条例将出》，参见《经济观察网》（2014 年 03 月 15 日 08：55），http：//www. eeo. com. cn/2014/0315/257676. shtml。

[②] 《中国地方政府信用评级模型》，参见中债资信评估有限责任公司网站，http：//www. chinaratings. com. cn/news/5822. html。注：该模型最新版本是 2013 年版本。

步骤：首先，通过地区经济实力、财政实力、地方治理水平三个大类指标16 个小类指标等对地方政府信用进行评价，得到一个模型指示的级别；其次，通过地区金融生态环境模型调整指示的级别，得到地方政府自身信用等级；最后，考虑到上级政府对下级政府的支持情况，最终确定地方政府的信用等级。总体来看，《中国地方政府信用评级模型研究》基于金融生态的综合评价法，使用地方经济、财政支持、政府治理、债务状况等四大类 8 小类指标对地方政府的信用水平进行评价，并对国内 30 个省份的信用水平进行了排名：2009 年地方政府信用综合评价前三名分别是上海市、广东省和北京市，而后三名是黑龙江省（第 30 名）、甘肃省（第 29名）和云南省（第 28 名）。

　　根据相关报道，① 财政部正在酝酿的地方政府信用评级，将以地方政府债务的偏离度和违约率为主线，主要包含四方面内容：偿债环境、财富创造能力、偿债来源和偿债能力。所谓偏离度，就是以地方政府的财富创造能力为基础，其偿债来源偏离财富创造能力的大小不同，偿还债务的风险也不同，以此来确定信用评级的等级。而违约率则是以历史上的政府信用违约事件的概率统计为基础，违约概率不同，信用评级的等级也会不同。偿债环境是指地方政府面对的制度环境和信用环境；而财富创造能力，从地方政府角度来说，就是地方政府的财政收入状况，以及影响财政收入的整个地区经济发展水平、税基、税率等因素，这决定了地方政府的赢利能力和可持续性。地方政府偿债来源的种类，每一种偿债来源与财富创造能力的差距，决定着偿债风险的大小。而偿债能力则由偿债来源决定。

　　总体来说，政府信用评级制度除了信用评价具体指标、内容、方法以外，还应建立相应配套的政府信息披露制度，其中必然会涉及编制资产负

---

① 参见《地方政府信用评级不能再拖了》，《领导决策信息》2014 年第 12 期。

债表、规范信息披露行为、提高信息披露透明度等。

2. 政府综合财务报告在政府信用评级制度中的地位和作用

一般的，政府综合财务报告主要包括财务报表、运行分析和政策措施三个主要内容。

区别于以赢利为目标的一般企业的财务报表，政府财务报表主要包括资产负债表和收入费用表以及相应附加说明。资产负债表可以从资产、负债以及净资产等方面比较完备地反映出政府的资产负债状况；收入费用表比照相关会计要求，从收入类细分和费用类细分把政府全部当期收入和支出进行了会计记录与反映；而相关附加说明除了解释统计标准和办法外，又进一步列举了必要的相关重大事项。

以上述政府财务报表为基础和依据，结合宏观经济状况、行业与产业运行，结合不同层级地方区域经济状况，可以对相应级别政府的财务状况、运营情况进行可靠的分析；同时，结合历史连续数据，对各级政府财政中长期可持续性进行分析和展望。

基于上述政府财务报表和运行分析，政府可以从财政财务管理上进行总结与改进，包括提出和界定财务管理的政策目标要求、建立相应管理制度与采取必要措施，并且就财务管理制度执行和措施落实效果不断进行总结改进。

由此可以看出，科学、合理的政府综合财务报告是政府信用评级制度的基础和前提。从国际实践经验来看，权责发生制政府综合财务报告可以更加全面、完整地反映政府财务状况和运营情况，从而为政府信用评级制度的建立提供严密、连续、准确、系统的数据支持和基础制度机制保障。

（二）加快建立成熟透明的地方政府债券市场

美国国际开发总署（USAID）在一份关于帮助俄罗斯、捷克、波兰、印度尼西亚、菲律宾、南非、津巴布韦等发展中国家建立市政债券市场经验的报告（Phelps，1997）中指出"缺乏信息披露比任何其他因素都更会制约市政债券市场的发展"。事实上，伴随着美国市政债券市场的发展，地方政府综合财务报告的内容也经历了很大变革。

从市政债券发展来看，尽管美国市政债市场可以追溯到 19 世纪 20 年代，但直到 20 世纪 70 年代，市场规模仍旧较小，且投资者主要为商业银行，主要原因是持有市政债在资本利得和利息收入的税收方面的优惠，但 1969 年的《税收改革法案》（Tax Reform Act）和 1982 年的《税收公平与财政责任法案》（Tax Equity and Fiscal Responsibility Act）使得银行丧失了上述税收优惠，导致银行持有比例不断下降，而个人投资者直接持有或通过共同基金间接持有市政债的比例不断上升，同时市政债券市场规模也急剧增长（Feldstein & Fabozzi，2008）。

从地方政府综合财务报告的发展来看，早在 20 世纪初期，美国就有政府会计制度改革的呼声（White，1975），当时主要是为在美国工业化、城镇化进程中防止腐败，然而尽管地方政府债券在随后的大萧条时期出现大量违约，直至 20 世纪 70 年代，政府会计制度仍未发生根本变化，Zimmerman（1977）将其归咎于会计改革带来的收益不足以覆盖改革成本。1984 年成立的政府会计准则委员会（Governmental Accounting Standards Board，GASB）发布了针对州和地方政府的公认会计准则（GAAP），并在 1999 年 GASB 34《州和地方政府基本财务报告》（Basic Financial Statements for State and Local Governments）中明确了权责发生制下的地方政府综合财务报告准则。为便于在市政债券市场融资，越来越多的州和地方政府实行 GAAP 以获得由市政财务官协会（Municipal Finance Officers Association，MFOA①）颁发的一致性认证（Certificate of

---

① 1980 年更名为 Government Finance Officers Association，GFOA。

Conformance① ）（Evans & Patton，1987）。

从上述美国市政债券市场和政府会计制度的发展历程来看，20 世纪七八十年代个人投资者逐渐占据市政债市场主导地位且市政债市场进入快速发展时期，而政府会计制度也几乎是在同一时期开始发生实质改变。决定地方政府综合财务报告披露程度的过程是一个公共选择的问题：详细的财务报告显然更容易使得投资者掌握地方政府的还款能力，进而增强债券流动性、缩小收益率的风险溢价，但进行综合财务报告也会给地方政府带来一定的经济成本和政治成本，于是财务报告的详尽程度取决于政府编制报告付出边际成本（包括经济成本和政治成本）与债券利息节约边际成本。本节试图从促进地方政府债券市场发展的角度，论述政府综合财务报告和地方政府发行债券的关系，并对我国地方政府债券信息披露给出相应的建议。

1. 政府综合财务报告与地方政府发行债券的关系

从地方政府债券收益率决定角度看，无论在微观理论（Merton，1974）还是宏观理论（Bernanke，Gertler & Gilchrist，1999）中，债券收益率风险溢价都与其发行人财务杠杆水平正相关，但是地方政府债券与一般企业债券也存在不同：巴罗－李嘉图等价定理表明在某些条件下政府通过发行债券或通过征税筹资的效果是等价的，但显然居民在有限理性的条件下会较少关心政府未来为偿还当前债务而增税的可能，因而政府选择在现期发行债券的融资效果好于在现期增税，但同时政府通过过高的债务负担进行投资会对私人部门投资产生挤出效应，从而降低居民对增长的预期并影响政府征税能力，因而政府债务负担率存在临界值。例如，Rogoff 等人通过对过去 200 年来 44 个国家 3700 多个年度数据进行分析后认为一国债务负担率（即当年政府债务余额与 GDP 的比值）高于 90% 时会对产出

---

① 1986 年更名为 Certificate of Achievement for Excellence in Financial Reporting。

产生明显的负效应（Reinhart & Rogoff, 2010）。同时，区别于一般企业，政府的盈余也并非越多越好，而是应以为居民提供公共品、提高居民效用为目的。综上所述，虽然地方政府债券收益率的决定与一般企业大致相同，一些分析企业所使用的财务指标和比率依然适用，但仍有许多地方政府财务或非财务的信息会决定地方债的收益率和流动性。

机构和个人投资者作为债券市场中政府综合财务报告的使用者，所关注的信息也不尽相同。Downs（1960）认为，比起自己得到的政府提供的公共品，居民更容易感知政府为了提供该项公共品所从自身征收的成本，基于上述假定（Chan & Rubin, 1987; Downs, 1960; Lüder, 1992）等认为，在累进税下，社会经济地位高的人作为公共品的净贡献者，更关注政府的成本（即税收和债务），而社会经济地位低的人作为公共品的净受益者，更关注政府的支出。依此类推，从地方政府债券市场的角度看，机构投资者和境外投资者会比个人投资者更关注地方政府的资产负债情况和预算执行情况，而个人投资者特别是发债地区的居民将更关注发债资金的用途。从美国市政债券市场的实证来看，由于目前市政债券的主要持有者是当地居民，而地方政府承担的公共职能与当地居民的利益紧密相关，因此个人投资者对发债资金的使用情况更为关注。同时，由于居民缺乏对专业财务报告的分析能力，因此部分地方政府也在研究、编制针对个人投资者的财务报告。

从地方政府综合财务报告涵盖的对象来看，Chan & Rubin（1987）指出财政学理论通常假设政府提供公共产品的数量是由政府为提供该公共品所需增加的专项债务或税收决定的，然而实际操作中政府支出通常由一般债务或税收覆盖，因此投资者很难从一般债务或税收中获知获得某项特定公共品的成本。上述理论解释了美国市政债券经历了从简单的一般责任债券（General Obligation）到具体项目收益支持债券（Revenue Bond）发展的原因，即由于一般责任债券是由政府征税权作为还款来源，投资者无法获知一般责任债券的投向和偿债途径，因此难以判断债券的信用风险，导致一般责任债券的流动性差于具体项目收益支持债券。同样的问题也存在于目前我国债券市场：根据中央国债登记结算有限责任公司数据，截至2014年9月，我国全部银行间及交易所未到期债券余额约44万亿元，累计成交金额24万亿元，平均换手率约为55%，而地方政府债余额为3.4万亿元，累计成交金额为759亿元，平均换手率仅为2.2%，远低于市场其他品种债券的平均水平。商业银行作为地方政府债券的主要购买者，通常选择将其持有至到期，因此目前地方政府债券二级市场流动性很低；反观城投债，截至2013年底，我国城投债数量已超过1100只，占企业债总量比例超过60%，且每日成交占全部企业债成交的比例已经超过85%，流动性已高于一般工商企业发行的企业债。目前我国地方政府债与美国的一般责任债券类似，信息披露十分有限，因此流动性较低；而我国城投债与美国的项目收益支持债券类似，募集说明书中对发债资金用途和偿债来源有较明确的披露，加上地方政府的信用背书和较高的票息收入，使得城投债成为近年来机构投资者较青睐的信用债券品种。

2. 通过编制政府综合财务报告发展地方债市场的建议

通过上文对政府综合财务报告和地方政府债券关系的论述，我们对通过编制、完善政府综合财务报告发展地方政府债券市场提出如下建议。

（1）建立成熟透明的地方政府债券市场。通过权责发生制政府综合财务报告全面地反映地方政府资产负债情况，有助于投资者判断地方政府债券的信用风险，从而提高地方政府债券的流动性，打破目前我国地方债二级市场交易冷清的尴尬局面，真正打通地方政府发债融资的渠道。

（2）通过综合财务报告合理规划债务结构。权责发生制政府综合财务报告可以全面反映地方政府的资产负债情况，有助于地方政府根据持有资产的情况合理规划发行债券的期限结构，缓解领导班子换届带来的政策连续性差问题，拉长债务期限、降低再融资风险。同时，政府综合财务报告有助于地方政府判别各地方政府部门和企事业单位特别是城投公司的负债问题，合理规划各级债务的分布结构，降低局部信用风险发生传染的可能。

（3）合理解决激励机制问题。在目前我国债券市场投资者以商业银行为主、利率市场化尚未实现、地方债评级制度不健全的背景下，地方政府债券的息票率无法完全由市场决定，因此短时间内地方政府的财务状况和信息披露情况对其发债融资成本的影响可能有限。但也可以看到，目前地方债和城投债券市场很多债券虽然评级相同、一级市场发行利率相近，但二级市场收益率相差甚远，说明投资者对发行人信用风险的判断已经体现在债券价格之中。因此，地方政府合理地规划资产负债、控制自身信用风险最终仍将有助于其节约发债成本。

（4）通过综合财务报告提高政府公信力。可以看到，美国市政债券市场 20 世纪 70 年代后的迅速扩容，是和个人投资者进入市场密不可分的。目前，我国是个高储蓄国家，但居民投资途径仍不够多元化，尤其是个人投资者进入债券市场投资限制较多。站在本地居民角度看，他们对当地政府的治理能力已经比较了解，这降低了监督成本，一旦放开个人投资者进入地方债市场，本地的居民将是地方债最大的潜在购买群体。因此，地方政府仍应考虑通过编制面向居民的财务报告，简明地反映政府的治理情况和财务情况，提高政府的公信力。

（三）继续推进银行业健康发展

从世界上主要国际金融中心看，除了其城市或地方政府信用评级制度完善且信用等级较高、地方政府债券一级市场和二级市场运行有效以外，他们的金融行业发达完备。上海与主要国际金融中心相比，在金融业构成上一个区别性特点是银行业占据主要地位。由于这种格局短时间内仍将持续，所以保证银行业健康发展（同时大力发展多层次资本市场和促进其他金融业快速发展）对国际金融中心的建设和防止区域性乃至系统性金融风险具有重要意义。

2013年4月9日，银监会下发《关于加强2013年地方政府融资平台贷款风险监管的指导意见》（以下简称《指导意见》），要求各银行按照"保在建、压重建、控新建"的基本要求控制平台贷款总量。《指导意见》明确，新增贷款应主要支持符合条件的省级融资平台、保障性住房和国家重点在建、续建项目的合理融资要求。对于现金流覆盖率低于100%或资产负债率高于80%的融资平台，各银行要确保其贷款占本行全部平台贷款的比例不高于上年水平，并采取措施逐步减少贷款发放，加大贷款清收力度。从课题组调研所取得的数据来看，上海市融资企业贷款分类情况（大小口径余额、自身现金流覆盖）和上海市融资企业分析定性结果情况（平台贷款和整改为公司类、自身现金流覆盖）来看，属于乐观可控状态。

从上海此前两年试点效果来看，权责发生制政府综合财务报告以及相应配套制度措施的制定和实施，不但可以全面、系统、连续地披露政府资产与负债、收入与费用等财务信息，尤其能够建立和形成更加透明的融资平台债务信息统计、监测与报告制度，逐步降低融资平台债务规模，与银行监管部门保持动态信息交流与合作，减少上海银行机构发生贷款违约的概率与风险，从而保证上海银行业和金融业的健康发展和良好运行。

厘清地方债务十大关系

李 猛

国际金融危机爆发以来，中国经济不但没有翻船，反而实现了其他主要经济体即便在繁荣时期也难以企及的高速增长，这堪称世界经济危机史上的重大奇迹。然而，我们之所以能创造出如此奇迹，并非源于技术进步和生产率增长速度领先于别人，而是因为我们在那时推出了别人所推不出的"强刺激"，从而以史上程度空前的基础设施建设换得了危机中的高增长奇迹。当然，天上不会掉馅饼，我们为此付出的代价也是巨大的，那就是债台高筑、产能过剩和通货膨胀的三重叠加。因此，信贷去杠杆化、结构性改革和货币政策平稳将成为未来一段时期中国宏观经济政策的"新常态"。

一 上有政策与下有对策

实际上，早在 2010 年 6 月，国务院就出台了《关于加强地方政府融资平台公司管理有关问题的通知》，要求地方政府对融资平台①进行清理规范。受此影响，地方政府性债务②的资金来源和借债主体都发生了显著的变化。一方面，由于地方政府在银行获得正规信贷的管道被收紧，地方政府性债务不得不"去银行化"。从资金来源上看，如图 1 所示，银行贷款占地方政府负有偿还责任债务的比重从 2010 年的 79.01% 下降至 2013 年的 50.76%，占三类债务合计余额③的比重从 2010 年的 91.77% 下降至 2013 年的 56.56%。另一方面，由于作为地方债举债主体的融资平台公司受到严格监

① 尽管根据《预算法》，地方政府不得在财政运行中开列赤字、提供担保，但在实际操作过程中，很多地方政府通过成立各种名目的投资公司或建设公司来搭建融资平台，从而绕开法律限制举借了大量债务。

② 值得注意的是，"地方政府性债务"与"地方政府债务"的概念常常被混淆。准确地说，前者包含但不限于后者，地方政府的或有负债和其他相关债务也属于"地方政府性债务"。

③ 国家审计署在计算"负债率"时，认为三类债务不能简单相加，因而根据往年财政资金实际偿还或有负债的比率（2013 年的审计结果中确定负有担保责任的债务比率为 19.13%，可能承担一定救助责任的债务比率为 14.64%）加权汇总。我们认为，这样的计算方法可能过于乐观，更加审慎的做法应该是将三类债务直接加总。

管，地方政府性债务不得不"去平台化"。从举债主体看，融资平台公司占地方政府负有偿还责任债务的比重从 2010 年的 46.75% 下降至 2013 年的 37.44%，占三类债务合计余额的比重从 2010 年的 46.38% 下降至 2013 年的 38.96%。不难看出，地方政府性债务的资金来源和举债主体均发生了较大的变化。这其中，负有直接偿还责任的地方政府债务变化最大。然而，正所谓上有政策、下有对策，地方政府行为的变化具有表面性。严格地说，无论是"去银行化"还是"去平台化"，都还主要停留在表面文章上。

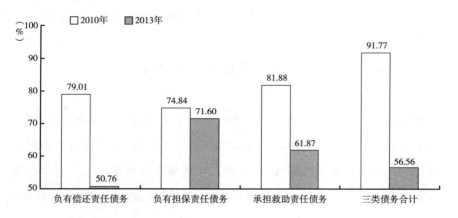

图 1　银行贷款占地方政府性债务资金来源的比重

资料来源：中华人民共和国审计署 2011 年《全国地方政府性债务审计结果》和 2013 年《全国政府性债务审计结果》。

究其原因，地方政府通过"两手抓"的办法解构了中央的治理整顿，继续举债，并不断扩大规模。

地方政府的"一手"是抓资金来源，即通过影子银行①来筹资。对于地方政府的举债诉求，商业银行用信托融资、BT（建设移交）等办法极力配合：从可行性上看，目前纳入中央监管范围的主要是商业银行的常规

---

① 影子银行主要涉及借贷关系和银行的表外业务。包括委托贷款公司、小额贷款公司、财务公司、担保公司、租赁公司、典当行以及一些提供变相举债融资的单位。在地方债务的语境下，BT、垫付工资和违规集资等变相举债融资也被包含在内。

信贷，或者说表内资金借贷，而商业银行可以通过理财产品、信托投资等方式向地方政府提供表外资金借贷；从收益上看，相较于银行贷款而言，表外融资回报率更高，向地方政府提供信托类产品的做法显然是有利可图的；从风险上看，商业银行倾向于认为，在单一制而非联邦制的政治框架下，中央政府在关键时刻对消除区域性、局部性偿债危机不会坐视不管、置之不理、见死不救。① 最终体现在资金来源上的就是，影子银行为地方政府提供的贷款余额突飞猛进：其在 2013 年占负有偿还责任债务的比重已达 35.48%，② 占三类债务合计余额的比重已达 29.55%，而值得注意的是，这两个指标在 2010 年还只有 13.77%③和 9.75%（见图 2）。不难发现，地方政府通过影子银行筹资，实质是披了一件信托投资的外衣，将表内融资改为表外融资而已。从根本上说，地方政府依然通过银行进行筹资，仅仅实现了表面上的"去银行化"。

地方政府的"另一手"是抓举债主体，即通过属下的地方国有企业"曲线救国"。具体而言，在举债时，地方政府授意属下的国有企业向商业银行申请贷款并提供资产负债表，而融资平台公司则提供相应的质押或抵押物，国有企业获得贷款后，通过相关公司之间走账的形式，将资金打给融资平台公司；在还债时，融资平台公司再按照资金进账时的相关路数，将资金辗转打回给贷款企业。当然，除此之外，地方政府还有更加"野路子"的做法：那些获得银行贷款的国有企业不通过划账等形式将资金辗转

---

① 地方政府性债务问题的形成、演变规律通常是：地方政府开发土地招商引资，债务积累到一定程度就变为银行的不良资产，于是中央治理整顿、出资剥离银行不良资产，宏观经济应声趋冷，尔后为了"放开、搞活"，中央再推出新一轮的经济刺激方案，从而地方政府进入新一轮的扩张和债务循环。

② 此处的计算口径是中华人民共和国审计署 2013 年《全国政府性债务审计结果》中的"BT"、"应付未付款项"、"信托融资"、"其他单位和个人借款"、"垫资施工、延期付款"、"融资租赁"和"集资"。

③ 此处的计算口径是国家审计署 2011 年《全国地方政府性债务审计结果》中的"其他单位和个人借款"。

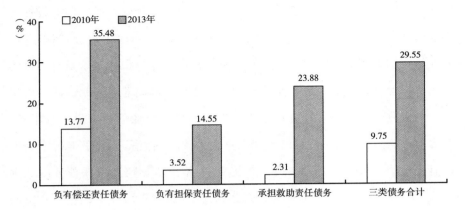

图 2 影子银行占地方政府性债务资金来源的比重

资料来源：国家审计署 2011 年《全国地方政府性债务审计结果》和 2013 年《全国政府性债务审计结果》。

打给融资平台公司，而是单独开设一个账户，交由融资平台公司直接使用。最终体现在举债主体上的就是，国有企业如今已然成为仅次于融资平台公司、政府机构的大户：2013 年，国有独资或控股企业举债余额占地方政府负有偿还责任债务的比重达到 10.62%，占三类债务合计余额的比重达到 17.53%（见图 3）。与此同时，融资平台公司所占份额在 2013 年分别比 2010 年下降 8.94 个百分点和 17.53 个百分点。不难发现，地方政府从融资平台转向国有企业，初看起来似乎更加市场化，但背后的实质没有改变。从根本上说，地方政府依然通过平台进行筹资，仅仅实现了表面上的"去平台化"。

政府间的纵向互动并非中国特有的现象。即便在联邦制国家，政府间互动亦十分频繁。① 当然，中国地方政府与中央政府之间互动博弈的范围之广、形式之多、程度之深，足以令世人称奇。以行政话语为例：长期以

---

① 比如，美国的烟草税、汽油税上就存在着政府间的纵向互动：1983 年初，美国联邦政府的烟草税率从原先的每包 8 美分增加到每包 16 美分，汽油税率从每加仑 4 美分增加到每加仑 9 美分。随后，那些被挤占了税收额度的州政府纷纷出台政策、提高税率。其中，康涅狄格州将烟草税率提高到每包 36.5 美分，佛罗里达州将汽油税率提高到每加仑 20.8 美分。

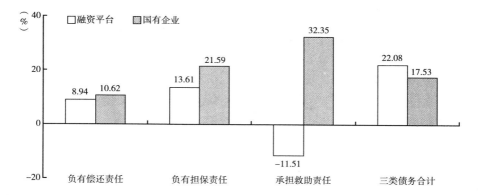

图 3　融资平台与国有企业在地方政府性债务资金中所占份额的变化

资料来源：中华人民共和国审计署 2011 年《全国地方政府性债务审计结果》和 2013 年《全国政府性债务审计结果》。

来，在中央（上级）政府下发的文件中，"令行禁不止"问题非常突出，以至于"三令五申"成为一个在官员讲话和媒体报道中使用频率颇高的词语。① 从政治实践来看，"令行禁不止"问题的根本原因仍在于政府间关系中缺乏明确的法定分权与合理的利益配置，于是中央（上级）政府不得不用软弱无力的禁令规范各种非法的分权和利益分割（张锡恩，2012）。在政策执行过程中，中国地方政府的"创造性"表现得淋漓尽致：一是政策敷衍，将贯彻执行停留在一般性的宣传号召层面之上②；二是政策选择，把对自己不利的政策规定束之高阁、不予执行，而把政策中对自己有利的部分大肆执行、用足用活；三是政策附加，在"规定动作"以外自说自话地附加一些不合理、不恰当的"自选动作"和"小动作"；四是政策替代，用"土政策"替代原政策；五是政策截留，故意隐瞒利益相关方，令其不了解、不知道该政策。

---

① 比如，中央（上级）有关部门三令五申地禁止"跑官要官"、"买官卖官"、"拉票贿选"、"任人唯亲"、"滥用职权"、"玩忽职守"、"公车私用"、"公款吃喝"、"形象工程"、"乱收费"和"乱摊派"等。

② 比如以红头文件落实红头文件、以会议落实会议。

二 被动举债与主动举债

是何因素使得地方政府敢于冒天下之大不韪，让政令出不了中南海？实际上，地方政府对中央治理整顿的解构，既有被动的因，也有主动的源。从发展历程上看，地方政府性债务的膨胀过程分为两个阶段：一是"十五"规划以前，地方政府的举债特点是以被动为主，即为了弥补财政赤字、缓解财政困境而举债，这一阶段在各个国家具有一定程度的共性；二是"十一五"规划以来，地方政府的举债特点以主动为主，即为了加强城市建设和基础设施投资、加快城市化发展而举债，这一阶段带有明显的中国特色。

对于地方政府的被动举债，当前的财政体制难辞其咎。首先，从中央与地方之间的财政关系看，中央政府拿了较多的本级收入，而仅支出了较少的本级项目。以 2013 年为例，在总额为 129142.9 亿元的全国财政收入中，中央本级财政收入占比 46.59%，地方占比 53.41%，而在总额为 139744.26 亿元的全国财政支出中，中央本级财政支出占比 14.65%，地方占比 85.35%。① 如果用本级支出比重作为分权的衡量标准，那么中国显然是当今世界上最为分权的国家之一，地方政府负责提供教育、医疗、养老、失业保险、最低收入保障、伤残人员保障、保障性住房、基础设施维护等绝大多数公共品。其次，从地方与地方之间财政关系看，不彻底的分税制改革使得财政压力层层下压。1994 年实施分税制改革的阶段性成果，仅仅是一种过渡性、双轨制的制度框架，其特征不仅表现为中央与地方之间财权事权不匹配（即中央集中了较多的财权但较少的事权），也表

---

① 数据来源于《关于 2013 年中央和地方预算执行情况与 2014 年中央和地方预算草案的报告》。

现在省以下财政关系仍然具有分成制和包干制痕迹（即省级以下政府间的财政关系是依据行政权力来调整而不是依据法律法规来划分），讨价还价色彩十分浓厚。在"向上负责"的行政体制下，财权、财力层层上收，事权、支出责任层层下放。这种带有过渡性、双轨制特征的制度框架的负面后果在政府性债务审计结果中显露无遗：一是市、县两级政府承担了主要的地方政府性债务。比如，市级政府占地方政府负有偿还责任债务的比重在2013年达到44.49%，县级政府占比达到36.35%。二是市与县政府间财政压力也呈现出向下传递趋势。比如，2013年市级政府占地方政府负有偿还责任债务的比重比2010年下降3.88%，县级政府占比上升3.66%。市级政府与县级政府在地方政府性质债务资金中所占份额的变化见图4。

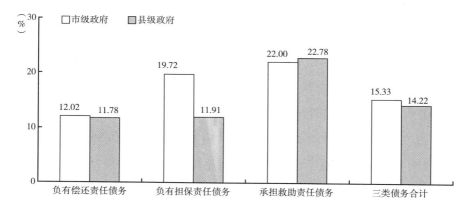

图4　市级政府与县级政府在地方政府性债务资金中所占份额的变化

资料来源：中华人民共和国审计署2011年《全国地方政府性债务审计结果》和2013年《全国政府性债务审计结果》。

对于地方政府的主动举债，官员政绩评定取向不容忽视。古往今来，中国的官员们都处于金字塔结构之中。毫无疑问，他们时刻关心着自己在官场中的机遇，并为此而展开竞争。即使在改革开放之前，中国的地方官员们相互间也存在着政治晋升的锦标赛。彼时，各个地方曾竞相就粮食产量放卫星，那也正是政治晋升锦标赛的一种典型表现。我们认为，官员的政治晋升锦标赛本身是中性的，关键在于政绩评定取向：好的导向可以对地方的经济、社会发展起到推动作用，而坏的导向可能起到阻碍作用。改革开放后，官员之间的晋升锦标赛并未消失，变化的只是政绩评定取向：由过去的"政治挂帅"转变为"经济挂帅"，由过去的"阶级斗争"转变为"发展经济"。政绩评定取向变化为"以经济建设为中心"和"发展是硬道理"具有历史合理性。在诸多政绩指标中，绿水青山、立党为公、执政为民、廉洁奉公等指标是隐性的，难以量化，而 GDP、经济增长、财政收入等指标是显性的，容易量化。因而，一些地方，注重看得见摸得着的见效快的"显绩"，不敢直面并破解发展中的矛盾、难题和问题的"潜绩"。"以经济建设为中心"被异化成了"以 GDP 为中心"，"发展是硬道理"被异化成了"增长是硬道理"，以 GDP 论英雄、排名次，把提高 GDP 增长率作为政策规划、制度设计、工作安排的出发点和落脚点，形成了单纯以经济增长评定政绩的偏向。这一政绩偏向可以在中央与地方设定的 GDP 增长目标中找到印证：从横向上看，中央政府"十二五"规划设定的 GDP 年均增长预期指标为 7%，但全国 31 个省（区、市）政府"十二五"设定的 GDP 年均增长预期目标平均值接近 10.5%；从纵向上看，"十二五"规划与"十一五"规划相比，地方与中央 GDP 预期增长目标的差距进一步扩大。这也就意味着，中央所倡导的科学发展观，并未从根本上改变地方政府的政绩偏向（李扬等，2013）。

在一些地方官员看来，要获得升迁渠道和名望，就离不开发展经济、搞工程。当然，要创造政绩，就必须具备雄厚的资金实力，有支持基础设施建设的先期垫付资本。在地方财力有限的情况下，具备超强的融资能力，在事实上竟然变成了检验地方官员施政能力的一个重要标尺，变成了政绩考核的隐形风向标。在此情形下，大规模主动举债就逐渐异化为一些地方官员的"主业"。当然，除了充分条件，地方官员们还具备了主动举债的必要条件，那就是可以轻松推卸责任。由于可以轻松地推卸责任，一些地方官员形成了"虱多不咬，债多不愁"的病态心理：任期内债务可以推卸到中央与地方分权体制身上，可以推卸到"保增长"和"稳增长"等宏观经济调控方针身上，可以推卸到有"大手笔"意识的上级领导身上，可以推卸到继任者身上，甚至还可以推卸到动迁"钉子户"身上——因为他们"加大了动迁成本"。

三　本级财政收入与可支配财力

本级财政收入比重过低的因，就必然地带来地方债务迅速膨胀的果？抑或，治理地方政府性债务问题，就必然地要取中央本级收入的"长"来补地方本级收入的"短"？要厘清这一问题，就需要区分地方财政的本级收入与可支配财力。与本级支出比较起来，地方财政本级收入显然是过低的，这是个不争的事实。而形成目前这种收不抵支格局的直接原因，恰恰是分税制改革——它不是按照全口径的预算管理方针，而是按照收入种类来划分中央与地方政府之间的收入。当初，分税制改革的设计理念之一，就是确保中央政府分享的税收总额占全国税收收入的比重不低于五成，而将非税收入主要留给地方政府。客观地看，这样的理念，即便在未来的全面深化改革过程中，依然有其卓越价值。比如，在金融领域要提高效率和独立性，就需要使得原本内含在金融系统的准财政功能逐渐地回归到财政系统。再如，随着改革的深入推进，那些现存大型国有企业的重组、关闭以及改制都需要财政资金支持。这些问题都意味着，中央政府应当具备建立在财政基础上的强大宏观调控能力，以此推动经济发展方式转变、建立市场经济体制、维护社会稳定和谐。

地方政府本级收入过少，并非意味着其可支配财力不足。从实际情况看，地方可支配财力规模并不小。地方政府可支配财力与本级收入的主要缺口，体现在中央对地方转移支付上，也体现在地方政府性基金收入上。以 2013 年为例，中央对地方税收返还和转移支付数额占全国财政收入比重达到 37.20%，这保障了 40.28% 的地方财政支出。值得注意的是，有一种流行观点认为中央的转移支付已经规定了使用方向，甚至确定了项目，因而不应计入地方政府可支配财力。对此，笔者并不赞同。首先，中央对地方的转移支付包括一般性转移支付和专项转移支付两种，前者的比重高于后者。

以 2013 年为例，在中央对地方转移支付数额中，一般性转移支付占 56.71%，专项转移支付占 43.29%。其次，中央专项转移支付资金往往限定于各类事关民生的领域，而这些领域本就归属于地方的支出责任范围。当然，专项转移支付项目较为繁杂，资金较为分散，配套较为烦琐。尽管中央政府收上来的相当一部分钱只是经中央财政过了一下手，然后通过转移支付、专项拨款等形式返还给地方政府，但由于税收返还和转移支付的方式不够透明以及缺少法律法规，一些地方需要"求爷爷、告奶奶"才能实现"跑部钱进"。这扭曲了地方财政预期，进而导致土地和金融市场的扭曲，并且加剧了失衡。

规模庞大的政府性基金收入，也是地方财政可支配财力的重要组成部分。以 2013 年为例，全国政府性基金收入 52238.61 亿元，相当于全国财政收入的 40.45%。这其中，绝大部分归地方政府所有：地方政府性基金本级收入占全国比重为 91.90%，加上中央政府性基金对地方转移支付的部分，地方政府性基金实际总收入占全国比重达 94.77%，相当于全国财政收入的 38.34%。在地方政府性基金收入中，国有土地使用权出让收入相当高，在 2013 年达到 41249.52 亿元，相当于全国财政收入的 31.94%。在中央"确保税收集中率、放弃非税收入"的分税制理念下，土地出让等巨额的非税收入给地方政府带来了切实的好处，使其充分掌握了本地经济发展的收益权，并有机动财力应对城镇化挑战。总而言之，尽管地方财政本级收入过少，但其可支配财力并不少。当然，我们也应注意到，固化僵化的财政支出结构，在某种程度上肢解了地方财政的可支配财力，增加了政府统筹安排财力的难度。当前，中国与 GDP 或财政收支增幅挂钩的重点财政支出有七种之多。其中，科技、农业、教育是由相关法律规定的挂钩支出，社保、文化、计划生育和医疗卫生是国家中长期规划和中央政策性文件规定的挂钩支出。以 2012 年为例，这七种支出占全国财政支出比重的 48%（楼继伟，2013）。财政支出挂钩机制不但制约了地方可支配财力，而且导致部分领域出现了财政资金投入上的"钱等项目"和"敞口花钱"等诸多负面问题。

四 分钱制与分税制

既然口袋里钱的总数并不少，为何地方政府又要被动地去举债？答曰：地方政府"亲力亲为"组织的收入比重并不高。以 2013 年为例，在地方政府总收入中，由本级财政收入、政府性基金本级收入和国有资本经营收入等征收的比重为 70.38%，其余都须向中央去讨要（或曰"跑部钱进"），盼望着中央对地方税收返还和转移支付。也就是说，地方政府当前对中央政府存在着财政依赖，这是财政失衡的一种体现。如果地方财政支出长久地、体制性地依赖于中央财政，得不到有效缓解，那么地方政府将逐渐沦落为一个不负责任的行为主体，其行为将更趋短期化，其财政将沦为"打酱油财政"，即给它什么钱就办什么事，给它多少钱就办多少事。

当前财政失衡问题因何而生？值得玩味的是，它直接来源于 1994 年分税制改革，而分税制改革目标恰恰是为了解决另一种财政失衡问题。回顾新中国财政改革史，从"统收统支"到"分灶吃饭"的包干制，再到分税制，历次改革无不是以解决财政失衡为改革导向，它们的差别在于改革路径，即分钱还是分税。分税制改革之所以被冠名为分税制，恰恰是针对此前的以统收统支和大包干为代表的分钱制所形成的积弊。在分税制改革前夕，中国面临着前所未有的弱政府、弱中央状态：全国财政收入占国内生产总值的比重逐年下降，财政收入占全国财政收入的比重也逐年下降。面对财政困境，中央政府只好不断地把手伸向地方政府（或曰借钱）。换言之，中央政府那时对地方政府也存在着财政依赖。以至于彼时甚至有观点提出：南斯拉夫联邦解体的致命因素，正是中央汲取财政能力不断下降，而纵观世界，唯有中国和南斯拉夫两个国家超越了分权的底线（胡鞍钢，1996）；当前最不该做的事情就是削弱中央宏观管理、强化地方分权，这种危险在中国目前的改革中不是不存在，因此要汲取南斯拉夫经验（楼继伟，1986）。果不其然，分税制改革立竿见影地把中央财政收入占全国财政收入的比重从 1993 年的 22.02% 陡然抬升到 1994 年的 55.70%，并长时间维持在五成上下。分税制改革挽救了岌岌可危的中央财政，破解了中央财政过度依赖于地方的问题，开启了新的中央集权时代，奠定了此后中央与地方财政关系格局。当然，"是药三分毒"，它又制造了如今的新问题：地方财政过度依赖中央的新失衡。分税制改革本意是要将原先缺乏统一规则（中央与各省单独谈判）的旧模式转变为具有统一规则的新模式。奈何它只树立了明确的财权划分规则，而未能构建清晰的事权划分规则。在事权责任划分重叠和模糊的情况下，中国财政失衡问题随着财权、财力的上收而急转直下，地方政府在事实上承担了越来越多的支出责任，不得不依赖于中央财政转移支付。上行下效，省级以下政府也把财政失衡问题向下层层传递。

那么，解决当前财政失衡问题的钥匙是重回分钱制吗？本文认为，中国的财政体制现状距离真正的分税制还很遥远。即便在中央与省级政府层面，依然有着分钱制的烙印。否则，按照分税制的核心理念——财权与事权相匹配，中央对省级的转移支付，就失去了法理上的基础。事实上，中国财政体制在近年来已然从分税制向分钱制回归。比如，在 2007 年中共十七大报告中，"财权"被改为"财力"，"财权与事权相匹配"也就被修正为"财力与事权相匹配"。由于财力属于钱的范畴，而事权属于权的范畴，两者不在同一个层面，因而难以有效匹配。在 2011 年《中华人民共和国预算法》（以下简称《预算法》）修订后，"事权"被改为"支出责任"，财权与事权相匹配也就被进一步修正为"财力与支出责任相匹配"。很显然，支出责任属于钱的范畴。这样一来，中国财政体制就从分税制改革所倡导的权的范畴上相互匹配回归到钱的范畴上相互匹配，而钱的范畴恰恰是分钱制的灵魂所在。对于这种回归之举，有观点认为根源在于财权和事权始终未能清晰界定（高培勇，2013）。本文认为，即便真的厘清了财权与事权，地方政府也未见得能够摆脱财政困境。从横向上看，中国是典型的大陆型经济体，地区之间要素禀赋差异大，区域经济发展异质程度高。一些地方政府即便拥有了清晰的财权，哪怕连同增值税这种大税种的征收、分配权也完全据为己有，但由于缺乏工商活动也无法获得与财权相应的财税收入。从纵向上看，中国政府的财源结构呈现"倒金字塔"式。"高端、大气、上档次"企业往往集中在大城市和特大城市，鲜有分布在小城市、小县城的情形。因此，分税制改革的结果是将"肉"（大税种）交给了发达地区政府，而仅留下"汤"（小税种）给欠发达地区政府。省级以下政府之间越向下按照税种划分收入就越少，到了县乡政府恐怕就只有"舔盘子"的份儿了。可见，当前的财政体制实质上依然是分钱制，只不过这是一种改良了的分钱制。总而言之，如果重回分钱制，那么财政体制又将陷入过去那种摇摆不定的局面；如果"一竿子插到底"地推进分税制，那么，欠发达地区和基层地区又将陷入无税可分的窘境。在分钱与分税之间寻求平衡，是破解地方财政失衡问题的必由之路。

五 事权、支出责任上收与财权、财力下放

如何消除地方政府性债务被动膨胀的因，让中国财政走向再平衡之路？其中的关键，就在于化解地方财政过度依赖中央的问题。那么，破解财政失衡难题的最优目标是中央与地方彼此互不依赖吗？实际上，这既无可能，也无必要。从可能性上看，未来要设计出一个新的地方自主财源，使其恰好与各省份从中央接收到的税收返还以及转移支付数额相吻合、与各省份财力缺口相匹配，这无疑属于小概率事件，就如同物理学上所讲的无摩擦状态一般。从必要性上看，随着经济发展水平的提高，以及随之而来的公民权利意识觉醒，中国发展的不平衡、不协调、不可持续问题将变得越来越尖锐。具体表现为跨区域的环境污染和生态退化，公共服务滞后且均等化程度较低，教育、医疗、社保、食品药品质量安全问题突出，收入分配差距扩大，等等。这就要求中央应当保持适当的财政再分配能力。那么，最优的地方对中央财政依赖程度究竟应该是多少？本文认为，其答案就在于国家治理体系与治理能力现代化。国家治理体系和治理能力现代化是一个国家的制度和制度执行能力的集中体现，属于典型的国家层面的公共品。因此，在推进国家治理体系和治理能力现代化进程中，设定的目标越高，相应的财政依赖程度就应该越高。也就是说，中国最优的地方对中央财政的依赖程度，取决于构建国家治理体系与提升治理能力的目标。而这将是未来理论研究与政策设计的关键点。

调整地方财政对中央财政的依赖程度，归根结底就是要建立事权、财权、财力和支出责任相适应的制度，优化中央与地方在权和钱两个范畴上的总体格局。2013 年，中共十八届三中全会《决定》提出：适度加强中央事权和支出责任，国防、外交、国家安全、关系全国统一市场规则和管

理等作为中央事权；部分社会保障、跨区域重大项目建设维护等作为中央和地方共同事权，逐步理顺事权关系；区域性公共服务作为地方事权。可见，理顺中央与地方事权与支出责任的改革大方向是明确的，下一步细化、具体方案设计显得尤为关键。首先，进一步明确中央事权与支出责任。应按照"法无授权不可为，法无禁止即可为，法定职责必须为"来规范政府和市场的边界。在此前提下，划定中央与地方的具体事权项目，尤其是那些由中央与地方共同承担的农业、交通、水利、教育等项目，以此打破地方政府的支出责任总体上模糊，但在具体场合又不断强化的现象（贾康，2013）。关于中央与地方之间事权项目的划分，要按照外部性程度和信息不对称程度这两个标准来进行：如果外部性较大，信息不对称程度较低，那么相应的事权和支出责任由中央承担，反之则由地方承担。比如，涉及国家安全的国际界河保护、跨流域大江大河治理和环境保护、涉及市场统一公正的跨区域司法管理、跨区域基础设施、跨区域警务支出、流动人口子女义务教育、食品药品监管以及基础养老金、社会保障等具有全局性和普遍性的项目可考虑划归中央事权范围。其次，进一步落实中央的履约责任。地方政府以往承担的一些支出责任，并非事权使然，而是经过中央默许的越俎代庖之举。比如，中央政府对一些支出责任履行不到位，地方政府不得不来承担；对一些事权承担了支出责任，但往往要求地方政府配套。因此，中央政府要勇敢地站出来，尽可能地把应该履行的责任承担起来。

尽管中共十八届三中全会《决定》强调事权、支出责任的上收，强调中央和地方财力格局稳定，但必须认识到，完整的财政体制改革也必然离不开财权、财力的下移。一些跨国研究表明，发展中国家通过财政转移支付为支出责任下放提供资金保障的做法，往往会诱导下级政府的支出和债务双扩张，甚至动摇宏观经济稳定（Rodden，2002）。与本地自有税源相比，上级转移支付资金更可能被下级政府挪作他用，而非增加公共服务

(Triesman，2002)，只有支出责任和财力同时下放，使得下级政府变成一个负责任的行为主体时，政府效率才能得到根本改进（Careaga and Weingast，2003）。在我国过去的财政转移支付实践中，就曾出现典型的两难困境：一般性转移支付由于具有较大自主性，容易被地方政府用于吃饭财政和人头费开支；专项转移支付由于信息不对称，有时不能给目标群体带来切实好处，显得不够接地气。究其原因，由于中央财政转移支付资金并非地方自有、固有收入，因此地方政府容易把这笔资金看成廉价资金，产生"不用白不用"的错觉。这种现象也被称为"粘蝇纸效应"（Flypaper Effect），即中央财政转移支付资金的使用效率，无法与地方政府直接收入相提并论。

营业税改增值税后，财政体制改革的首要问题就是弥合地方政府财力缺口，建立地方税主体新税种。从规模上看，地方税主体新税种至少应达到此前所征收的营业税规模，即万亿元级别以上。照此看来，房产税不具备构成地方税主体税种的潜力，而消费税由于税源稳定、丰富、具有较强增长潜力，可担此大任。将消费税与营业税置换，可以解决地方税主体税种缺失问题。当然，在将消费税划归地方的同时，还要对其扩围。以 2013 年为例，国内消费税达到 8230.27 亿元，即便完全划归地方，也不足以对冲由营改增带来的地方财力亏空。应当注意到，当前的税收调节在一些严重污染环境、过度消耗资源的产品及部分奢侈消费品上处于缺位状态：在污染方面，电池、白炽灯、化学农药、洗涤用品、塑料袋包装物等污染性产品未被纳入征收范围；在资源方面，征收项目主要限于成品油，而煤炭、天然气和电力也未被纳入征收范围；在奢侈品方面，高档夜总会、高级会所、高档餐饮、高档服饰、高档箱包、高档皮草、高档家具、私人飞机等亦未被纳入征收范围。当然，一些征税项目也要进行退出式调整。比如，普通化妆品的使用已成普遍，可以考虑退出消费税征收范围。在将消费税划归地方的同时，还要调整其征收环节——将其从生产环节调整到零售环节。以往在生产环节征收消费税，突出问题就在于税源分布不均，比如烟和酒主要分布于某些特定省份。将消费税改在零售环节征收，税源将趋于均匀。并且在消费税划归地方的同时，将消费税改在零售环节征收还可以防止地区间产业链的异动。

六 建设性债务与消费性债务

值得注意的是，当前对中国地方债务持乐观态度者的理由之一，是建立在债务性质基础上，即中国地方债务更多地表现出建设性特征。然而笔者认为，对此问题，我们应有辩证的眼光。实际上，当前中国地方债务既呈现出建设性特征，又表现出消费性倾向。建设性债务主要涉及国内与国外的横向比较：与欧美国家相比，我们通过举债所获得的资金，更多地被用于基础设施等投资，这些资金进一步形成了实物资产。消费性债务主要涉及当前与过去的纵向比较：与过去的中国相比，我们如今通过举债所获得的资金，更多地被用于提高社会福利或增加其他公共服务开支，这些资金被消耗掉了。建设性债务与消费性债务的形成基础不同，故而偿还逻辑迥异：前者可以依靠实物资产的运作收入予以清偿，不直接涉及财政的盈亏问题；后者只能通过持续不断的"借新还旧"予以暂时性缓解，结果往往是债务雪球越滚越大。

国际金融危机的爆发，给了中国地方政府更加深度介入经济建设的理由。根据《中国统计年鉴》，地方项目在 2007 年全社会固定资产投资总额中所占的份额达到 88.79%，到了 2013 年则进一步提升至 94.34%。当然，即便在危机爆发之前，地方政府的建设冲动也是令人印象深刻的。关于这一点，可以从国际货币基金组织《政府财政统计年鉴（2008）》中得到证实。根据该年鉴，美国、日本、德国、法国、意大利、新加坡、韩国、泰国、印度尼西亚（以下简称印尼）①、白俄罗斯、乌克兰、波兰、罗马尼亚、保加利亚和立陶宛等三类典型国家在 2007 年财政支出中用于

---

① 考虑到数据的可获得性，此处的韩国、泰国、印尼数据值为中央财政经济事务支出比重，而非全国财政支出比重。

"经济事务"（Economic Affairs）的比重分别为 9.98%、10.55%、7.23%、5.36%、10.23%、9.81%、17.63%、24.19%、6.23%、23.22%、13.54%、10.15%、19.36%、12.50% 和 11.65%（见图5）。让这些国家"相形见绌"的是，中国财政经济事务支出占比高达 45.17%，远远超过该年鉴中所有可获得数据的发达国家、转轨国家以及具有政府主导传统的东亚国家。更进一步看，中国中央财政的经济事务支出比重为 43.00%，低于全国财政比重，由此可以推断出地方政府的建设冲动比中央政府更甚。在财政"收不抵支"的总体格局下，地方政府通过大量的制度外融资方案来支撑其雄心勃勃的经济建设计划，由此形成的债务也就自然而然地具备了建设性内核。关于地方债务的建设性特征，可从《全国政府性债务审计结果》上窥得一斑：在 2013 年地方政府负有偿还责任、负有担保责任和可能承担一定责任的债务余额中，城市基础设施建设支出（含市政建设、土地收储和交通运输建设）占比分别达到 67.96%、76.19%、72.38%。由此来看，地方政府性债务中的主体部分转化成了实物资产，这些实物资产当属优良资产的范畴。

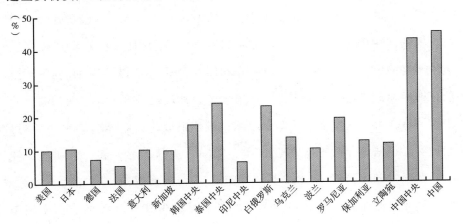

图 5　财政支出用于经济事务的比重

资料来源：国际货币基金组织《政府财政统计年鉴（2008）》。

通过横向比较，可以拨去中国地方债务悲观论的雾霾。然而，那些仅仅基于横向比较就产生的债务优越感也是断然不可取的，因为今天的中国已经开始重复欧美昨天的故事。必须认识到，中国地方财政支出结构正在发生缓慢而深刻的转变，即从过分注重经济转向适当兼顾民生，从"大包大揽"向"有限责任"收缩，① 在民生和社会领域发挥了越来越积极、显著的作用。根据《中国统计年鉴》，地方财政用于科教文卫和社会保障支出②的比重在 1997 年仅为 28.32%，到了 2007 年则增长到 40.21%。国际金融危机爆发后，该比重有所下降。及至 2013 年，地方财政用于科教文卫和社会保障支出的比重又恢复至 40.09%（见图 6）。财政支出结构转变的因，也带来了债务性质变化的果。根据《全国政府性债务审计结果》，2013 年中国地方政府性债务余额用于科教文卫和社会保障支出的份额比 2010 年增加了 2.80%。其中，地方政府负有偿还责任的份额增加了 4.16%，负有担保责任的份额增加了 2.44%。可见，地方政府债务在纵向上越来越呈现消费性倾向。地方财政支出结构的转变，正是这种积极变化的根本。当然，尽管地方财政支出结构正发生积极的变化，但距离一个以支持社会与公共服务为主的公共财政还有明显的差距。换言之，中国地方政府债务的消费性成分与欧美不可同日而语，还有着广阔的增长空间。

在研究地方债务时，只管建设性债务而不顾消费性债务，就容易滋生盲目乐观情绪；只看消费性债务而无视建设性债务，便容易出现过度悲观论调。值得注意的是，地方建设性债务与消费性债务之间还出现了此消彼长之势。建设性债务源自建设型财政，而建设型财政形

①　在计划经济条件下，政府的经济角色和政治角色是合二而一的，由此形成了政经不分、政企不分的现象，政府既是行政当局，又是所有者和经营者。
②　此处的社会保障支出口径包括抚恤和社会福利救济费、社会保障补助支出以及行政事业单位离退休支出。

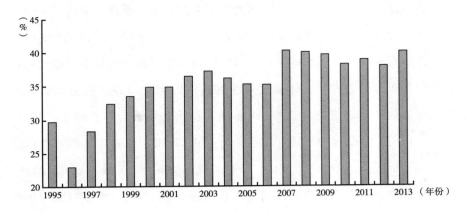

图 6 地方财政用于科教文卫和社会保障支出的比重

资料来源：历年《中国统计年鉴》。

成于特定的资源配置方式、政府职能和宏观经济调控方式。过去，我们曾将"建设性"看成社会主义优越于资本主义的重要属性，因而长期实行了"投资优先于消费"和"生产优先于生活"的发展战略，财政甚至代替了企业成为社会投资主体，首要任务便是直接发展经济。建设型财政的一个突出症结就是政府公共筹资责任虚化，而其根源则在于市场化进程。改革开放伊始，中央就提出了"一要吃饭，二要建设"。这意味着财政从原有的建设型财政，变成了首先是吃饭财政，即优先保证国家政权机器正常运转、社会基础设施建设、科教文卫事业发展、生态环境保护、必要的社会保障等方面的公共支出，有余力了才用于建设。中共十四大以来，随着市场经济发展方向的树立，吃饭财政逐步向公共财政转变，消费型财政的成分不断增加。其中，中共十四大报告提出建立社会主义市场经济体制的改革目标使得国内关于公共财政改革的讨论逐渐兴起，中共十五届五中全会《中共中央关于制定国民经济和社会发展第十个五年计划的建议》明确将建立公共财政初步框架作为"十五"时期财政改革的重要目标，中共十六届三中全会《关于完善社会主义市场经济体制若干问题的决定》进一步提出健全公共财政体制的改革目标，中共十八届二中全会公报提出要不断在实现全体人民学有所教、劳有所得、病有所医、老有所养、住有所居目标上取得实实在在的进展。总之，在分析地方政府性债务的属性和构成时，切忌刻舟求剑，务必与时俱进。

七 以政府为主导与以国有企业为主体

地方债务的膨胀离不开"政企合作"，即以地方政府为主导，以国有企业（以下简称国企）为主体。地方政府之所以能够成为主导者，关键在于掌控了一些重要资源的配置权力。比如，掌握了地方性金融机构人事任命权后，地方政府可以轻松地将这些金融机构收编为自己的"第二财政"或"准财政"。通过发展地方性金融控股集团的做法，还可以进一步整合区域金融资源，强化地方政府的影响力和话语权。在行政化特征尤其明显的融资模式下，地方政府对金融类国有企业的控制权是不言自明的。当然，除了通过"威逼"的办法占据主导地位，地方政府还能通过"利诱"的办法实现目标。在主导资金要素配置的过程中，地方政府可以为其所贷款项提供多种形式的担保或变相担保。比如，掌握了辖区土地配置权后，地方政府便可以用其作为抵押物向银行申请土地抵押贷款，进而获得大量的廉价资金。

国有企业在地方债务形成过程中的主体地位，既表现在贷方，又表现在借方。地方债务资金的贷方主要涉及金融类国有企业。根据《全国地方政府性债务审计结果》，银行贷款在 2010 年地方政府负有偿还责任、负有担保责任和可能承担一定救助责任债务资金来源中所占份额分别为 74.84%、81.88% 和 91.77%，到了 2013 年降为 50.76%、71.60% 和 61.87%。比较而言，地方债务资金的贷方结构在近年来发生了显著的变化。尽管如此，国有银行在地方债务资金供给中的主体地位尚未被撼动。究其原因，过度管制的金融体系造成了国有银行的放贷冲动和粗放型经营方式。在《财富》期刊世界 500 强企业中，工行、建行、农行、中行的净利润分列第 4、第 7、第 10、第 11 位，成为 2013 年中国最赚钱的企业。在这些利润中，主体部分乃是利息差收益。根据 IMF（2011）的研究，2005～2010 年中国主要商业银行利息差收入在营业收入中的占比分别为 87.4%、

90.2%、87.7%、87.1%、84.8%、84.2%。换言之，在主要依靠利差就可以获得滚滚财源的格局下，即便是引入战略投资者、整体上市等措施，也难以改变商业银行信贷扩张的冲动，以及想方设法增加信贷规模的努力。

当然，仅有银行的放贷冲动还不足以推动地方债务膨胀。正是非金融类国有企业借贷冲动与金融类国有企业放贷冲动相互配合，地方债务规模才会被如此放大。从地方债务资金所投入的优质资产（基础设施）来看，民营资本的进入程度依旧有限。根据《中国统计年鉴》所报告的2013年数据，政府对于一些能够赢利且非公资本有能力投资的基础设施项目依然"大包大揽"。比如，在"电力、热力、燃气及水生产和供应业"固定资产投资结构中，国有控股占68.05%，集体控股占3.95%，私人控股占21.41%；在"交通运输、仓储和邮政业"固定资产投资结构中，国有控股占76.93%，集体控股占2.76%，私人控股占15.61%；在"信息传输、软件和信息技术服务业"固定资产投资结构中，国有控股占55.89%，集体控股占2.23%，私人控股占24.07%（见图7）。这些本可以通过自负盈亏实现市场化运作的项目，由于投融资体制障碍，地方政府以及国有企业"挺身而出"，由此形成的越位行为加剧了地方债务风险。

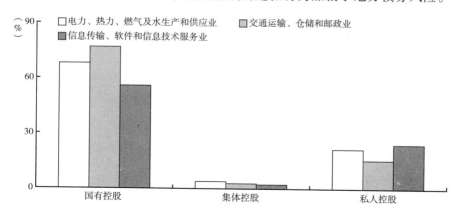

图7 非公资本有能力进入的基础设施投资结构

资料来源：《中国统计年鉴（2014）》，中国统计出版社，2014。

八　举债开发与卖地还债

在计划经济时期，我们曾以"既无内债又无外债"为导向。这实际上是缺乏市场常识，不懂得运用杠杆来推动经济发展。然而，现在我们似乎又走到了另外一个极端，不顾偿债能力而拼命举债。地方政府偿债能力取决于什么？有研究表明，地方政府无法依靠一般预算收入即税收和国有企业收益为基础设施建设筹资，而只能仰仗土地出让收入（范剑勇、莫家伟，2014）。既然地方政府偿债能力如此倚重土地出让收入，土地价格能否持续上涨就关系到地方偿债能力是否有保障。或曰，债务增加了，但土地价格下行使得卖地收入实际减少了，地方政府还债的难度将越来越大。近年来，地方政府性债务不断膨胀，其前提就是土地价格的持续飙升。在城市化和工业化进程中，地方政府逐渐认识到土地的资本和资产功能，比较普遍地形成了以"经营土地"来"经营城市""经营发展"的理念，确立了"筹资举债—土地开发—卖地赢利—偿还债务"的经济发展逻辑。即通过各种渠道筹资举债以增加对城市基础设施的投资，大力改善招商引资环境，吸引外来资本流入本地，进而促进区域经济发展水平的提高。而作为经济发展的副产品，土地也会得到较大幅度的升值，地方财政收入相应地水涨船高，进而增强了偿还债务的能力。这在现金流上的表现就是，土地出让收入急剧飙升：2008 年，地方政府土地使用权出让收入为 10375.28 亿元，与其本级财政收入的比值为 36.22%，而到了 2013 年，地方政府土地使用权出让收入达到 41249.52 亿元，与其本级财政收入的比值高达 59.81%（见图 8）。实际上，地方政府还能通过土地出让享有后续的各种费用，以及房产税、营业税等一般预算收入。如果加上用土地向银行抵押获得的贷款，地方政府的现金流会更多。拍卖槌一落、土地一整理，土地出让收入和银行贷款随即滚滚而来、源源不断。

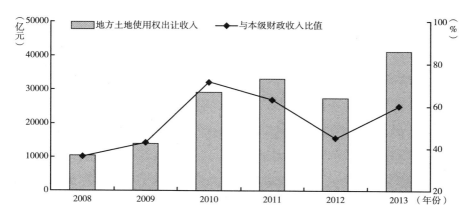

图 8　地方政府土地使用权出让收入增长情况

资料来源：财政部历年《关于上年中央和地方预算执行情况与本年中央和地方预算草案的报告》。

　　地方政府这种"先借债发展，再卖地还钱"的模式，是建立在特殊的土地管理制度基础上的。在中国，城市土地属于国家所有，农村土地归村集体所有。城市化和工业化所需的土地绝大多数来自农村，这些土地必须经由政府征用后才能进行开发和出让，并且土地征用补偿标准主要由政府决定。从而，政府垄断了土地一级市场。这样一来，地方政府可以一方面通过诸如"招拍挂"等竞争性较高的方式高价出让商业、居住用地，另一方面又通过压低征地价格，从中赚取差价。当然，地方政府这种开发模式，还建立在政府间混沌的财政关系基础之上。如前所述，土地财政所带来的财政收入主要为地方政府享有，中央政府并未得到多少直接好处。既然如此，中央政府又为何不对其治理整顿、深化改革，结束这种野路子的土地财政，令其走上公共财政的康庄大道？显然，中央政府的难言之隐就在于，若如此，就不得不在自己的钱袋子里多分出一部分给地方政府，以弥补其财政困境，或者更多地承担那些长期以来中央与地方间划分模糊的财政支出项目。在厘清财权、事权、财力和支出责任这四大要素之前，中央若仅以一纸命令就废除地方的土地财政，显然是有失公允的。

地方政府不断地举债开发、卖地还债，如此"勤劳"和"忙碌"，究竟为的是什么？任何试图解释地方政府行为的努力，都不应该忽视它的历史性和复杂性。当然，从理论研究上看，我们还是需进行必要的抽象和聚焦。已有文献比较多地关注了财税激励和政治晋升激励（Qian and Roland，1998；Edin，2003）。实际上，在地方政府行为的背后还有一种超越财税收入和政治晋升之外的激励力量存在。这是因为，财税激励的对象主要是集体而非个人，地方财税的留存并不能直接地合法地归属于某位官员，官员从中获得的是大锅饭式的、间接的经济利益（李猛、沈坤荣，2010）；升官属于政治利益，与发财处于两个不同范畴。升迁是地方官员行为的基本动力，相互之间的晋升搏杀在所难免。然而，并非所有官员都热衷于职位晋升。较为普遍的情况是，一些年轻官员处于"迈台阶"阶段，为了升迁，倾向于不顾一切地竞争。但是对于一些年龄不占优势、升迁机会较少的官员，职位竞争的动力则会大大减弱，而更可能绞尽脑汁地考虑如何实现个人的非政治利益的最大化。地方官员在最大化个人利益的过程中，一旦突破了利益限制，就容易产生腐败行为，或者说是"权力寻租"。① 也就是说，除了间接经济利益和政治利益外，必然还有一种直接经济利益存在，这在经营土地、经营城市过程中表现得尤为明显。由于集体土地必须先由政府低价征用，然后才能由政府出让给土地需求者，这"一征一出"就产生了广阔的寻租空间。从而，一些地方官员混淆了政府与市场的边界，依靠公权力冲到第一线去招

---

① 通常意义上的腐败是指"国家工作人员利用公共权力谋取私利"（Shleifer 和 Vishny，1993）；"公共权力被用来以违反规则的方式谋取个人利益的行为"（Jain，2001）；"以谋求个人经济利益为目的，以牺牲公众的经济利益为代价而滥用公共权力的行为"（樊纲，2005）。

商引资，权力同资本坐在了同一条船上，"勾肩搭背、不分彼此"。而一些房地产商之所以能拿到地，恰恰就在于其和权力有千丝万缕的关系，或者说有所谓的政府背景。对于征地与卖地之间的巨额利润，由于监管体制有漏洞，一些地方以各种形式规避上级的规划、管制和审批，违规违法问题时有发生。

九 风险总体可控与违约局部蔓延

地方政府性债务的风险究竟是否可控？从表面上看，答案在于国际通用的警戒线。有一种流行看法认为，中国政府性债务若干指标均处于国际常用控制标准范围之内，因而风险可控：政府外债占 GDP 比重为 0.91%，低于 20% 的外债率国际参考标准；各级政府负有偿还责任的债务余额占 GDP 的比例为 36.74%，三类债务合计余额占 GDP 的比例为 53.22%，低于 60% 的负债率国际参考标准；各级政府负有偿还责任的债务为当年政府综合财力的 105.66%，三类债务合计余额为当年政府综合财力的 154.54%，基本处于 90% ~ 150% 的国际参考标准范围内。我们认为，债务指标低于国际警戒线固然是好事，但绝不可掉以轻心。毕竟，国际警戒线并非"放之四海而皆准"的铁律：美国负债率当前已超过 70%，日本已超过 240%，但主权信用状况依然良好，尚没有发生政府债务危机的迹象；而在欧债危机爆发过程中，有些国家的指标并不高，[①] 但危机并未放过他们。准确地说，根据现有理论和经验并不能推导出债务率与债务危机二者之间具有线性、平滑的关系。换言之，随着债务率提高，债务危机的爆发可能存在突变现象。这就如同烧开水一般，在一些地方要烧到 100 摄氏度，而在有些地方 80 摄氏度就可能烧开了。因此，不能简单地依靠所谓的国际警戒线来判断中国债务风险是否可控。实际上，判断债务风险是否总体可控，关键在于货币政策。以 2013 年为例，中国的 GDP 达到 56.88 万亿元，M2 达到 110.65 万亿元，而 CPI 仅为 2.6%。M2 如此之高，而 CPI 如此之低（甚至低于原先设定

---

① 比如在欧债危机爆发前的 2008 年，"欧猪五国"中的西班牙和爱尔兰的负债率分别为 34.20% 和 48.93%。数据引自世界银行。

的 3.5% 的目标），奥秘就在于有相当一部分的流动性进入了房地产市场。① 中国规模庞大的货币供应量未能满足实体经济之需，而是进入了房地产市场（以至于房价连年大涨），以及政府的基础设施包括各种城建项目（由于这些项目产生的现金流回报很少，大部分流动性都变成债务沉淀下来），以至于中国市场在总体流动性如此之多的情况下还屡闹"钱荒"怪象。当前中国经济正处在增长速度换挡期、结构调整阵痛期和前期刺激政策消化期。毫无疑问，前期刺激政策的消化，并非一蹴而就的，广义货币量将在较长时期内处于相对的高位，从而给地方政府性债务的总体可控创造基础。

然而，地方债务的总体可控，并不意味着局部不会发生违约等偿债危机。未来一段时间，以下四大因素可能诱发地方债务的局部违约。第一，经济减速加剧还本付息压力。相对于发达国家，中国是典型的间接税体制，因而中国经济具有明显的"速度效益型"特征，即经济减速会拉低财政收入的增幅，由此带来的问题是中央财政的可持续性和地方的财政风险。不仅如此，经济减速之后，基础设施项目建设的投资回收周期被拉长，还本付息压力加大。第二，地方债锦标赛的趋势逐渐形成。允许地方政府公开发债，显然要比地方政府过去那种表面上的"去银行化"和"去平台化"好，因为凡事一旦公开，就会自动形成倒逼机制，倒逼地方政府接受大众的监督与制衡。当然，允许地方发债的可靠前提就是改变地方官员的"自上而下"选拔任命机制，让举债当事人对自己的行为负责。否则，GDP 锦标赛②必然带来地方债锦标赛。第三，利率市场化改革将降

① 根据国家统计局数据，2013 年 12 月，在 70 个大中城市中有 65 个房价环比上涨，69 个同比上涨，北、上、广、深的房价同比涨幅超过了 20%。
② 尽管中组部已经宣布改革中国地方政府和官员的政绩考核办法，纠正单纯以经济增长速度评价政绩的偏向，但 GDP 主义及其锦标赛尚难以根除。比如，每年各级政府都提出经济增长速度的目标。实际上，在"以经济建设为中心"的基本方针不变的前提下，GDP 必然是经济建设的重要标志之一。

低地方政府还债能力。"余额宝们"的风生水起，激发出了"碎片化理财"的庞大需求，也冲击了普通人的理财观念，这势必推动利率上升，提高银行揽储成本，倒逼利率市场化的改革。随着利率市场化改革的推进，在"既不放松也不收紧银根"①的政策导向下，以目前的资金供求关系，利率总体趋于上升，地方政府付息能力直线下降，更不必说还本。换言之，利率市场化将使得地方政府的融资成本迅速飙升，地方政府通过举新债还旧债的模式将难以为继。第四，地方政府或有债务被严重低估了。以 2013 年为例，中国全社会融资规模为 17.29 万亿元，②为历史之最，而新增人民币贷款 8.89 万亿元。③这就意味着，中国如今有将近半数的新增融资，是由影子银行以各种信托理财产品的名义提供的。信托理财产品由于受众较广，一旦发生违约，就会演变为社会问题和政治问题。当违约风险演变为现实时，将引起信托理财市场及整个金融市场的连锁反应，产生"多米诺骨牌"效应，造成难以估量的后果。比如，一旦某些信托理财产品发生违约、不能及时还款，同样建立在信托理财产品基础上的"余额宝们"均会受到致命的冲击。随着恐慌情绪在互联网金融客户之间蔓延，撤资现象旋即发生，其撤资速度远比在实体银行挤兑来得更快。在"维稳"语境下，地方政府、监管部门以及相关单位不得不向"大到不能倒"的信托理财产品"刚性兑付"，这当属政府的或有债务。当然，这也给投资者造成了可怕的错觉，使其误以为政府可以兜底、摆平一切。之所以这是错觉，一是因为政府兜底有违市场规律，二是因为政府并不具备为所有理财产品兜底的能力，成千上万的信托理财产品，早已成为政府不可承受之重。

---

① 引自李克强在 2013 年夏季达沃斯论坛开幕式上的致辞。
② 数据来源于中国人民银行《2013 年社会融资规模统计数据报告》。
③ 数据来源于中国人民银行《2013 年金融统计数据报告》。

十　治标与治本

由于缺少限制政府负债额度的相关法律规定，而银行的国有属性又利于不断地借新还旧，因而中国政府（既包括中央，也包括地方）的债务风险总体可控。至于还债问题，则可以"另辟蹊径"：不必通过财政收支的盈余来还债，而是通过不断地增发货币，最终以通货膨胀的方式来稀释这些债务。当然，这种"撒手锏"和"终极"办法并非良策：它势必会加剧债台高筑、产能过剩以及通货膨胀的三重叠加。本文认为，当前要处理好地方债务问题，既要治标，也要治本。

治理地方债务问题，首先就要治标。如果连标都治不了，那又何以奢谈治本？具体而言，治理地方债务问题的标，要做好以下两个方面。一方面，提高应对局部偿债危机的能力。其一，设立地方债务重组基金。由中央财政设立地方债务重组基金，在局部出现严重还贷困难时，将地方债务风险控制在局部范围内，防止其蔓延扩散。并且，按照轻重缓急设定重组基金的偿还顺序。比如，优先偿还工资和社会福利，其次是银行债务，接着是信托投资产品，最后是债券。其二，成立省级资产管理公司。针对市县政府在地方政府性债务总量中承担大头的情况，参照 1999 年中央成立四大资产管理公司处理国有银行不良资产的做法，各省（区、市）政府也设立资产管理公司，对于相关金融机构的不良资产进行剥离。资产管理公司注册资本金可以来自税收、土地出让收入和国企利润。其三，编制地方政府资产负债表。通过编制地方政府资产负债表，纳入负债率、债务率、预期债务率、债务期限等指标，明确政府债务主体，提高融资活动透明度，厘清负有偿还责任的债务与或有债务、自偿性债务与代偿性债务、公益性债务与竞争性债务之间的关系，明晰政府管控债务风险的方向和重点。其四，建立地方债务的风险预警机制。要组建地方融资平台信息监测体系，建立完善信息备案与报告制度，定期发布各地融资平台的负债、经营和资金变动信息，让地方政府性债务在阳光下运行，改变过去那种多头管理、各自为政和权责不明的状况。同时，尽快研究制定科学合理的地方债务风险指标体系，设定各级地方政府债务风险指标控制的警戒线。

另一方面，规范地方政府的举债行为。其一，有序推进地方市政债券的发行。为此，要制定相应规则，对发行主体、发债规模、发债方式、偿债机制以及资金用途等进行限制，并建立规模控制、信用评级、信息披露等风险控制体系。推进地方市政债券的发行，实质就是将地方政府融资行为关进制度与法律的笼子，使地方政府债务情况公开透明化，以便公众和利益相关者对地方债务进行监管和制衡。其二，改革地方政府预算制度。将政府的举债项目、举债投向、举债数量和举债效益纳入本级预算管理。地方政府要在债务警戒线内，编制年度债务预算和决算报告，上报上级政府审核，以及同级人大审核批准。要推进参与式预算改革，实现财政公开，改变财政支出很大程度上取决于"一把手"个人意志的乱象，解决地方政府"有钱随便花、没钱随便借"的问题。其三，树立、落实地方政府"谁举债，谁偿债"的责任追究制。在中央集权型体制下，要遏制地方债务的过渡膨胀并非不可能。地方行政长官在中央的严厉整顿下，并不会出现大规模的冒着摘乌纱帽风险去胡乱举债的现象，也不会"借的时候根本就不考虑还"。[①] 实际上在 20 世纪 90 年代，中央政府就曾禁止地方政府随便举债以及银行随便借钱给地方政府，并取得了不错的成效。为此，当前必须要改革领导干部考核体系，将负债率、债务率、预期债务率等列入考核指标，对存在问题的融资项目，不管是否调任，都要追究相关人员责任，让导致地方债务结构严重恶化的相应官员付出深刻的代价，

---

① 《地方政府举债成"鸦片瘾" 城市信用评级是"戒毒方"》，《中国青年报》2014 年 3 月 12 日。

并以儆效尤。

在规范地方债务时，关键要在标本兼治中把握"治本为上"的方针。时下有一种流行观点认为："地方债务最大的风险在于不透明，只要能够规范地方政府融资行为，建立起严格的债务审查、债务风险防控机制，不让地方政府债务出现无序蔓延和暗中积累，整体风险就不会太大。"[①] 本文对此类观点持保留态度，原因在于，当前地方政府的融资渠道恰恰是在过去的治理整顿过程中异化出来的，"严格债务审查制度"极有可能迫使它们进一步异化，迫使地方政府寻找其他融资渠道并滋生其他风险。如此一来，所谓的制度建设虽然"看上去很美"，但却可能再陷入"上有政策、下有对策"的恶性循环，写出来的制度、拉出来的架子就有可能沦为"马其诺防线"。此外，本文之所以将地方政府公开发债视为治标之策，原因在于地方公开发债应当建立在地方自治（或曰联邦制）的逻辑基础上。如果不调整地方政府的权力来源问题，不扩大地方政府的自治权，不将现行的中央委任制改为地方选举制，那么，允许地方政府公开发债的做法有可能带来新的、更大的问题。当然，从如今中央权力更趋集中的形势看，至少在可预见的未来，改变现行体制的可能性是微乎其微的。

有鉴于此，地方债务问题的治本之策，就在于理顺政府与市场之间关系。化解地方债务危机，根本在于深化改革，核心在于简政放权，关键在于促使政府从经济建设向公共服务转型。其一，要"让市场在资源配置中起决定性作用"，使得经济更加自由化以释放新的生产力。当前的一些经济问题，实际上源自体制不畅。以产能过剩为例：一方面，中国钢铁、水泥、建材、重型装备等产能利用率明显低于国际通常水平。中国这一轮的产能过剩在世界经济发展史上并不多见，甚至可以被形容为"数量如

---

① 《风险总体可控，政府"家底"较厚》，《人民日报》2013年11月14日。

此之大、范围如此之广、影响如此之深"。① 另一方面，中国地面下的基础设施并未同地面上的摩天高楼"比翼齐飞"，每当暴雨来临时，即便是一线城市也会在顷刻间化为泽国。也就是说，地面下基础设施的建设缺口异常之大，需要大量的钢铁、水泥、建材、重型装备等。过剩的产能与强大的需求，是因为体制障碍才失之交臂。因此，在发挥市场的决定性作用时，尤其需要鼓励和引导民间资本进入公共建设领域。从目前来看，BOT、BT 模式（企业建设经营、收回成本和收益后再转给政府）以及 PPP 模式（政府与私营商签订长期协议，授权私营商代替政府建设、运营或管理公共基础设施并向公众提供公共服务）可以比较好地打开民间资本参与城镇化基础设施建设和公共服务融资的通道，提高公共供给的效率。其二，还要"更好地发挥政府的作用"，解决政府越位、缺位和不到位并存的问题。要让政府更好地发挥作用，就要深入推进政府职能从经济建设向公共服务转型。否则，在"吃饭"财政背景下，大规模城市基础设施建设也就必然导致地方政府背负巨额债务包袱。为此，就需要探索设立面向全社会的经济活动负面清单，使之与政府权力的正面清单相匹配，将地方政府的人力、物力、财力和权力等资源圈定在公共服务、市场监管、社会管理、环境保护等范围内。与此同时，还必须进一步推进财政体制改革，解决 1994 年分税制改革遗留的后续深化改革问题，明晰各级政府的财权、事权、财力、支出责任这四大要素，在分钱与分税之间找到平衡。唯其如此，才能真正地实现信贷去杠杆、结构性改革和货币政策平稳，破解债台高筑、产能过剩以及通货膨胀的三重叠加僵局。

当然，在处理治标与治本问题时，要讲究逻辑，切不可眉毛胡子一把抓。从整体上看，尽管地方债务风险总体可控，但局部偿债风险蔓延之势较为严峻。根据中医理论，"急则治标、缓则治本"。再者，冰冻三尺，

---

① 引自《国务院关于化解产能严重过剩矛盾的指导意见》（国发〔2013〕41 号）。

非一日之寒。政府与市场之间关系的调整，中央与地方财政关系的调整，上级与下级财政关系的调整，均难以一蹴而就，它需要一个较长的周期。故而，当前处理地方债务问题，还是应以治标为主，为治本赢得时间。

参考文献

［1］ 樊纲：《腐败的经济学原理》，《发展》2005 年第 10 期。

［2］ 范剑勇、莫家伟：《地方债务、土地市场与地区工业增长》，《经济研究》2014 年第 1 期。

［3］ 高培勇：《财税体制改革亟待定夺的四个方向性问题》，《光明日报》2013 年 8 月 16 日。

［4］ 胡鞍钢：《分权是有底线的——前南斯拉夫分裂的教训与启示》，《改革》1996 年第 3 期。

［5］ 贾康：《我国地方政府债务成因与化解对策研究》，《债权》2013 年第 9 期。

［6］ 李猛、沈坤荣：《地方政府行为对中国经济波动的影响》，《经济研究》2010 年第 10 期。

［7］ 李扬、张晓晶、常欣：《中国国家资产负债表 2013——理论、方法与风险评估》，中国社会科学出版社，2013。

［8］ 楼继伟：《建立现代财政制度》，《人民日报》2013 年 12 月 16 日。

［9］ 楼继伟：《吸取南斯拉夫经验，避免强化地方分权》，《经济社会体制比较》1996 年第 1 期。

［10］ 张锡恩：《从中央与地方关系看"令行禁不止"问题》，《人民论坛》2012 年第 8 期。

［11］ Careaga, M., and B. R. Weingast, 2003, "*Fiscal Federalism, Good Governance, and Economic Growth*", in Dani Rodrik (eds.), *In Search of Prosperity: Analytic Narrativeson Economic Growth*, Princeton University Press.

［12］ Edin, M., 2003, "State Capacity and Local Agent Control in China: CCP Cadre Management from a Township Perspective", *China Quarterly*, 173, pp. 35 – 52.

［13］ Jain A. K., 2001, "Corruption: A Review", *Journal of Eeonomic Surveys*, 15 (1), pp. 71 – 121.

［14］ IMF, 2011, "*Public Sector Debt Statistics: Guide for Compilers and Users*", Washington, D. C.

［15］ Qian, Y. and G. Roland, 1998, "Federalism and the Soft Budget Constraint", *American Economic Review*, 97, pp. 265 – 284.

［16］ Rodden, J., 2002, "The Dilemma of Fiscal Federalism: Grants and Fiscal Performance around the World", *American Journal of Political Science*, 46, pp. 670 – 687.

［17］ Shleifer, A and R. W Vishny, 1993, "Corruption", *Quarterly Journal of Economics*, 108, pp. 599 – 618.

［18］ Treisman, D., 2002, "Fiscal Games and Public Employment: A Theory with Evidence from Russia", *World Politics*, 54, pp. 145 – 183.

财富管理业的宏观框架与
微观机理——2014 年中国
财富管理市场发展报告

王伯英　　王增武

金融学的核心问题是资源的有效配置，而资源配置的效率主要体现在两个层面：一是在微观层面，配置效率关注的是经济参与者（包括个体、公司和政府）如何使用他们拥有的资源最优地满足他们的经济需要；二是在宏观层面，配置效率关注的是稀缺资源如何流向最能产生价值的地方。资源配置的效率是通过市场特别是金融市场的交易完成的，为此，金融学关注的焦点是金融市场在资源配置中的作用和效率。

作为金融市场的一种新兴业态，财富管理业自 2004 年初发展至今，在强化国家的金融安全、促进金融改革或金融机构转型发展，以及满足政府、企业、居民的财富管理需求等方面，其作用都不可或缺。在对党的十八届三中全会决议中的金融改革内容进行评述时，李扬列出当前金融体系中掣肘资源配置的六大问题。① 其中，利率与汇率市场化的问题，收益率曲线的问题，长期股权资金的补位问题，以及资本项目管制等问题，在财富管理业都已或多或少地获得了一些突破与进展。②

因此，作为财富管理业的系列分析跟踪报告，本报告尝试从两个维度陈述分析财富管理市场：一是宏观框架方面，即财富管理业在提高资源配置效率方面的功能定位，如分析财富管理业与信用总量及经济周期之间的关系，以及在利率市场化、收益率曲线、汇率市场化、资本项目放开和人民币升值等方面的突破与进展等；二是微观机理方面，例如，规模、数量和价格，产品创新或政策评估，当前存在的问题和下一步的应对措施，以及对市场发展趋势的研判等。

---

① 李扬：《完善金融的资源配置功能——十八届三中全会中的金融改革议题》，《经济研究》2014 年第 1 期。
② 王增武：《关于影子银行的再认识》，工作文章。

一 宏观框架

1. 存贷款替代趋势加剧，"14710"行情仍然持续

在"类信贷、重规模"的大环境下，财富管理市场作为信贷融资市场的有益补充获得了迅猛的发展。2004～2007年，新兴的银行理财产品市场以外汇挂钩、股票挂钩或商品挂钩的结构性产品为主，此后受经济刺激计划影响，多以变相信贷投放的信用类产品为主，如信托贷款类产品、贷款对倒类产品、资产组合类产品、资金池类理财产品以及银行与非银行机构合作的银信、银证和银信证产品等。

募集资金规模方面，银行理财产品市场对存款市场的影响主要表现为"14710"行情（1月、4月、7月、10月，受理财资金回流影响，银行存款经常出现明显的负增长，见图1），即季末的下一个月都会出现巨额的存款负增长现象，也可以理解为银行理财产品在季末转化为存款，充当了调整存贷比监管指标的角色。2014年，人民币理财产品募集资金规模为42.8万亿元，同比增长49.7%。

然而，2014年9月，中国银行业监督管理委员会（简称"银监会"）联合财政部、中国人民银行下发《关于加强商业银行存款偏离度管理有关事项的通知》对商业银行月末、季末存款"冲时点"行为进行约束，规定商业银行月末存款偏离度不得超过3%。在存款偏离度管理框架下，理财产品的到期日分布更加均匀，理财产品期限分布也发生调整，"14710"行情趋弱。此外，银行理财对贷款的替代效应进一步加剧，2014年，理财规模与社会融资总量比值的平均值约为3.7，同比增长95%；理财规模与贷款增量比值的平均值为4.9，同比增长38%。可见，财富管理业中影子银行或银行的影子依然有增无减。人民币理财规模与社会融资总量对比分析见图2。

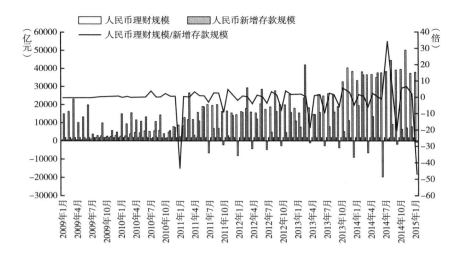

图 1 人民币理财规模与新增存款规模对比分析

数据来源：中国社会科学院陆家嘴研究基地财富管理研究中心。

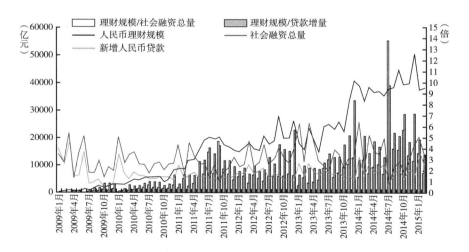

图 2 人民币理财规模与新增贷款规模、社会融资总量对比分析

数据来源：中国社会科学院陆家嘴研究基地财富管理研究中心。

2. 利率市场化程度提高，收益率曲线基本形成

银行理财产品收益率锚定的基准利率分三个阶段，一是 2008 年之前的 1 年期定期存款利率，当时银行理财产品的平均期限在 1 年左右且居民的投资意愿是跑赢存款即可；二是 2008～2010 年，随着 CPI 的快速飙升，居民投资目标是不仅要超过定期存款利率，而且要高于 CPI 增速，为此，多数产品的预期收益以同期的 CPI 增速为基准，更有部分产品收益率挂钩 CPI 的未来走势；三是 2010 年以来，银行理财产品基本以 3 个月上海同业拆放利率（SHIBOR）为锚定利率，一则在于银行理财产品平均期限约为 3 个月，二则在于银行理财产品预期收益率定价的市场化程度日益提高。2012 年 1 月至 2014 年 12 月，人民币理财产品平均收益率与 3 个月 SHIBOR 的相关系数为 0.89，2014 年二者比值波动区间的下限和上限分别为 0.93 和 1.18（见图 3），2014 年 12 月的比值恰好为 1，正是市场化程度增强的有力例证。

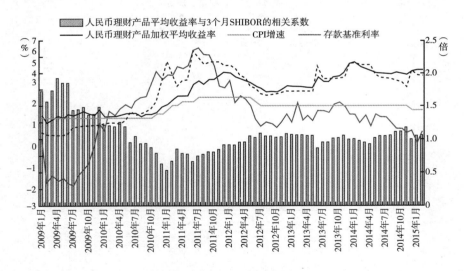

图 3　人民币理财产品加权平均收益率、CPI 增速、
存款基准利率和与 3 个月 SHIBOR 的相关系数

数据来源：中国社会科学院陆家嘴研究基地财富管理研究中心。

从定价水平来看，2014 年人民币银行理财产品收益率出现趋势性反转，进入下行通道。2013 年，在"调结构、去杠杆"的政策背景下，融资环境趋紧，市场利率高企，尤其是下半年以后，银行理财产品收益率节节攀升，资金市场出现"钱荒"现象。2014年，货币政策趋于宽松，金融同业业务收紧，理财业务各项监管政策逐步落实，信托兑付危机事件频发，金融机构的风险偏好明显下降，银行理财产品的发行设计和风险管控更加严格。

鉴于国内经济存在下行压力，央行采取多种措施引导利率下行。2014年11月22日，央行宣布下调人民币存贷款基准利率，存款利率下调0.25个百分点，为银行理财产品的收益率继续下行奠定基调。图4反映2014年以来银行理财产品收益率曲线持续下移。图5展示了关键期限银行理财产品的收益率变化趋势，2014年11月，银行理财产品收益率创年内新低，1个月产品的平均收益率为4.40%，3个月产品的平均收益率为4.92%。令人意外的是，降息后银行理财产品收益率不降反升，12月，理财产品收益率出现反弹，1个月产品和3个月产品收益率环比分别提升54bp和19bp（1个百分点的1%，简称"bp"）。一方面，这是"年末效应"的体现，另一方面，股市向好对商业银行形成"存款外流"压力，商业银行希望通过提升产品收益留住客户资金，同时，股票挂钩结构化产品收益普涨也带动了银行理财产品收益总体上扬。

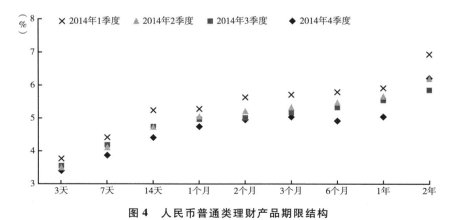

图4　人民币普通类理财产品期限结构

数据来源：中国社会科学院陆家嘴研究基地财富管理研究中心。

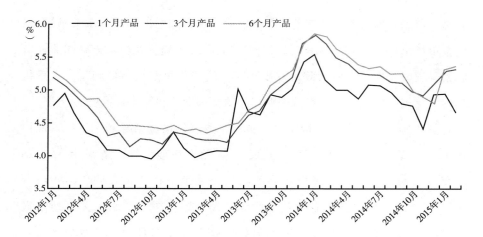

图 5　关键期限银行理财产品收益率变化趋势

数据来源：中国社会科学院陆家嘴研究基地财富管理研究中心。

3. 资本项目管制的新突破，人民币升贬值的晴雨表

据外汇管理相关条例规定，香港居民向境内同名人民币账户汇款每天汇入最高限额为 8 万元，澳门居民最高限额则为 5 万元，个人人民币现钞每次兑换限额为 2 万元。随着人民币离岸业务快速发展，港澳居民在人民币跨境业务上面临较多限制，要求放宽相关上限的呼声越来越高。为此，招商银行与其香港分行通过购买银行理财产品方式实现资本项目管制突破，操作流程是客户在招商银行香港分行开立一卡通储蓄账户，办妥后存入港币，再去深圳的招商银行网点用 POS 终端机刷卡直接选购银行理财产品。

对香港客户而言，该项业务一方面突破了 8 万元的外汇管制，另一方面可以让其分享内地的高理财收益率，如香港 3 ~ 6 个月港元定期存款利息不到 1.3%，而内地不少银行推出的人民币保本理财产品收益率在 5%左右。事实上，2008 年招行曾在香港推广"两地一卡通"业务，即香港居民在香港开户后即可拥有港元账户和内地人民币账户，虽然当时客户通过该业务兑换人民币金额每年累计不能超过等值 5 万美元，但对汇入内地账户的人民币金额及提现刷卡等操作无任何限制。鉴于该项业务涉及境外资本汇入变相突破个人限额制度管理，整改后"两地一卡通"变成"一卡换两卡"，即两张卡分别对应原"两地一卡通"的香港账户和内地账户。由此可见，虽然上述通过购买理财产品突破外汇管理的业务也许会遭到整改，但其资本项目开放的实践作用功不可没。

2014 年 10 月底，美国正式宣布退出量化宽松，各国货币兑美元出现不同程度的贬值，资金回流美国现象严重。2014 年 3 季度，我国外汇储备减少 1055 亿美元，创 30 多年来季度降幅最高纪录，4 季度继续下降近500 亿美元。银行结售汇、资本和金融项目均呈现逆差，这表明资金流出压力较大。人民币升贬值预期是影响跨境资金流动的重要因素之一。远期汇率的升贴水点数［（远期汇率 - 即期汇率）×10000］常被用作反映货币升值或贬值预期的指标。我国实行资本项目管制，境内人民币衍生品种类匮乏、交易不活跃，境内人民币远期汇率对市场供求关系的反应不够充分。因此，境外人民币无本金交割远期外汇交易（NDF）被视作反映人民币升值或贬值预期的重要依据。人民币兑美元 NDF（直接标价法，即 1单位外国货币兑换本国货币的数量）升水，表示人民币存在贬值预期；反之存在升值预期。由图 6 可见，2005 年人民币汇率机制改革至今，人民币升贬值预期变化大致可分为四个阶段。第一阶段：2005 年 7 月至2008 年 3 月，人民币存在明显的升值预期，2008 年 3 月人民币兑美元升值预期达到最高峰。第二阶段：2008 年 4 月至 2009 年 3 月，1 年期人民币 NDF 显示人民币升值预期急剧扭转，以 2008 年 9 月为分界点，受金融危机影响，人民币由升值预期变为贬值预期并持续至 2009 年 3 月。第三阶段：2009 年 3 月，美国推出首轮量化宽松政策后，人民币兑美元重回升值态势，人民币升值预期重现并持续至 2011 年 8 月。第四阶段：2011年 9 月至今，人民币汇率弹性增加，双向波动特征显著，出现贬值预期，尤其是 2014 年下半年以来，人民币贬值预期持续加强。

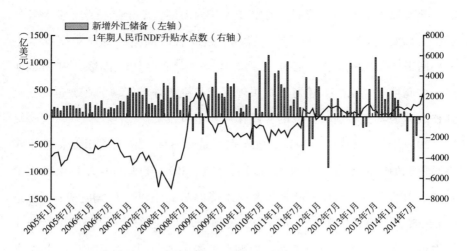

图 6　NDF 升贴水点数与外汇储备

数据来源：彭博终端，中国外汇交易中心。

远期汇率的升贴水可以反映货币升贬值的预期，却未能将利率因素考虑在内。利率平价理论作为最重要的汇率决定理论之一，认为均衡汇率是由国际抛补套利引发的外汇交易形成的。利率平价公式：$i_d = i_f + \dfrac{F-S}{S}$，其中，$i_d$ 表示本国利率，i_f 表示外国利率，F 和 S 分别代表远期汇率和即期汇率（直接标价法）。利率平价依赖严格的假定：资金在国家之间具有完全流动性，套利资金规模不受限制以及交易成本为零等。

利率平价描述的是一种均衡状态，实际运行中汇率经常偏离均衡状态，金中夏和陈浩[1]利用相对均衡状态的偏离程度 $P = i_d - i_f - \dfrac{F-S}{S}$ 来衡量本币即期汇率的升贬值压力，既考虑到远期汇率升贴水，又考虑到利差因素的影响，更能全面反映货币即期汇率的升贬值压力：$P > 0$ 表明本币即

---

[1]　金中夏、陈浩：《利率平价理论在中国的实现形式》，《金融研究》2012 年第 7 期，第 63 ~ 74 页。

期存在升值压力，$P<0$ 表明本币即期存在贬值压力，偏离程度越大，升贬值压力越大。本币即期汇率的升值压力与本国利率正相关，与外国利率负相关，与本币远期汇率（直接标价法）负相关，与即期汇率（直接标价法）正相关。前文已对银行理财产品的定价机制做了专门论述。当前银行理财产品定价的市场化程度越来越高，存款利率管制的背景下，作为利率市场化的先行尝试，银行理财产品类型丰富、交易活跃，充分反映了市场资金供求关系。人民币银行理财产品加权平均收益率与 SHIBOR 的相关性很高，可以作为反映国内利率变动的重要指标，对分析人民币的升贬值压力具有指导意义。2014 年，人民币银行理财产品的收益率已进入下行通道，2015 年货币政策趋于宽松，国内利率将继续下行。同时，美国经济强劲复苏，2014 年退出量化宽松，2015 年存在加息可能，利差因素将导致人民币贬值压力增加。

4. 资产配置的经济周期性，股票市场表现的风向标

从全球范围来看，资产配置具有显著的经济周期性。以 2004～2010 年全球富裕人士（可投资资产在 100 万美元以上）的资产配置情况为例（见图 7），2004～2006 年，经济过热、通胀上升，股票市场一路高歌，股票在富裕人士资产配置中的比例逐年上升，其中，以大宗商品为代表的另类投资在 2004～2005 年的资产配置中占据较高的投资比重，2006 年部分另类投资被房地产投资取代。2007 年，经济增长逐步显现下滑趋势，但以石油为代表的大宗商品价格仍然继续高企，经济进入滞涨阶段，现金、存款以及固定收益类产品等较为保守、透明的产品受到富裕人士的青睐。2008 年，

---

① 当 $P>0$ 时，$i_d-i_f>\dfrac{F-S}{S}$，存在套利空间：在即期市场借入外国货币（支付利息 i_f），兑换为本币，借出本国货币（利息收入 i_d），在远期市场将本币兑换为外币，偿还外币借款，可获得无风险套利。本币即期存在升值压力，远期存在贬值压力，促使汇率向 $P=0$ 的均衡状态靠近。

金融危机在全球范围内全面爆发，股票投资占比迅速下降，另类投资进一步压缩，投资风险低的现金、存款以及固定收益类产品成为富裕人士的主流投资品种。此后两年，虽然股票在富裕人士资产配置中的占比有所回升，但由于经济回暖信号并不明确，固定收益类产品的占比仍保持在 30% 左右。

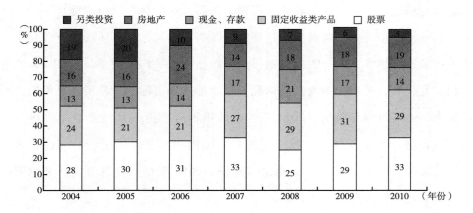

图 7　全球富裕人士各类金融资产比例

注：2012 年以后，RBC 财富管理（RBC Wealth Management）替代美林全球财富管理（Merrill Lynch Global Wealth Management），成为凯捷顾问公司（Capgemini）的合作伙伴，与其共同撰写《全球财富报告》。鉴于 2012 年后《全球财富报告》中关于富裕人士资产配置的统计口径有所变化，2011 年后的数据并未在图中显示。

资料来源：Capgemini, Merrill Lynch. Global Wealth Management. *World Wealth Report*, 2007 - 2013.

　　放眼国内财富管理市场，资产配置与金融市场变化的联动效应在结构化银行理财产品市场中表现得非常突出。基础资产呈现"焦点轮换"的特点（见图 8）。2004 年，利率类挂钩结构化理财产品一枝独秀；2007 年，新股申购和 QDII 产品风靡，股票类结构化理财产品居主导地位；2008 年，商品类结构化理财产品成为抵御通胀利器；金融危机爆发后，受金融市场剧烈波动的影响，结构化理财产品频现零负收益，发行机构转而发行更为稳健的挂钩利率及汇率的结构化理财产品，并优化设计结构、设置止损条款。

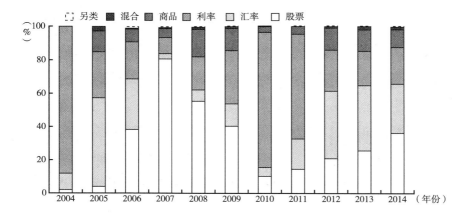

图 8   国内结构化理财产品标的资产分布

数据来源：中国社会科学院陆家嘴研究基地财富管理研究中心。

由图 9 可见，股票类理财产品的发行量与股票市场表现出显著的正相关关系。2007 年末，随着股票市场的牛市行情，股票类理财产品发行量快速增加，金融危机爆发后，股票类理财产品发行陷入持续低迷。近年来，随着全球经济逐渐走向复苏，股票类结构化理财产品再度成为市场"宠儿"，同时，国内沪深 300 指数期货等创新型产品的推出为金融机构提供了风险对冲的新工具，为股票类理财结构化产品的设计提供了更广阔的空间。2014 年商业银行共发行股票类结构化理财产品 947 款，同比增长 1.22 倍，在结构化理财产品中占比为 36%，较上年同期提升了 10 个百分点，超越了汇率类和利率类理财产品，重回霸主地位。尤其是 2014 年下半年以来，国内股票市场出现大幅上涨行情，沪深 300 指数成为中资商业银行理财产品热衷的挂钩标的，设计结构方面也不断创新（如"鲨鱼鳍"产品）。从股票类产品的结构分布来看，看涨型理财产品共发行 752 款，占比 80%，表明多数金融机构对国内股票市场持积极态度。

财富管理与股票市场之间的作用是相互的。一方面，股市向好对商业银行形成"存款外流"压力，商业银行希望通过发行结构化理财产品分

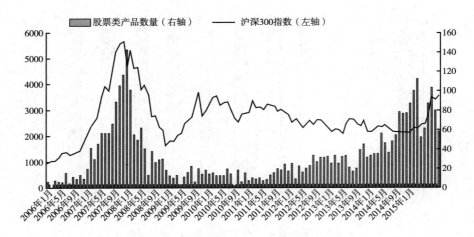

图 9　股票类理财产品的发行量与股票市场的相关性

数据来源：Wind，中国社会科学院陆家嘴研究基地财富管理研究中心。

享股票市场带来的高收益以留住客户资金，股票市场向好带动了银行股票类理财产品的放量发行。另一方面，银行理财资金的涌入也提升了股票市场的交易活跃性。尽管目前针对普通客户发行的理财产品尚不能直接投资于股票二级市场，仅通过结构化理财产品或特殊的结构化信托安排入市的资金占比较低，但规模巨大的银行理财资金对股票市场的潜在影响是巨大的，尤其是银监会明确拟允许银行理财产品单独开设证券账户以来，关于"理财资金入市"的传闻曾引发股票市场的波动。

5. 服务实体经济，降低企业融资成本

2013 年 9 月，银监会研究试点推行"理财直接融资工具"和"银行理财管理计划"，这标志着银行理财业务正式被赋予服务实体经济发展的使命。2014 年，理财资金通过多种形式直接或间接地投资于实体经济①，

———————

① 理财资金主要投资于实体经济的如下资产：债券、非标准化债权类资产、部分权益类资产、理财直接融资工具、信贷资产流转项目、商品类以及部分其他资产。资料来源：全国银行业理财信息登记系统，《中国银行业理财市场半年度报告（2014 上半年）》。

支持经济的结构调整和产业升级。一方面，理财资金投资于实体经济的资金量有所增加，截至 2014 年 6 月末，8.58 万亿元理财资金余额投向实体经济，较 2013 年末增长约 1.56 万亿元，占全部理财资金余额的 67.0%。理财资金投向见表 1。另一方面，理财资金投资于重点监控行业和领域的资金量明显下降，截至 2014 年 6 月末，投资于地方政府融资平台、商业房地产（保障房除外）及"两高一剩"行业的理财资金余额为 2305.22元，较 2013 年末下降 4.2%。

表 1　理财资金投向（截至 2014 年 6 月末）

单位：%

投向资产类别	占比
债券及货币市场	39.81
现金及银行存款	28.68
非标准化债权类资产	22.77
权益类资产	6.48
金融衍生品	0.91
其他资产	0.75
代客境外理财投资 QDII	0.34
理财直接融资工具	0.24
信贷资产流转项目	0.01
商品类及另类投资资产	0.01
总　计	100.00

资料来源：全国银行业理财信息登记系统，《中国银行业理财市场半年度报告（2014 上半年）》。

降低企业融资成本是 2014 年货币政策的重要内容。2014 年 8 月，国务院办公厅发布《关于多措并举着力缓解企业融资成本高问题的指导意见》，针对经济下行压力较大，结构调整时期企业尤其是小微企业融资成本高的问题给予十条指导意见。在此背景下，服务实体经济、"去通道化"、探索理财直接融资成为理财业务转型发展的方向。

　　通道业务在增加风险传染隐患的同时，实质性地推高了融资成本。以 2013 年 1 月至 2014 年 7 月发售的 8.2 万款产品为例，其中银行与单一非银行金融机构合作产品（简称"单合作"）2783 款，银行与两个或两个以上非银行金融机构合作产品 110 款（简称"多合作"），由图 10 可以看出，总体收益率、单合作收益率和多合作收益率水平依次提升，对应的溢价水平也依次提高。如以产品能否质押作为流动性大小的衡量标准，图 11 显示可质押产品的收益率水平低于总体收益率水平，单合作流动性溢价高于无合作流动性溢价。表面上看，融资链条越长，融资成本越高，因为其支付的收益水平更高；流动性水平越高，产品的收益越低，因为可质押产品的变现能力强。本质上看，融资难、融资贵的根源在于风险溢价，以银行与基金子公司合作的资产管理产品（简称"资管产品"）来看，其融资主体基本是信托公司的"飞单"，也就是不满足信托融资条件的融资主体。

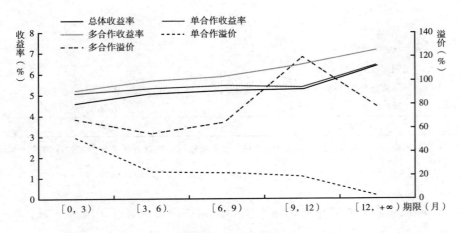

图 10　不同合作模式的收益与溢价水平

　　注：单（多）合作溢价 = 单（多）合作收益率 – 总体收益率，无（单）合作流动性溢价 = 总体收益率（单合作收益率）– 质押收益率。

　　数据来源：中国社会科学院陆家嘴研究基地财富管理研究中心。

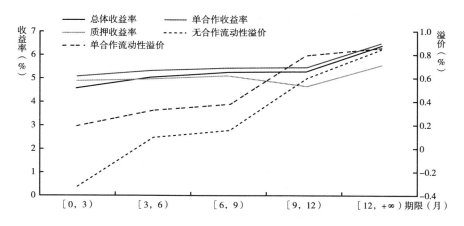

图 11　内置流动性的收益与溢价水平

注：单（多）合作溢价＝单（多）合作收益率－总体收益率，无（单）合作流动性溢价＝总体收益率（单合作收益率）－质押收益率。

数据来源：中国社会科学院陆家嘴研究基地财富管理研究中心。

二　微观机理

从微观市场金融产品的角度来看，我们将国内财富管理市场限定为可以满足财富管理目标的银行理财产品、证券公司资产管理计划、保险公司的人身保险产品、信托公司的集合资金信托计划和财产信托计划以及基金公司的证券投资基金等。随着各类资管牌照的放开，资产管理行业的竞争趋势日益加剧，制度变革推动着行业格局的变化和市场边界的重构。

1. 总体表现：程度深，结构聚

截至 2014 年末，国内以产品为导向的财富管理市场总体规模达到 57 万亿元，与同期 GDP 之比的深化程度高达 90%（见表 2），较 2007 年的 25% 增长了 2.6 倍，同期的财富管理市场总体规模则增长了 7 倍多。分业监管下，金融机构主要通过设立或参股其他类型机构以及成立具备其他机构功能的子公司等方式实现分业经营下的混业服务。从发行机构来看，国内财富管理市场一直保持着非常高的行业集中度。以银监会监管范围内的银行理财产品、信托产品和私人银行资产管理规模为例，2008～2014 年三者占财富管理产品比重的均值为 50%，近两年的均值接近 60%，这表明财富管理在银行体系的集中度非常高。事实上，如剔除财富管理市场中的保险资金运用规模，近两年来，银监会下辖财富管理产品规模占财富管理市场总规模近 80%，市场垄断格局可见一斑。然而，从资产管理规模增速来看，银行理财、券商资产管理、信托产品、证券投资基金四大行业按照 2014 年资产管理规模增速从高到低排序，依次为：证券投资基金、券商资产管理、银行理财和信托产品，增速分别为 58.3%、52.9%、47.1% 与 28.1%。总体来看，证监会监管范围内的券商、基金及期货类资产管理业务（简称"资管业务"）表现出强劲的增长，主要源于制度红利的释放。信托资产规模增速明显低于其他行业，弱经济周期和强市场竞争对信托业的冲击效应明显加大，规模增速放缓及风险暴露增加使信托行业尽显疲态。

表 2　国内财富管理市场规模数据

单位：万亿元，%

年份	银行理财	券商资产管理	保险资金运用	信托产品	证券投资基金	私人银行	汇总	GDP	深化程度
2007 年	0.9	0.08	2.67	0.71	2.23	—	6.59	26.58	25
2008 年	1.4	0.09	3.05	1.20	2.57	0.29	8.60	31.4	27
2009 年	1.7	0.14	3.74	1.98	2.45	0.63	10.64	34.09	31
2010 年	2.8	0.18	4.60	3.04	2.42	0.82	13.86	40.15	35
2011 年	4.6	0.28	5.52	4.81	2.64	1.83	19.68	47.31	42
2012 年	7.1	1.89	6.85	7.47	3.62	2.09	29.02	51.94	56
2013 年	10.2	5.20	8.28	10.91	4.22	3.13	41.94	56.88	74
2014 年	15	7.95	9.3	13.98	6.68	4.11	57.02	63.65	90

注：深化程度 =（汇总/GDP）×100%；私人银行数据截至 2014 年 6 月末，来源于各商业银行年报；其他数据截至 2014 年 12 月末，来源于中国银行业协会、中国证券业协会、中国信托业协会、中国保险监督管理委员会。

2. 银行业市场：政策驱动组织架构与业务模式变革

（1）市场表现：平稳增长，结构微调

第一，理财指数[①]两极分化。截至 2014 年底，银行理财景气指数和收益指数分别收于 3792.1 点和 222.5 点，较上年同期分别增长 24.3% 和下降 7.0%。分开来看，景气指数年度运行在波动中呈现总体上行态势，个别月份出现短时波动，表明银行理财产品市场放量发行；收益指数自 2014 年以来进入下行通道，反映理财产品收益率趋势性下滑，尾端上行主要源于"年末效应"的短暂冲击（见图 12）。

---

①　中国社会科学院金融研究所财富管理研究中心自主研发指数，详细内容参见该中心发布的《银行理财产品市场指数编制报告》和《银行理财产品市场指数分析月报》。

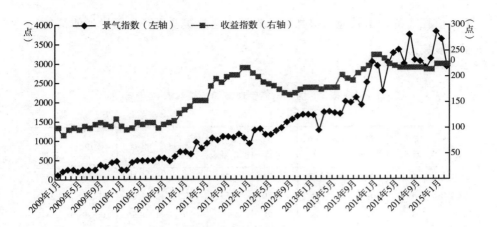

图 12　银行理财产品市场景气指数和收益指数

数据来源：中国社会科学院陆家嘴研究基地财富管理研究中心。

第二，发行量平稳增长，短时波动。2014 年，银行理财市场依然在国内财富管理市场中保持着领军地位。银行理财产品市场的持续膨胀不仅依赖于商业银行谋求转型发展的主动创新，更依赖于社会融资客观需求的推动。2014 年，银行理财产品发行市场持续平稳增长，291 家商业银行发行银行理财产品共计 6.85 万款，募集资金规模约达 42.8 万亿元人民币，产品数量和募集资金规模同比分别增长 57.1% 与 49.7%。从季度表现来看，2013 年第 4 季度银行理财产品发行量创历史新高，进入 2014 年，银行理财产品发行市场运行平稳，发行数量和资金规模平稳上升，个别月份出现短时波动（见图 13）。从存量来看，截至 2014 年末，理财资金余额为 15 万亿元，较 2013 年末增长 4.8 万亿元，增幅为 47.1%，受季末因素影响，理财资金余额在 3 月份、6 月份都出现小幅回调。

第三，政策驱动下，理财市场结构调整初现端倪。总体来说，2014年理财市场存量结构仍以封闭式非净值型产品、中短期产品、一般个人客户产品、非保本型产品为主流形态，同时市场结构正在发生细微变化。

从结构类型来看，2014 年非净值型产品仍是主流形态，但开放式净

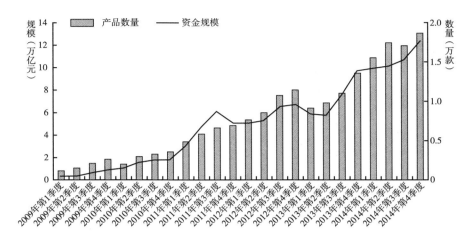

图 13　银行理财产品季度新发行数量和资金规模

数据来源：中国社会科学院陆家嘴研究基地财富管理研究中心。

值型产品资金募集量增幅明显，同比增长 1.7 倍，占全部产品的募集金额比例从 2013 年上半年的 1.27% 增长为 2.37%，主要源于监管层面对理财业务转型发展的推动。

从参与客户分布来看，一般个人客户产品募集资金量占比最大，机构客户专属产品和私人银行专属产品成为新的增长点。2014 年上半年发行的各类理财产品中，一般个人客户产品、机构客户专属产品、私人银行客户专属产品和银行同业专属产品分别占 69.48%、23.16%、5.32% 和 2.04%。私人银行专属产品增长显著，同比增长 110.2%，资金余额占比由 2013 年末的 4.5% 上升至 2014 年 6 月末的 5.3%。机构客户产品理财余额占比由 25.9% 上升至 30.8%。可见相较于个人理财产品，机构客户专属产品和私人银行专属产品增长空间广阔。

从参与主体来看，2014 年银行理财产品市场发行机构数量较 2013 年增长 34%，主要增长来源是农村商业银行和农村信用合作社，同时，受益于定向降准影响，以城市商业银行为代表的中小银行的理财业务增长迅猛，市场占比也明显提升。从理财产品募集金额来看，国有商业银行和股份制商业银行仍占据市场主体地位，城市商业银行与农村合作金融机构资金规模同比增幅相对较高，二者的资金规模占比由 2013 年上半年的 7.0% 上升至 2014 年上半年的 7.5%。

从期限分布来看，平均期限略有延长，短期产品占比下降。2014 年封闭型银行理财产品的平均委托期限为 125 天，较 2013 年延长 7 天，期限在 3 个月及以内的短期发行数量的占比由 2013 年的 61% 下降至 58%。

（2）监管套利新手段："非标转标" vs "标转非标"

"非标转标"——TRS 产品

2013 年 3 月 25 日，银监会下发《中国银监会关于规范商业银行理财业务投资运作有关问题的通知》（银监发〔2013〕8 号，以下简称"8 号文"），首次正式定义非标准化债权资产（简称"非标资产"）。"非标准化债权资产是指未在银行间市场及证券交易所市场交易的债权性资产"，"在银行间市场及证券交易所市场交易"成为界定标准化资产与"非标资产"的直接标准。

"8 号文"出台后，为规避"非标资产"规模占比的限制，商业银行"非标转标"手段层出不穷，最直接的方法是将项目委托债权收益权在金融资产交易所挂牌，再由银行理财资金摘牌，实现"非标转标"，实际上仅是借壳挂牌的"伪标"，这种模式被监管层窗口指导界定为"非标资产"。此外，私募债也是"转标通道"之一，操作方式是：银行以理财资金定向投资已授信客户所发行的私募债，将"非标资产"转化为标准化资产。由于私募债券可在交易所固定收益平台进行转让，故被部分银行作为标准化资产进行核算。

民生银行曾推出的创新产品——"中国民生银行信用挂钩总收益互换（TRS）产品"是"非标转标"的典型案例。该产品对应的理财资金挂钩非银金融机构资产管理计划的投资收益，实现总收益互换衍生品交易，零售端对接"民生银行非凡信惠系列"理财产品。其操作流程可分解为两部分（见图 14）：在资金端，银行发行非保本浮动型理财产品募集资金，投资于定期存款，形成理财保证金账户。该账户为民生加银专项资产管理产品提供质押担保，并签订互换协议，将较低的定期存款收益互换为较高的资产管理计划浮动收益。在资产端，银行以自营或同业资金，借助"通道"资产管理计划为授信客户融资，发放贷款。与此同时，资产管理计划与理财产品签署互换协议，进行收益互换，完成操作。

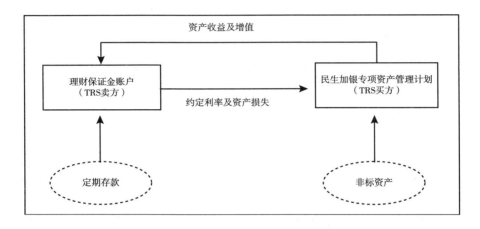

图 14　中国民生银行 TRS 理财产品操作流程

资料来源：21 世纪经济报道；中国社会科学院陆家嘴研究基地财富管理研究中心整理。

对商业银行而言，这一操作模式的吸引力有三点。其一，实现存款增加：理财产品完成募集后，资金将在理财客户的保证金账户中形成类似于结构性存款的保证金存款。其二，无风险资本占用：资产管理计划（简称"资管计划"）对应的委托贷款与理财资金形成收益互换，非标资产被置换为足额保证金投资，不占用风险资本。其三，扩大理财规模及非标资产规模：信用互换理财产品的名义投资标的为保证金存款，不属于"8号文"规定的非标资产，因此不被纳入非标额度限制，反而扩充了理财总规模，提升了非标资产空间。

这种操作方式已被叫停，原因是其主要存在两点争议。一是实现表内风险表外化。将银行表内非标资产的信用风险转移至表外理财。表面上看，理财客户承担了银行自营项下的非标风险，但实际上银行存在隐性担保，产品的实际风险承担主体仍然是银行，银行实现了非标资产投资却规避了风险资本占用。二是信息披露不充分。理财产品说明书表述投资方向为"银行投资资产做质押的保证金"，零售端的理财客户看不到投资标的本身，实际信用风险仍由银行承担。

"非标转标"只是形式上具备了可以流通转让、具备外部评级等标准化的特征，但实质上仍然是缺乏流动性的非标资产，"非标转标"过程中的腾挪转让和层层包装，使得产品设计更为复杂，增加了链条成本，权责关系更难厘清。

"标转非标"：以资管计划为通道的"资本债互持"

"8 号文"及《关于规范金融机构同业业务的通知》（银发〔2014〕127 号，以下简称"127 号文"）对银行理财融资及同业业务做出种种限制，最突出的影响便是使相关业务的资本占用增加。面对资本金匮乏的情况，多家银行通过发行二级资本债补充附属资本，并以"资本债互持"模式实现资本"虚增"。2013 年起实施的《商业银行资本管理办法》规定：商业银行之间通过协议相互持有的各级资本工具，或银监会认定为虚增资本的各级资本投资，以及商业银行直接或间接持有本银行发行的其他一级资本工具和二级资本工具，均应从相应的监管资本中对应扣除。为规避上述二级资本工具的监管，银行将资管计划引入"资本债互持"模式，增加了业务的隐蔽性。

以资管计划为通道的"资本债互持"模式的操作流程是：A 银行以自营资金或同业资金投资信托计划或券商资管计划，再以后者为通道对接事先协议好的 B 银行发行二级资本债；同时，B 银行以同样方式投资 A 银行所发行的二级资本债。最后，两家银行各自发行银行理财产品，以理财资金对接彼此二级资本债的资管计划，从而将该类投资从表内腾挪至表外。

该操作模式需要以理财资金对接资管计划，形式上将标准化资产（二级资本债）转成非标资产（资管计划），与前述"非标转标"的思路恰好相反。以资管计划为通道进行"资本债互持"补充了资本金，但挤占了"非标资产"额度，实质是以理财资产中的非标额度创造二级资本。监管套利操作模式的隐蔽性增加了商业银行资本监管的难度。

（3）监管政策：深化改革，化解风险，服务实体

在"栅栏"原则基础上，探索银行理财业务服务实体经济的新产品和新模式，鼓励直接投资，化解理财业务潜在风险，推动理财业务向资产管理业务转型是2014年理财业务监管的主旋律。

银监会于2014年2月下发《中国银监会办公厅关于2014年银行理财业务监管工作的指导意见》（银监办发〔2014〕39号，以下简称"39号文"），对全年的理财监管工作提出八大重点。"39号文"重点关注信息披露、刚性兑付、风险传递等问题，探索理财业务服务实体经济的新模式。在信息披露方面，主要强化理财业务非现场监管，落实理财信息登记系统相关规定。在风险控制方面，以管理架构调整为基础，从资金投向、风险控制、会计核算、信息披露等多角度推动理财业务风险隔离机制的确立，指导银行理财业务实现事业部制改革，统一产品设计、成本核算和风险控制。在业务创新方面，积极鼓励银行理财业务探索新的产品和模式，进行真实投资，更好地直接服务实体经济。

理财事业部制改革。2014年7月，银监会发布《关于完善银行理财业务组织管理体系有关事项的通知》（银监发〔2014〕35号，以下简称"35号文"）继续落实银行理财事业部制改革，要求"银行业金融机构应按照单独核算、风险隔离、行为规范、归口管理等要求开展理财业务事业部制改革，设立专门的理财业务经营部门，负责集中统一经营管理全行理财业务，并要求将理财业务风险纳入全行风险管理体系，建立风险缓释机

制"。此外，"35 号文"明确要求银行不得提供含有刚性兑付内容的理财产品介绍，从推出"理财直接融资工具"和"银行理财管理计划"到明确表示不得提供"刚性兑付"的过程彰显了监管部门推动理财业务转型的决心。然而，从观念上改变投资者对理财产品"刚性兑付"的认识并非易事。

存款偏离度管理。2014 年 9 月，银监会联合财政部、中国人民银行下发《关于加强商业银行存款偏离度管理有关事项的通知》（银监办发〔2014〕236 号，以下简称"236 号文"），对商业银行月末、季末存款"冲时点"行为进行约束，规定商业银行月末存款偏离度不得超过 3%，明确禁止"通过理财产品倒存"。受"236 号文"影响，理财产品的到期日分布更加平均，银行理财产品的期限分布及收益类型分布也有所变化，转而通过长期限产品和保本型产品的发行，提升日均存款余额。

重新修订"管理办法"。2014 年 12 月，银监会下发《商业银行理财业务监督管理办法（征求意见稿）》，向商业银行征求意见，明确将"更好化解银行理财业务的潜在风险，推动理财业务回归资产管理本质"作为总体目标，主要涵盖如下五方面内容。

其一，化解风险，推动理财业务合理转型。重点在于破除"隐性担保"和"刚性兑付"，落实风险承担主体。按照"实质重于形式"的原则计算风险资产，计提风险准备。保本性产品及预期收益型产品中的"非标资产"部分需计入表内核算。净值型开放式产品投资的"非标资产"及无期限错配的项目融资类产品的"非标资产"无须回表。"有保有压"的政策导向旨在推动银行理财产品由预期收益型产品向开放式净值型和无期限错配的项目融资类产品转型。

其二，对接企业融资需求，直接服务实体经济。明确了理财产品的独立性与破产隔离的法律效果，允许理财产品独立开设资金账户和证券账户，鼓励理财产品开展直接投资，以"去杠杆""去链条""去通道"

为目标,实现理财资金与企业真实融资项目直接对接,降低企业融资成本。

其三,强化风险匹配,更好地保护投资者利益。细化风险评级标准,实现销售分层,项目融资类、股权投资类及另类投资产品仅能面向高净值客户、私人银行客户和机构客户销售。

其四,主动调整,适应统一监管标准。努力实现与其他资产管理行业中其他金融产品监管标准的统一。

其五,实现市场化与专业化。明确银行理财产品主要类型包括结构性产品、开放式和封闭式净值型产品、预期收益率型产品、项目融资类产品、股权投资类产品、另类投资以及其他创新产品。

3. 信托业市场:增速放缓,局部风险暴露,非系统性、区域性风险

截至 2014 年末,信托受托资产管理规模为 13.98 万亿元,较 2013 年末的 10.91 万亿元,同比增长 28.14%。自 2013 年 1 季度以来,信托资产规模的季度环比增速持续回落,2014 年 4 季度环比增长 7.95%,增速有所回升。自 2014 年 4 月银监会发布《关于信托公司风险监管的指导意见》(银监办发〔2014〕99 号,以下简称"99 号文")以来,信托公司不断进行产品结构优化,促进信托业务回归信托本源,融资类信托业务占比显著下降,信托业务逐渐在土地流转、资产证券化、新兴行业等领域开拓创新。

鉴于历经多次整顿的信托产品市场违约频发,有关信托产品引发财富管理市场区域性、系统性风险的说法屡见不鲜。我们认为财富管理不会引发区域性、系统性风险,至多会引发诸如产品违约、行业亏损以及机构倒闭的行业性或局部性风险,做出上述断定的理由有三个。

一是信托公司只承担集合信托一类产品风险。单一信托属于通道类业务,属于被动管理型业务范畴,此类信托风险是由单一委托人承担的,信托公司作为业务通道仅在交易结构中起事务性管理功能,在信托合同条款

中已明确了交易双方的权利义务关系，并在项目《风险申明书》明示该类项目的投资风险与信托公司无关，信托公司对这类业务发生风险是不承担"刚性兑付"责任的，按合同条款履行代为管理职责即可。由表 3 可以看出，2010～2013 年，集合资金信托占信托余额的比例从未超过 30%，2014 年该比例有所上升，达到 30.7%。

二是信托赔偿金和自有资产构成信托风险的双层隔离带。由表 3 可以看出，2013 年之前，信托赔偿金基本可以覆盖当年的违约集合资金信托计划。按规定，信托赔偿金的上限是注册资本的 20%，截至 2013 年末，68 家信托公司的注册资本总额为 1114.49 亿元，这表明信托赔偿金的上限为 222.90 亿元，2014 年末的赔偿金余额为 120.91 亿元，二者相比较的差额为 101.99 亿元。不仅如此，随着资产规模的不断膨胀和风险资产的大幅增加，信托公司竞相增资扩股，据统计，2014 年有 11 家信托公司变更注册资本，其中，中融信托增资 44 亿元，为行业之最。另据统计，2013 年末，68 家信托公司的自有资产规模约为 2871 亿元，这表明信托赔偿金上限和自有资产可以覆盖集合资金信托的损失率分别为 0.82% 和 10.56%，前者已超过历年信托产品违约概率的最大值，且二者合计覆盖的总违约率逾 11%。2014 年 4 月 23 日，中国银监会发布的《关于信托公司风险监管的指导意见》（征求意见稿）中强调了股东责任，重点之一是要求当信托公司出现流动性风险时，股东要提供流动性支持。即便如此，信托公司的信托赔偿金和自有资金也可抵御 2.84% 的信托产品违约率。

三是地方政府、财政资金和央企国企的股权背景下，大股东作为最后贷款人，即有政府的隐性担保措施。分析 68 家信托公司的控股股东背景，除隐性控股股东外，68 家信托公司中由地方政府下属的国资委或城投公司控股的信托公司有 11 家，如北京信托和甘肃信托等；由财政资金控股

表 3　集合信托计划和信托赔偿金等相关指标

时间	集合资金信托（亿元）	信托总额（亿元）	集合信托占比（%）	违约规模（亿元）	违约率（%）	信托赔偿金余额（亿元）
2010 年	6266.96	30404.55	20.61	5.9	0.09	28.6
2011 年	13589.96	48114.38	28.25	14.43	0.11	42.79
2012 年	18826.68	74705.55	25.20	61.315	0.33	61.84
2013 年	27154.80	109071.11	24.90	23.475	0.09	90.60
2014 年	42920.58	139799.1	30.70	—	—	120.91

注：违约规模及违约率由中国社会科学院陆家嘴研究基地财富管理研究中心估算。
数据来源：信托业协会，中国社会科学院陆家嘴研究基地财富管理研究中心。

的信托公司有 3 家，如东莞信托和西藏信托等；由金融机构控股的公司有 14 家，如兴业信托等；由国企央企控股的信托公司则有 17 家，详见图 15。最后，《信托公司管理办法》中第五十五条规定：信托公司已经或可能发生信用危机，严重影响受益人合法权益的，中国银监会可依法对该公司实行接管或督促机构重组。

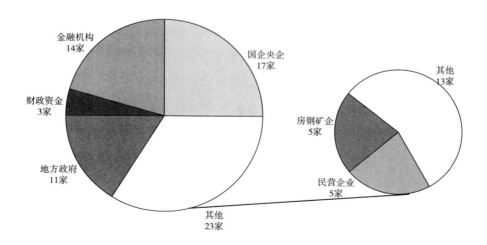

图 15　信托公司控股股东分布情况

数据来源：各信托公司年报，中国社会科学院金融所财富管理研究中心。

　　总之，在承担一类信托产品风险、拥有双层风险隔离措施和股东作为最后贷款人的信托市场中，至多出现由部分集合信托计划违约、单一信托计划违约引发的行业性风险以及由此带来的机构破产和行业整顿而已，最坏情况如同 20 世纪末的信托机构破产、倒闭或重组等。以房地产市场为例，据信托业协会数据显示，2010 年至今明确以房地产为投资方向的资金信托占比基本维持在 10% 左右，这表明即便房地产信托出现问题，也不至于引发房地产行业风险。但如果将与土地（土地出让收入、土地税收和土地质押等）相关的信托全部纳入考察范围，简单统计可以看出，2010～2014 年融资类信托的占比均值为 48.15%，资金信托中基础产业、房地产、工商企业、金融机构和其他的占比均值为 77.57%，特色信托中银信合作、信政合作和基金化房地产三者的占比均值为 40.31%，上述三组数据依次是与土地相关信托规模的中等、最大和最小占比统计口径，显见其上、下限分别为 80% 和 40%。鉴于此，如果我们以 2014 年末的信托资产规模 13.98 万亿元为基准，分 40%、60% 和 80% 三种情形估算"土地"信托的规模分别为 5.59 万亿元、8.38 万亿元和 11.18 万亿元。这表明"土地"信托的风险暴露有可能引发房地产市场行业风险。当然，"土地"信托风险与房地产市场行业风险孰先孰后，及二者之间的传导路径如何将是后续的理论研究问题之一。

　　4. 证券业市场：制度红利重塑资产管理行业格局

　　自 2012 年证监会对券商资管业务放松管制以来，券商资产管理业务发展迅猛。截至 2014 年 6 月末，券商资产管理规模较 2012 年末增长了 2.6 倍，主要源于定向资产管理计划的增长，仍然以通道业务为主。平安证券的研究报告显示：截至 2014 年 6 月末，上市券商定向资管产品占资管计划比重平均已达 93%，其中，西南证券、东吴证券该项比重高达 98%。

　　2014 年，证监会监管范围内资产管理机构迎来新一轮制度红利。

2014 年 5 月 9 日，国务院出台"新国九条"明确了资本市场改革的总体方向。证监会于 5 月 13 日、6 月 13 日相继推出《关于进一步推进证券经营机构创新发展的意见》与《关于大力推进证券投资基金行业创新发展的意见》（简称"两项创新发展意见"），明确提出：加快建设现代资产管理机构、支持产品创新、推进监管转型的三大目标。2014 年 9 月，证监会下发《证券期货经营机构资产管理业务管理办法（征求意见稿）》（以下简称《意见稿》）和《关于规范证券公司、基金管理公司及其子公司从事特定客户资产管理业务有关事项的通知（征求意见稿）》（以下简称《通知》），重塑了证监会监管资产管理机构的监管框架和业务边界。

监管框架的调整折射出资产管理业务由"机构分类监管"向"业务分类监管"的转变。重塑监管框架主要体现为统一监管部门和监管准则。2014 年 4 月，证监会调整内设部门，将此前分别监管券商资管业务和基金子公司的原机构部、基金部合并成立"证券基金机构监管部"，资管业务纳入统一监管；《意见稿》则统一了证券公司、基金管理公司、期货公司及相应资管子公司的监管细则，并授权证券投资基金业协会对证券公司、基金管理公司及其子公司进行登记，对其资产管理计划实施备案，期货业协会负责期货公司资管业务的登记和备案。此外，"两项创新发展意见"明确将转变监管方式，放宽行业准入作为创新发展的重要内容。转变监管方式的要义在于建立适应创新发展的监管模式，统一监管尺度，从注重事前审批向加强事中事后监管转变，简化行政程序，探索"负面清单"管理。放宽行业准入侧重于实施牌照管理，探索功能监管。

业务边界的调整主要体现在拓宽投资范围，投资范围的扩容将提升券商、期货、基金资产管理业务的市场竞争力，重塑行业格局。《意见稿》将资产管理业务区分为"一对一"和"一对多"两种形式，将"未通过证券期货交易所、全国中小企业股份转让系统或银行间市场转让的股权、债权及其他财产权利，证监会认可的其他财产"正式纳入投资范围，并命名为"另类资产管理计划"，而此前券商集合资产管理计划不能投资于此，基金公司则需通过专门的子公司设立专项资产管理计划方可投资。此外，与《意见稿》配套发布的《通知》对资产管理业务做出诸多细节性规范，严控风险，内容涵盖：健全投资者适当性制度和销售机构遴选机制；鼓励开发主动管理产品，禁止为特定多客户开展通道业务；分级资产管理计划的杠杆设计与风险收益相匹配；禁止多个产品间的期限错配、资金池以及关联交易等操作；要求资产管理机构设立专门的合规风控部门；等等。

上述资产管理新政为证监会所辖机构的资管业务带来直接红利。同时，证券行业在其他业务领域的创新发展也为资管业务带来间接红利，最具影响力的是：沪港通与资产证券化。根据证监会发布的《关于证券公司参与沪港通业务试点有关事项的通知》，证券公司资管业务可参与沪港通交易，可设立专门投资于香港股票或者同时投资于内地股票和香港股票的资管计划，这有利于拓展投资范围并推动券商资管业务升级。南方基金推出首只沪港通基金——南方恒指 ETF，沪港通基金的推出降低了投资者参与沪港通的门槛。2014 年 11 月 19 日，证监会发布《证券公司及基金管理公司子公司资产证券化业务管理规定》及配套工作指引，取消事前行政审批，实行基金业协会事后备案和基础资产负面清单管理。资产证券化实现了由非标资产到标准资产的转变，证券公司有发展资产证券化的前期经验——专项资管计划和企业资产证券化，在盘活存量的大背景下，金融体系和企业累积的庞大的存量资产将推动资产证券化成为券商资管业务的一大亮点。

三　结束语

随着经济快速增长以及人口老龄化下的养老保障问题凸显，亚洲地区将迎来财富管理业的春天。以私人银行业为例，亚洲地区的成本下降、收入增加，进而带动其利润的快速增长，而同期欧美地区私人银行业的利润增长则为负。作为开展私人银行业的先驱，欧美等发达国家在开展私人银行业务时并未制定特别的法律法规，只是将其作为一种金融业态，背后原因是其具备优越的制度框架设计，如社会经济模式、文化、金融结构、公司治理方式和外部监管体系等。目前，代表性的制度模式有以德国为首的莱茵模式和以美国、英国为首的盎格鲁－撒克逊模式，二者之间的比较见表4。

表4　莱茵模式与盎格鲁－撒克逊模式

经济制度类型	莱茵模式	盎格鲁－撒克逊模式
经济制度特征	强调国家秩序，国家和企业更加注重长期发展和长期利益	强调自由竞争和市场主导，企业以微观利益最大化为目标，较少考虑国家整体的长远规划
社会传统与文化因素	强调社会公平性与集体利益的平衡，企业和个人负有广义社会责任	强调优胜劣汰的竞争效率，强调企业和个人负有广义社会责任
金融体系的角色	强调产融结合，金融业与工业企业联系紧密	金融业为国家工业化、现代化提供融资支持，后期金融业在国民经济体系中的重要性显著增强
金融结构	间接融资主导，形成以大银行为中心的垄断财团，银行推动证券市场发展	直接融资与间接融资并重，金融企业和实体企业之间的关系市场化，金融市场活跃，创新丰富
公司治理模式	偏向内部人控制，金融企业跨业经营需要强势的银行体系	公司股权高度分散，追求股东利益的最大化，注重防范风险传递和利益输送
监管框架	单线多头	英国为统一监管，美国为伞形监管和功能监管相融合

资料来源：国务院发展研究中心。

党的十八大以来，中央政府推出一系列改革措施，包括与财富管理业密切相关的两项改革。一是税收制度的改革，逐步建立综合与分类相结合的个人所得税制，做到加强金融管控、全面归集个人收入，并以家庭为单位征收，则大部分家庭税负加重已是必然。同时，加快房地产税立法并适时推进改革，具有类似加税效应的还有坊间热议的遗产税。二是养老保障制度改革，国务院发布《机关事业单位工作人员养老保险制度改革的决定》，规定机关事业单位工作人员也要按比例缴纳基本养老保险费。由此可见，作为财富管理业的供给方，金融机构除需要研发满足普通客户保值增值需要的金融产品外，还要向客户提供家庭节税和养老保障安排的全方位、个性化、专业化金融解决方案，并辅以相应的金融产品创新作为支撑。

本报告附录　财富管理市场相关统计数据

1. 银行理财

附表1　银行理财产品发行数量（按投资方向分类）

单位：款

年份＼投资方向	固定收益类	资产池类	股票类	汇率类	利率类	商品类	混合类	信用类	另类	总计
2004	91	0	1	4	37	0	0	0	0	133
2005	421	0	3	39	20	9	2	1	0	495
2006	721	22	116	91	66	23	1	307	4	1351
2007	1151	94	913	33	108	59	7	599	9	2973
2008	2357	151	393	46	139	112	10	2920	3	6131
2009	2481	1254	176	58	137	56	5	3128	1	7296
2010	5436	3628	146	75	1096	48	1	1348		11778
2011	13322	7823	205	251	864	58	2	1721	1	24247
2012	24003	12175	356	691	408	217	13	389	2	38254
2013	29142	12515	426	641	330	211	26	282	5	43578
2014	49586	16218	947	777	567	289	38	31	4	68457

数据来源：中国社会科学院陆家嘴研究基地财富管理研究中心。

附表2　银行理财产品发行数量（按投资币种分类）

单位：款

年份＼币种	人民币	美元	澳元	港币	欧元	英镑	新西兰元	日元	加元	新加坡元
2004	19	86	1	24	3	0	0	0	0	0
2005	123	274	6	68	17	6	0	0	1	0
2006	479	592	21	215	36	6	2	0	4	0
2007	1484	970	40	364	102	7	0	2	5	0
2008	4661	710	274	242	203	32	0	4	15	0
2009	6348	512	204	100	101	14	1	0	22	1
2010	9766	871	385	420	210	65	0	36	25	3

续 表

年份\币种	人民币	美元	澳元	港币	欧元	英镑	新西兰元	日元	加元	新加坡元
2011	21238	1091	613	599	472	114	9	85	20	1
2012	35651	926	571	488	388	94	21	95	7	0
2013	42070	638	338	324	119	32	34	16	7	0
2014	66446	988	363	353	176	78	49	1	0	0

数据来源：中国社会科学院陆家嘴研究基地财富管理研究中心。

附表 3　银行理财产品发行数据（按结构类型分类）

单位：款

年份\类型	看涨型	区间型	看跌型	相关型	波动型
2004	97	21	15	0	0
2005	455	36	0	0	0
2006	1239	98	7	5	2
2007	2965	8	0	0	0
2008	5887	58	0	8	2
2009	7141	133	12	2	2
2010	10738	1009	20	1	4
2011	23361	599	110	5	7
2012	37181	405	320	12	2
2013	42618	462	458	36	4
2014	67272	568	618	3	0

数据来源：中国社会科学院陆家嘴研究基地财富管理研究中心。

附表 4　银行理财产品发行数量（按委托期限分类）

单位：款

年份\期限（月）	(0,1]	(1,3]	(3,6]	(6,9]	(9,12]	(12,18]	(18,24]	(24,+∞)
2004	0	5	12	1	23	13	25	54
2005	27	80	151	12	128	24	39	34
2006	40	204	488	36	355	105	88	35
2007	137	552	739	87	742	241	302	173
2008	878	1586	1658	519	956	184	156	194

续表

年份＼期限（月）	(0,1]	(1,3]	(3,6]	(6,9]	(9,12]	(12,18]	(18,24]	(24,+∞)
2009	1836	1846	1718	528	959	104	157	148
2010	3649	3329	2273	526	1597	173	133	98
2011	7804	8278	5200	649	1711	284	137	184
2012	2202	21216	9213	1749	2810	354	168	542
2013	2539	24242	10781	2007	3202	445	195	167
2014	4186	35567	17998	3398	5984	708	310	310

数据来源：中国社会科学院陆家嘴研究基地财富管理研究中心。

2. 信托业

附表 5　固有业务、信托业务和资金业务情况

单位：亿元

年份＼资产类型	固有资产	信托资产	资金信托	
2010	1483.44	30404.55	余额	28922.78
2011	1825.08	48114.38	余额	46408.12
2012	2282.08	74705.55	余额	69849.48
2013	2871.41	109071.11	余额	103085.28
2014	3586.02	139799.1	余额	130404.98

数据来源：中国信托业协会，中国社会科学院陆家嘴研究基地财富管理研究中心。

附表 6　信托资产业务情况（按来源分类）

单位：亿元，%

年份＼信托来源	管理财产信托		单一资金信托		集合资金信托	
	余额	占比	余额	占比	余额	占比
2010	1477.33	4.86	22655.82	74.51	6266.96	20.61
2011	1706.26	3.55	32818.17	68.21	13589.96	28.25
2012	4856.06	6.50	51022.81	68.30	18826.68	25.20
2013	5985.83	5.49	75930.48	69.62	27154.80	24.90
2014	9394.12	6.72	87484.40	62.58	42920.58	30.70

数据来源：中国信托业协会，中国社会科学院陆家嘴研究基地财富管理研究中心。

附表 7　信托业务情况（按功能分类）

单位：亿元，%

年份＼信托功能	融资类		投资类		事务管理类	
	余额	占比	余额	占比	余额	占比
2010	17942.58	59.01	7256.24	23.87	5201.29	17.11
2011	24751.30	51.44	17227.71	35.81	6135.37	12.75
2012	36511.56	48.87	26776.20	35.84	11417.79	15.28
2013	52093.77	47.76	35491.14	32.54	21486.21	19.70
2014	47036.41	33.65	47119.34	33.70	45643.36	32.65

数据来源：中国信托业协会，中国社会科学院陆家嘴研究基地财富管理研究中心。

附表 8　资金信托业务情况（按投向分类）

单位：亿元，%

年份＼信托投向		基础产业	房地产	证券市场	金融机构	工商企业	其他
2010	余额	9945.97	4323.68	2745.11	1509.37	5368.65	5029.99
	占比	34.39	14.95	9.49	5.22	18.56	17.39
2011	余额	10155.27	6882.31	4205.85	5899.52	9470.75	9794.42
	占比	21.88	14.83	9.06	12.71	20.41	21.11
2012	余额	16501.84	6880.69	8065.17	7134.40	18611.87	12655.52
	占比	23.62	9.85	11.55	10.21	26.65	18.12
2013	余额	26028.55	10337.49	10671.37	12369.92	29004.55	14673.40
	占比	25.25	10.03	10.35	12.00	28.14	14.23
2014	余额	27694.40	13094.93	18492.52	22676.75	31330.14	17116.24
	占比	21.24	10.04	14.18	17.39	24.03	13.13

数据来源：中国信托业协会；中国社会科学院陆家嘴研究基地财富管理研究中心。

附表 9　信托公司收入情况

单位：亿元，%

年份＼收入分类		利息收入	信托业务收入	投资收益	经营收入（总）
2010	余额	29.80	166.86	81.88	283.95
	占比	10.49	58.76	28.84	100
2011	余额	45.14	346.06	62.04	439.29
	占比	10.28	78.78	14.12	100
2012	余额	53.23	471.93	90.94	638.42
	占比	8.34	73.92	14.24	100

续表

年份	收入分类	利息收入	信托业务收入	投资收益	经营收入（总）
2013	余额	60.10	611.43	134.37	832.6
	占比	7.22	73.44	16.14	100
2014	余额	62.80	647.38	204.42	954.95
	占比	6.58	67.79	21.41	100

数据来源：中国信托业协会，中国社会科学院陆家嘴研究基地财富管理研究中心。

3. 证券业

附表 10　证券业收入和利润情况

单位：亿元

年份	营业收入	各主营业务收入						全年累计实现净利润
		代理买卖证券业务	证券承销与保荐及财务顾问业务净收入	受托客户资产管理业务净收入	证券投资收益（含公允价值变动）	投资咨询业务净收入	融资融券业务利息净收入	
2011	1359.5	688.87	241.38	21.13	49.77	—	—	393.77
2012	1294.71	504.07	212.95	26.76	290.17	11.46	52.6	329.3
2013	1592.41	759.21	173.37	70.3	305.52	25.87	184.62	440.21
2014	2602.84	1049.48	309.38	124.35	710.28	22.31	446.24	965.54

数据来源：中国证券业协会，中国社会科学院陆家嘴研究基地财富管理研究中心。

附表 11　证券公司基本情况

单位：万亿元

年份	证券公司数量（家）	总资产	净资产	净资本	客户交易结算资金余额	托管证券市值	受托管理资金本金总额
2011	109	1.57	0.63	0.46	—	—	0.28
2012	114	1.72	0.69	0.50	0.60	13.76	1.89
2013	115	2.08	0.75	0.52	0.56	15.36	5.20
2014	120	4.09	0.92	0.68	1.2	24.86	7.97

数据来源：中国证券业协会，中国社会科学院陆家嘴研究基地财富管理研究中心。

4. 基金业

附表 12　基金发行基本情况

项目 时间	基金数量（只）			份额（亿份）			净值（亿元）		
	2013年	2014年	2015年2月底	2013年	2014年	2015年2月底	2013年	2014年	2015年2月底
公开募集基金	1552	1897	1977	31179.84	42011.99	43895.41	30020.71	45353.61	48607.18
封闭式基金	137	134	144	2121.81	1253.71	1333.91	2150.84	1363.79	1473.16
开放式基金	1415	1763	1833	29058.03	40758.28	42561.50	27869.87	43989.82	47134.02
其中:股票型	611	699	725	11722.02	10772.46	10833.92	10958.45	13142.02	14029.83
其中:混合型	287	395	425	5919.76	5525.28	6144.94	5626.59	6025.23	7123.89
其中:债券型	341	409	414	3176.76	3039.70	3217.91	3224.84	3473.40	3710.23
其中:货币型	94	171	177	7478.71	20804.36	21696.26	7475.90	20862.43	21722.68
其中:QDII	82	89	92	760.78	616.48	668.46	584.09	486.75	547.39
非公开募集资产	—	—	—	—	—	—	12192.39	21457.75	
合　计	1552	1897	1977	31179.84	42011.99	43895.41	42213.10	66811.36	48607.18

　　注：非公开募集资产包括基金管理公司受托管理社会保障基金、企业年金和特定客户资管计划，不包括基金管理公司子公司管理的资产。

　　数据来源：中国证券投资基金业协会，中国社会科学院陆家嘴研究基地财富管理研究中心。

5. 保险业

附表 13　保险业整体情况

单位：亿元，%

年　份	总资产	保费收入	资金运用余额 （银行存款＋投资）	资金运用 综合收益率
2001	1712.59	2109.35	3643.18	4.30
2002	6494.07	3053.14	5530.33	3.14
2003	9122.84	3880.40	8378.53	2.68
2004	11853.55	4318.13	10680.72	3.13
2005	15225.97	4927.34	14135.84	3.75
2006	19731.32	5641.44	17785.39	6.11
2007	29003.92	7035.76	26721.94	12.17
2008	33418.44	9784.10	30552.77	1.91
2009	40634.75	11137.30	37417.12	6.41

续表

年　份	总资产	保费收入	资金运用余额 （银行存款＋投资）	资金运用 综合收益率
2010	50481.61	14527.97	46046.62	4.84
2011	60138.10	14339.25	55473.85	3.60
2012	73545.73	20234.81	68542.58	3.39
2013	82886.95	17222.24	76873.41	5.04
2014	101591.47	18714.76	93314.43	9.20
2015 年 1～2 月	105477.49	5984.66	95559.66	—

数据来源：中国保险监督管理委员会，中国社会科学院陆家嘴研究基地财富管理研究中心。

附表 14　保险资金运用情况

单位：亿元

年　份	余　额	银行存款	国　债	金融债券	企业债券	证券投资基金
2004	10778.62	5071.10	2618.44	1026.25	639.73	666.32
2005	14092.69	5165.55	3590.65	1804.71	1204.55	1107.00
2006	17785.40	5989.11	3647.01	2754.25	2121.56	912.08
2007	26647.81	6503.44	3956.56	4897.84	2799.76	2519.41
2008	30552.83	8087.49	4208.26	8754.06	4598.46	1646.46
2009	37417.12	10519.68	4053.82	8746.10	6074.56	2758.78
2010	46046.62	13909.97	4815.78	10038.75	7935.69	2620.73
2011	55192.98	17692.69	4741.90	12418.80	8755.86	2909.92
2012	68542.58	23446.00	4795.02	14832.57	10899.98	3625.58
2013	76873.41	22640.98	4776.73	14811.84	13727.75	3575.52

数据来源：《中国统计年鉴》，中国社会科学院陆家嘴研究基地财富管理研究中心。

．书在版编目（CIP）数据

　　基地报告. 第 7 卷/何海峰等著. —北京：社会科学文献
出版社，2015.5
　　（基地报告）
　　ISBN 978 - 7 - 5097 - 7393 - 2

　　Ⅰ.①基…　　Ⅱ.①何…　　Ⅲ.①融资 - 担保 - 研究 -
中国　　Ⅳ.①F832.48

　　中国版本图书馆 CIP 数据核字（2015）第 076048 号

· 基地报告 ·

基地报告（第 7 卷）

著　　　者／何海峰 等

出 版 人／谢寿光
项目统筹／恽　薇　陈　欣
责任编辑／许秀江　陈　欣

出　　　版／社会科学文献出版社·经济与管理出版分社（010）59367226
　　　　　　　地址：北京市北三环中路甲 29 号院华龙大厦　邮编：100029
　　　　　　　网址：www.ssap.com.cn
发　　　行／市场营销中心（010）59367081　59367090
　　　　　　　读者服务中心（010）59367028
印　　　装／三河市尚艺印装有限公司

规　　　格／开　本：787mm × 1092mm　1/16
　　　　　　　印　张：18　字　数：247 千字
版　　　次／2015 年 5 月第 1 版　2015 年 5 月第 1 次印刷
书　　　号／ISBN 978 - 7 - 5097 - 7393 - 2
定　　　价／79.00 元